国家社科基金
GUOJIA SHEKE JIJIN HOUQI ZIZHU XIANGMU
后期资助项目

国家社科基金后期资助项目(21FZWB092)结项书

认知神经美学视域下的美感问题研究

孟凡君　著

山东大学出版社
SHANDONG UNIVERSITY PRESS
·济南·

图书在版编目(CIP)数据

认知神经美学视域下的美感问题研究 / 孟凡君著
. — 济南:山东大学出版社,2023.7
ISBN 978-7-5607-7878-5

Ⅰ. ①认… Ⅱ. ①孟… Ⅲ. ①认知科学—美学—研究
Ⅳ. ①B83-05

中国国家版本馆 CIP 数据核字(2023)第 135257 号

责任编辑 霍馨莹
封面设计 王秋忆

认知神经美学视域下的美感问题研究
RENZHI SHENJING MEIXUE SHIYU XIA DE
MEIGAN WENTI YANJIU

出版发行 山东大学出版社
社　　址 山东省济南市山大南路 20 号
邮政编码 250100
发行热线 (0531)88363008
经　　销 新华书店
印　　刷 济南乾丰云印刷科技有限公司
规　　格 720 毫米×1000 毫米 1/16
17 印张 298 千字
版　　次 2023 年 7 月第 1 版
印　　次 2023 年 7 月第 1 次印刷
定　　价 68.00 元

国家社科基金后期资助项目
出版说明

后期资助项目是国家社科基金设立的一类重要项目，旨在鼓励广大社科研究者潜心治学，支持基础研究多出优秀成果。它是经过严格评审，从接近完成的科研成果中遴选立项的。为扩大后期资助项目的影响，更好地推动学术发展，促进成果转化，全国哲学社会科学工作办公室按照“统一设计、统一标识、统一版式、形成系列”的总体要求，组织出版国家社科基金后期资助项目成果。

全国哲学社会科学工作办公室

序　一

美感问题是美学研究的重中之重。孟凡君博士的这本专著抓住了美学中的关键问题，行进在合理的方向上，可以对当下美学研究的深入发展起到积极的促进作用。

美学研究史中有两条基本的路径，一是本体论的，一是认知论的。本体论美学路径由柏拉图开创，以“美是什么”为核心问题，以作为“美本身”或“美本质”的“美”为元点。此时的“美”字具有名词的功能，表示叫作“美”的事物，美感是对这种“美”的反应。但是，这种“美”是看不见、摸不着的，只是假设出来的。就是说，现实生活中，人们并不能真切地感受到有个叫作“美”的东西，因此不是根据现实生活中的真实存在而提出“美”的概念的。寻找一个假设的东西是什么，自然不可能有确切的结果。人们在生活中可以看得见、摸得着的“美”，其实是美的事物、审美价值、真善美范畴等，这些都是确实可靠的存在，此时的“美”字具有代名词的功能。因此，科学化的美学研究必须把“美”字、“美”、“美的事物”这三者区分清楚。而美感是人们可以确切地感到的，也可以肯定地说美感是对“美的事物”的反应。

可能有人会说：既然如此，那不就是说明美的东西存在于美感之前吗？而美的东西之所以是美的，正是因为其中含有“美”，即含有美本身或美本质。按照通常的思维方式，这种看法是很自然的。但这种似乎很自然的思维方式恰恰是不合理的，是种种错觉的结果。以这种思维方式研究美学，很自然地就使得本体论路径上的美学研究停留在无尽的缠绕之中而无法自拔。能够摆脱这种缠绕的，是认知论路径。

认知论路径由康德开创。康德认为，人主要有三种心灵能力：一种是对自然界加以把握的知性（理论理性）；一种是对道德界即精神界加以把握的理性（实践理性）；再一种就是“埃斯特惕卡判断力”，这是一种特殊的心灵能力，特别地与审美活动相关联。

“埃斯特惕卡”是鲍姆嘉通从拉丁语中选取的概念，用以表示感性。

但我们更需要知道这是一种什么样的感性。事实上，鲍姆嘉通之所以使用这一概念，其深层含义是要表示不同于感官感性的内隐感性。康德接受了这一思想，并且为了凸显和固定埃斯特惕卡内隐感性的深层含义，特意创立了“埃斯特惕卡判断”这一概念，其实际含义是“内隐感性判断”即“内隐感性认知”。所以，康德在《判断力批判》一书中处处将埃斯特惕卡判断力同知性和理性相对比而论，认为知性和理性能力可以形成确定的概念性知识或理念，可以用概念加以明确的表述，也能通过逻辑方式取得认识，这相当于今日所说的显意识；而埃斯特惕卡判断力则不能形成确定的概念，不能以概念加以明确的表述，也不能以逻辑方式进行判断。埃斯特惕卡判断对对象事物的把握既不是通过概念也不是通过感官感性，而是要在主体心灵中（即在主观中）通过内在直观的活动来达成。埃斯特惕卡判断力作为人的一种心灵能力，相当于今日所说的潜意识能力，即现代认知神经科学所说的内隐认知。由于内隐认知可以显著地表现在审美活动中，所以康德要通过对审美活动的揭示来阐述埃斯特惕卡判断（即内隐感性判断）的特质。

康德阐述说，（表现在审美中的）埃斯特惕卡判断不是要获取显意识的概念性知识，而是要在内隐感性活动中形成无利害性的愉快情感，即我们今日所说的美感。“对象在这种情况下就叫作美的”[①]，即与美感相关的对象事物并不是具有美本质、美本身，也不本来就是美的；只有当主体对其进行埃斯特惕卡判断时才能形成主体的美感；当主体形成美感之后就把这一对象事物称为“美的”；人们把这一过程直观地表述为美的事物引发了美感。因此，对象事物并不与美感有直接的、必然的关联，只能是在埃斯特惕卡判断中引发愉快情感即美感。能引发美感的事物本是一般的事物，当然可以存在于美感之前；但如果它不引发美感则不被叫作“美的”；它之所以引发美感，是其自身属性与埃斯特惕卡判断相互作用的结果。可见，从原始发生的角度看，存在于美感之前的事物不是“美的事物”，而是可以在埃斯特惕卡判断中引发美感的事物。亦即，在主体形成美感之前，对象事物还不是“美的事物”；在主体形成美感之后才把对象事物叫作“美的事物”。当人普遍地认可某一对象事物是“美的事物”之时，它才可以作为已经被评判为“美的事物”的事物而存在于下一次主客体审美关系中的美感之前。这一过程不是表明“美感决定了美”，而是表明“美感决定了对象是不是被叫作美的”。

---

① [德]康德:《判断力批判》，李秋零译注，北京，中国人民大学出版社，2011，第22页。

这样，对审美活动奥秘的探寻就不能以“美是什么”命题为核心，而要以“美感是怎样形成的”命题为核心。康德最早以人的内隐认知能力全面而系统地阐释了审美活动的机理和过程，是现代认知论美学的先驱。当然，由于历史的局限，康德的阐释还是哲学性的、概略的。而现代认知神经科学的发展为我们科学而精细地认识审美活动的机理提供了更为充足的条件。

美感是人们可以鲜明而确切地体验到的情感，人们也是由于美感才把形成美感的活动称为审美活动。而美感之所以能够形成，一定缘于必要的条件，主要是人机体中认知神经系统的结构和功能。不了解机体及神经系统的构造、功能和机理，就不可能对美感有科学而正确的认识。因此，对美感的研究势必要借鉴现代认知神经科学的成果。除此之外，别无他途。

科学化的学术研究奠立在客观材料的基础上，因此易于达成共识，易于在共同的框架上建设性地搭建新的构件，直至臻于完善。孟凡君博士的这部著作对与审美活动相关的神经结构、认知活动机制进行了系统而全面、细致的阐述，特别是揭示了美感现象与内在神经活动机理的关联，其独到的见解非常具有启发性，为深入研究美感问题提供了坚实的科学基础。我们相信，在这一基础上继续开拓前行，一定能科学地揭示产生美感的神经机制，从而最终揭示审美活动的奥秘。

李志宏

2023 年 6 月于吉林长春

序 二

近30年来，美感问题或者说审美经验研究似乎成了当代美学研究中最为活跃的研究领域。从方法论的角度讲，我认为有三种方法论积极推动了近30年来的美感研究，也在某种程度上推动了人文社会科学的“情感论转向”。其一是来自现象学研究，在梅洛-庞蒂和德勒兹的影响下，近30年来，“情动理论”研究积极推动和拓展了许多新的美学问题和美学领域，包括近年来的“气氛美学”。审美现象的特性及其在人类文化建设中的重要性得到了不断深入的研究，其研究成果在一定程度上影响了当代艺术的创作和发展。其二，作为一种研究审美经验特别是研究地方性审美经验和区域性小文化传统研究的美感问题研究，人类学的方法（包括审美人类学方法和各门类艺术的人类学方法）积极有效地推动了审美经验与不同的文化传播、文化表达机制之间十分复杂而具体的研究。特别是从2001年联合国教科文组织发布关于文化遗产重要性的研究报告以来，审美人类学和艺术人类学在世界范围内得到了广泛发展。大量的研究成果不仅有效地证明了审美经验和美感的多样性和丰富性，也有效地推动美学研究走出哲学的方法论研究范式，朝着与社会科学和实证科学相结合的“跨学科”方向发展，有效地走出了长期困惑美学研究的主、客观二元对立的思维范式和理论框架。审美人类学和艺术人类学在具体的文化语境中研究审美经验和美感的具体性，使美学作为一个学科的历史性基础真正地建立起来。其三是认知神经美学或者说神经美学。这是孟凡君这本学术著作所研究的。这是用自然科学的研究方法对审美经验和美感问题的“自然科学研究”，是一个近30年迅速发展并且与计算机科学、人工智能等研究领域直接关联的一个研究方向，对于中国当代美学而言，我认为特别值得关注。

我1978年考入武汉大学哲学系（现哲学学院）读本科，1985年考入广西师范大学中文系（现文学院）。当时上美学课的老师都把美学的批判对象指向蔡仪先生的美学理论，认为这种“反映论美学”是不符合审美经验和美感的规律和特点的，这样一种美学现象在我求学的阶段是很时尚也很“科学的”。2014年，我做上海交通大学人文学院院长时，招收的一名博士后研究人员胡俊，提出要进行神经美学方向的研究，她认为神经美学和蔡仪先生的“认识论美学”在学理上有相通的地方，可以用正在兴起和发展的神经美学研究证明蔡仪先生美学理论的合理性。我支持了这位研究人员的想法和研究计划。虽然我自己当时对神经美学的最新进展没有多少了解，只是从审美人类学的角度知道新进化论对美学的实证研究有了突破性的进展。

孟凡君副教授是吉林大学文学院、认知美学与美育研究中心培养的博士，博士论文就是研究认知神经美学视域下的美感问题。孟凡君也是国内最早从事认知美学研究的李志宏教授指导的博士生，博士毕业后到浙江大学传媒与国际文化学院、当代马克思主义美学研究中心从事博士后研究工作。他的研究方向是神经美学、审美人类学与马克思主义美学中的科学精神与实证方法，进行研究工作的同时，协助我编辑《马克思主义美学研究》辑刊和组织“国际马克思主义美学论坛”。在与孟凡君合作的过程中，我对神经美学有了更进一步的了解，并且在浙江大学开始招收神经美学方向的博士研究生。虽然孟凡君博士后出站后又回到吉林大学并担任吉林大学认知美学与美育研究中心副主任，但是，浙江大学神经美学专业方向的建设毕竟得以开启。

本书作为国家社科基金后期资助项目的结项成果是孟凡君历时五年完成的一项研究，自然有其学术价值和学术贡献，相信读者会自己作出判断和评价。我这里想就本书提到的当代美学研究有关问题谈点自己初步的看法和建议。

首先，从当代美学的最新发展趋势来看，中国美学界对蔡仪的美学理论以及以反映论为哲学基础的美学理论的认识评价问题值得重新研究。那种以康德美学理论为基础的美学思维范式，把认识与审美、审美与政治简单对立，非此即彼的理论范式已经被美学理论和自然科学的研究进展证明是错误的。在这个理论假设基础上的许多理论推动和对文学艺术作品的分析和评价也值得我们认真研究和思考。神经美学和脑科学的研究已经证明，人类的大脑是一个互相联系的整体，各脑区和不同神经元在审美经验状态下是通过刺激而被激活和相互贯通的。审美经验越高级，这种“审美经验的整体性”就越强。相反，神经元之间连接的断裂或者缺陷往往是精神疾病的物质基础。在我看来，孟凡君副教授在本书中反复论证了一个十分重要的观点：“审美情感融合体”构成了“审美经验整体性”的神经生物的和社会文化的物质基础。这个观点源自国外自然科学对“神经美学”研究领域的发现与中国美学界对“认知美学”研究领域的发现，两者存在着学理上的相通性和高度的一致性。区别在于，国外神经美学是在神经科学和脑科学的技术路线上发展起神经美学这个研究领域的，中国美学界则是在认知科学和认知神经科学的当代跨学科发展这条技术路线上发现和拓展了认知美学/神经美学研究的，两种研究方法和不同的技术路线，其研究对象大体上是相同的，中国的研究结论突出了“审美经验的整体性”。而且孟凡君还特别指出，泽基对神经美学概念的命名和提出与李志宏对认知美学概念的提出是在同一年，也就是说，两位学者在不同研究工作中有了大体相似的学术发现！

其次，正如卡尔·马克思在《1844 年经济学哲学手稿》中所讨论的，人不仅仅是一个感性的存在，人是一个十分丰富、十分复杂的存在，人与动物的关键区别在于：动物只按照自己的种属属性进行活动，而人是“按照任何一个种的尺度来进行生产”。例如，动物有性活动，也因此产生快感，但只有人能在两性关系中创造出一种叫作“爱”的，十分丰富的，不仅优美而且崇高甚至神圣的体验。在哲学人类学意义上的“美”和审美能力是任何动物不具有的，“因此，人也按照美的规律来构造”[①]。在马克思所说的“美的规律”的意义上，美学才是真正意义上的人文科学。美学问题的解决才是“一切人类历史之谜”的解答。因此，在马克思主义美学的意义上，神经美学的自然科学研究只是关于“美”和“美感”研究的一个部分，对美感问题的研究还应该包括社会学、人类学、哲学等关于人的科学的不同方面和不同研究方法的使用。本书的一个突出的优点就是，没有把美感问题局限在生物科学、神经科学和脑科学等学科的范围之内，而是与文艺社会学、审美人类学、艺术史研究结合起来，使对美感问题的研究，或者说对审美经验的完整性的研究包括了人类历史的视角，或者说历史唯物主义的视角，这一点是特别重要也特别难能可贵的。我想，在当今这个科学主义占据绝对强势的社会和科学研究条件下，在自然科学能够解决人类的一切问题，包括审美和情感问题成为许多科学家和一部分人文学科的“当代信仰”的情况下，对“美感”问题的研究能够跳出“新达尔文主义”的学术范式，这在我看来是重要的和难能可贵的。

1959 年，英国剑桥大学教授、小说家兼化学家查尔斯·珀西·斯诺发表了著名的演讲《论两种文化》。斯诺分析和讨论了科学主义文化和人文主义文化在现代社会中日益疏远和两极分化的现象，认为这两种文化的互不理解、互相对立和彼此否定是现代社会潜伏着深刻危机的一个征兆。斯诺指出：“30 年前，这两种文化早已停止相互交流和对话，但他们至少在海湾两侧（英吉利海峡——引者注）保持着冰冷的微笑；现在基本的客套业已消失，仅仅诡异地互做鬼脸。”[②] 从当代中国的学术研究和文化建

① 《马克思恩格斯文集》第 1 卷，北京，人民出版社，2009，第 163 页。

② Charles Percy Snow, “The Two Cultures and the Scientific Revolution”, *Encounter* (June 1959), pp. 17-22, and (July 1959), pp. 22-27, Republished in Snow, *Tow Cultures*, quotation on 19.

设的情况看，科学主义和人文主义两种文化的矛盾状态仍然严重存在。但是，从新文科建设和时代文化发展的角度，这种矛盾状态需要调和，两者关系需要重建，我们已经在本书中看到了孟凡君正在努力开启这项工作。

1964年，英国威尔士工人的儿子、剑桥大学戏剧学教授、马克思主义文学批评家雷蒙德·威廉斯出版了他的成名作《文化与社会》，以马克思主义的历史唯物主义为基础提出了"文化是人类的一种生活方式"的观点。威廉斯认为具体而流动着的经验是人类生活的本质，文学和艺术是在分裂和异化的社会状态下对这种具体而流动着的人类生活方式的表达。因此，具有十分重要而特殊的意义。雷蒙德·威廉斯的文化唯物主义理论对以语言哲学为基础的"英美新批评"构成了严重的挑战，开启了马克思主义美学在二战之后的新一轮发展。现在看来，如果说查尔斯·珀西·斯诺提出了现代学术发展——包括美学发展——存在的问题和危机的话，那么也许可以说雷蒙德·威廉斯指出了解决问题的基本方向。当然，从现在科学的发展和当代美学发展的情况看，现代文明离问题的真正解决还有十分漫长的道路要走。

让人亦喜亦忧的是，随着神经美学、脑科学和情感计算等学科的不断发展，人类对人类大脑的审美机制有了越来越多的了解，从而为艺术治疗、人工智能、审美气氛的控制提供了更多的有效方案。令人严重担忧的是，随着人脑和计算机结合而产生的"新人类"的出现，人类未来仍然是启蒙主义时代所描绘的充满着自由的人的全面发展吗？还仍然是马克思和恩格斯在《共产党宣言》中眺望的所有人的自由和解放是人类社会真正意义的解放的美好未来吗？"美的规律"能否不仅仅是艺术现象的"规律"，而且还能够成为整个人类生活的基本规律呢？这些问题都是当代美学，包括认知神经美学应该纳入自己的学术视域之中的。只有那样，认知神经美学才不仅仅是认识人类和人类审美经验的工具，而是真正成为改造现实世界不合理性的强大文化力量。

我真诚地期望，在《认知神经美学视域下的美感问题研究》的基础上，孟凡君能在当代美学的道路上继续努力，做出更大的贡献。

是为序。

王 杰

2023年6月于浙江大学

当代马克思主义研究中心

序　三

“美感”是美学及艺术学的顶级核心概念之一，也是心理学、教育学、神经科学和艺术治疗学的重要概念之一。人类对“美感”的正式研究经历了数千年，而人类祖先对“美感”现象的非正式、非知识、非理性式的自由思考，则经历了数万年甚至更长的时间。

迄今为止，有关“美感”的抽象研究（包括美学、哲学心理学、艺术学等领域的研究），业已提出了各种各样的亚概念、思想观点、学说、解释和模型，产生了浩如烟海的文献，诞生了众多的流派。有关“美感”的实证研究（包括对“美感”的生理学、生物学、神经科学、遗传学、人类学等领域的定量研究）则相对较晚，且相对缺少抽象研究所形成的海量文献，主要通过相关的脑成像、脑电描记、脑磁图、直流电刺激实验、光子成像、近红外成像等间接手段来探测审美过程中相关脑区及神经递质的物理性变化、生理生物性反应、心理性加工机制。其中，问世于20世纪90年代的“神经美学”为人们深入、细致入微地观测人在体验艺术作品、自然景观、异性形象等审美对象时所产生的生理性、情感性、认知性、意识性、身体性和行为性变化特征等，开启了一个全新且深广的认知天地。

1992年，笔者首次在美国进行访学研究时，接触到了“神经美学”这个表征新兴交叉学科分支的新概念。从那时起，有关“神经美学”的多学科、多范式研究之海量文献等，便逐步进入了笔者的眼帘。经过20多年的艰辛跋涉，国外神经美学的神秘内幕逐渐展开于国内研究者的眼前。近20年来，国内的“神经美学”研究人员不断递增，学术阵营不断扩展，研究成果日益增多，这是值得关注且令人欣慰的现象。其中，孟凡君博士便是一位具有代表性的青年学者。

一、学术积淀

在有关审美及美感的项目研究方面，孟凡君博士近八年来先后主持完成了一个国家级课题、三个省部级课题及多个厅局级课题。在有关审美及美感的论著产出方面，孟凡君博士近五年来先后发表了八篇中文核心期刊论文、三篇国外专业期刊英文论文，翻译出版了两部有关神经美学的著作《大脑的辉煌与悲怆：对于爱情、创造力以及人类幸福的求索》《达尔文的诱惑：艺术、进化与神经科学》，参编了一部教材《审美人类学》。另外，孟凡君博士的相关学术成果先后荣获“吉林市社会科学优秀成果奖”一等奖及二等奖等。

由上可见，孟凡君博士在探索审美机制的过程中体现了异常勤奋刻苦、思致精微复浑整、学术积淀厚实、丰富多产和见地新颖深刻等突出特点，从而为他主持实施并完成国家社科基金项目奠定了深厚的思想基础及坚实的学术论据根基。

二、思想聚焦

不同于学术研究的通常进路，孟凡君博士在2018年完成了其有关美感问题研究的多学科评价与概括之博士学位论文之后，继续努力跟踪研究近几年国内外发表及出版的有关神经美学的论著，同步扫视当代多个学科领域产生的有关神经美学的前沿交叉性成果，结合相关的论著译介、评析与出版工作，以及与国内外研究神经美学的重要学者的交流及合作研究，逐步将自己的研究思致聚焦于曾经耕耘过的“认知神经科学的美感观”这个主题上，且勾连了更多的相关学科，考量了逼近该目标的纵向路径及横向路径，逐步形成了以“认知神经美学视域下的美感问题研究”为主题的国家社科基金项目之最终成果，并提出了相关的攻关战略。

可以说，孟凡君博士所聚焦的国内外研究者逼近美感涌现之核心机制这个目标的纵向路径及横向路径观，对于当代的哲学、美学、心理学、艺术学、神经科学、教育学、人类学乃至计算神经科学、人工智能来说，都具有独特而重要的思想参考价值。

三、架构初现

孟凡君博士概括道，经过30余年的发展，神经美学内部各个研究方向的核心理念逐渐鲜明，主要研究者的研究观念与研究方法更加成熟。根据现实发展状况，笔者概括出以下研究分支：神经生物美学、神经信息美学、认知神经美学、神经艺术学、进化神经美学、认知神经文学等。在以神经生物美学为精神核心的多元发展趋势下，它们整体上构成了看似方向一致实则多条路径并行的神经美学学科复合体。近十年来，神经生物美学研究呈现出以下几种倾向：其一，坚守原初神经生物美学核心主旨的学者继续以还原审美生物基础为目标，对审美情感的生物基础进行更加精确的探索；其二，从神经生物机制出发，细化审美的神经信息加工流程建模；

其三，神经生物知识与实验方法和经典美学概念、美学命题、艺术作品相互结合更加紧密。

神经美学研究的思想逻辑体现在下列几个方面：一是在“相关性研究”与“起因性联系”之间交替演进，确定了神经生理物质（神经递质）与审美情感发生的直接的“起因性”联系，而不仅仅满足于以往的审美“相关性”脑区的发现。神经递质系统直接影响审美经验的神经加工三层级（“知识—意义”“感知—运动”“情感—评价”），据此建立了神经递质与审美经验的多层级直接因果关联。神经生物学在审美发生的每一次精细的起因性追溯之后，都及时进行功能化的重构与机制化的塑模，即因果性难以抵达而重新诉诸相关性。在神经功能化还原基础上进行的不同神经递质、功能脑区之间的联结式的探索，实际上体现了心理学中的功能主义与联结主义的理念差异。而在今天，这种区分并不是以对立的样貌呈现，而常常表现为相互之间的配合与融合。二是在“还原论”与“联结论”的互动中发展。神经生物美学的每一次功能化还原研究的重大发展，都伴随着联结式的模型建构研究。在这种二重循环中，神经生物美学的发展轨迹也逐渐清晰起来。神经生物美学以审美经验和审美活动的绝对因果性生物基础为目标，但是生物性质素的实验论证过程都仅作为必要条件而无法达成绝对因果性要求，进而在功能要素的组合中用联结主义的方式建构起审美经验的整体神经生物模式。而这种建模又被指责为只具有审美发生的相关性，研究者需要进一步去寻找绝对因果性的可还原的神经生物质素。在这种循环中，神经生物美学正在循序渐进地发展。三是神经美学学科集群次第衍生出了多元化、交叉性、互补性和协同化的若干方向，譬如神经信息美学、计算神经美学、认知神经美学、神经艺术学、进化神经美学、神经美育学、文学神经美学等。各个方向既有相互区别的研究对象和研究思路，又存在着相互交叉叠合的研究理念和研究方法，因而在总体上是一致的，共同形成了一个新兴的学科集群。

神经美学家对经典美学概念和艺术问题的考察，以及分析美学和欧陆美学对认知科学、神经科学的最新吸纳与转化，都体现出科学的心理学美学与人文的哲学美学之间的贯通。认知神经美学同时探讨美学基本概念的神经生物学和哲学基础，以及两个领域关联起来的可能性，其中也包含着对一般神经美学效度的哲学反思。认知神经美学对哲学美学和实证美学的互证体现在对具体美学概念的研究过程中，例如对审美情感、审美经验、审美知觉的综合分析，以及对想象、模仿、意象、幻象、文学主体、文学性等传统文艺理论概念的重新阐释。

上述高屋建瓴般的宏阔扫视与系统整合，体现了孟凡君博士对当代审美科学之思致架构的理性批判、逻辑加工与脉络梳理，从而既为研究美学及审美现象的所有相关学科的研究者提供了一幅难得的“思致联络图”和“路径示意图”，也为填补国内外已有研究的认识论空缺和总览方法论格局作出了原创性的高阶智慧贡献。

论及美感的个性化特征及民族心理与社会文化对个体审美经验的历时空、共时空和超时空影响时，孟凡君博士指出：“个体的身体、人格、气质以及实践行为对于美感形成具有重要的意义。个体审美存在层面的身体、人格、气质与实践行为也与认知神经要素密切关联。个体通过社会政治、经济、文化等活动结成了群体，即人类社会。社会存在基础上的社会心理和社会文化对于美感具有决定性影响。社会心理文化对于美感发挥作用是通过个体心理过程来实现的。社会心理文化有着特殊的规则和系统。我们从符号、语言、神话等文化活动以及政治活动和经济活动等角度，考察了社会心理学中社会认知、社会影响和社会关系等基本范畴对于美感的影响，及社会心理与个体认知神经基础之间的联系。”由此可见，孟凡君博士所概括的美感的个性化特征及民族心理与社会文化对人的美感的深刻复杂影响，暗合笔者提出的“审美中介体”（即人的内在自我、对象化自我、客体性自我或元认知的自我对象），由此体现了审美研究之宏观假设与中观实证相耦合的科学之道。

论及美感及其本质特征、研究进路和演进趋势时，孟凡君博士指出：“美感是美学最重要的基本问题之一。认知神经美学的诞生为科学地解答美感的客观物质基础提供了可能。以美感的认知神经基底为切入点，我们面前呈现出一条贯穿认知神经要素、一般心理过程、个体审美存在、社会心理文化的整体化美感研究路径。这条路径将形而上的哲学美学与形而下的心理学美学整合为一种融合贯通的方法。”“在认知神经美学视域下，美感以认知和情感的神经生物原理为基础，与个体心理、社会文化心理因素息息相关，是一种情理通融、通情达理的心意状态，给予人们一种强大的实践驱动力。”“在物我交融中，美感是个体与外部世界交互关系中最和谐的原则，决定着人类生存与发展的方向。”“单一线性判断的概念方法难以概括出美感的全貌，‘美感是什么？’如同‘美是什么？’一样，难以回答；若能立体地、综合地、系统地描述美感体系，则可以更好地揭示出美感的本真状态。此时，美感是一个整体，体现为以神经生物要素为核心的，贯穿个体心理意识、社会文化心理意识以及自然生态意识的心理系统。”“美感发生时，内在感官、外在感官和延伸的感官相互连接，脑、心、身、物融为一体，知、情、意、行和谐互动。”“美感是情感性的联觉系统，是大脑中认知与情感‘混合运算’的结果，是人类生存实践的最优算法。”

孟凡君博士探究美感及神经美学的基本思路与方法论，对于当代的审美研究来说，尤其具有独特、新颖和深远的思想启示。他回顾道：我们侧重“简介神经美学和认知美学的发展历程和主要观点，介绍认知神经美学的理论框架和未来任务，明确当代心理学对于美感的神经生物基底的探索过程”。“传统的形而上的哲学美学曾经是美感研究的主要路径；随着近代心理科学的诞生与发展，新兴的形而下的心理学美学路径也为美感研究提供了科学的解释。哲学美学中常常蕴含着对于美感心理基础的推断，这些形而上的哲学推断对于美感心理基础，乃至于一般心理科学都有着重要的启示作用；自19世纪下半叶心理科学诞生以来，美感研究随着心理学的每一次进步而获得新的进展。历史上，哲学和心理学方法对于美感的研究，蕴含着诸多当代认知神经美学的萌芽。”“我们尝试着运用整体整合的方法重构美感的知识体系，具体如下：一是梳理形而上的哲学美学和形而下的心理学美学对于美感的科学探索，二是从中发掘哲学美学和心理学美学对于美感的心理生理方面的思考。”

具体而言，他指出：“结合认知神经科学的主要成果，探讨美感的认知神经基础。认知神经美学以确证美感的神经生物事实为主要起点和目标。在认知神经科学的指引下，神经元细胞、神经信息传递中的神经递质、前两者结合而成的功能性专属脑区以及神经机制模型都被证明是美感生成的重要神经生理基础。随着具有各种抽象功能的神经元细胞分类更加明确、神经信息传递对于情绪影响更加清晰，原本扑朔迷离的美感问题在神经细胞层面上得到了科学的解释；诸如眶额皮层等具有认知情感作用的功能脑区的发现，各种审美认知情感神经机制模型的建立，也为我们科学地理解美感提供了实证材料。”“在美感的认知神经基础上，重新认识美感的一般心理要素和个体审美存在层面。当前我国美感研究主要以感知觉、记忆、学习、语言、动机、需求等一般心理过程为参照系。认知神经科学革新了普通心理学的知识体系，参照系发生了变化，我们对于美感的心理过程的认识，必然要随着认知神经科学的进步而推进到神经生物层面。”

依笔者之见，美感之初成、增益、互塑与融合的共轭性参照系乃是人的内在自我；并且，在客体美与自体美之滋生、充实、完善、互塑与融通过程中，人的内在自我同样在建构、表征及体现人的自我意象方面，以及在重塑客体价值、促生客体意象、导致高阶审美判断和客体美的二度体验等方面，也发挥着决定性的内标作用。相信孟凡君博士在今后漫长的学术探索历程中会不断超越自我、更上一层楼！

四、未来可期

有关美感机制的前沿交叉性学科研究（包括神经美学及相关的新型分支），不但对学科建设和学术发展具有重要意义，而且还对我国刚刚起步并逐步深入实施的“新文科建设”工程等具有深远应用参考价值。

孟凡君博士指出：“在美感研究的心理基础方面，我们借鉴了认知神经科学、普通心理学、人格心理学、社会心理学等研究领域的知识架构；在哲学美学领域，身体美学、生命（存在）美学、实践美学、生态美学等多个美学流派的方法和成果都成为我们的有效参照系。在论述过程中，我们还借鉴了中国古典美学、分析美学、实证美学、人类学美学、日常生活美学、艺术哲学等美学主要成果。通过认知神经美学，我们尝试打开一扇新的窗口，期待这个窗口为我们提供一个全景视野，美感研究的整体景观都可以尽收眼底。”

他进而展望道：“认知神经美学将帮助我们重新理解经典美学问题，解答当前美学困局以及指导审美原则在实践领域的应用。康德美学的超感性基底概念、克莱夫·贝尔的‘有意味的形式’概念以及意境、意象、诗乐舞同源等美学经典问题，都将在认知神经美学的视域下获得更加科学的诠释。”“认知神经美学对于人类认知和情感的把握也将为人工智能与情感计算提供美学方面的支持。”

论及神经美学对新文科建设的贡献时，他敏锐地意识到，进入21世纪以来，围绕着人文社会科学与自然科学之间的长期隔阂的状况，我国新文科建设以当代科技、文化焦点问题为出发点，同样尝试打破隔阂，形成新的研究格局与教育理念。这不仅顺应了世界思想潮流与学术倾向，从根本上看也符合学术造福人类生活的主要功能与基本价值。神经美学研究者的学科背景广泛，但总体上展现出了自然科学与人文社会科学研究相互融合的理念，充分呈现并且发展了新文科建设的学术理念和育人理念。具体来看，神经美学为艺术、美学、文学等传统文科的基本概念提供了坚实的物性基础，为文学、艺术、美学研究奠定了坚实的现代科学基础。在寻求实证方法、实验方法与人文精神的融合方面，神经美学扩展了文学、艺术和美学研究的文史哲融通的观念，进一步深入到人文研究与科学研究的相互启发的广阔境域。

孟凡君博士进而阐述了神经美学之研究范式助推我国的新文科建设工程的三大作用节点：一是从当前新文科建设的角度看，神经美学的理念和成果有助于调和人文社会科学与自然科学之间的矛盾。二是有助于人们回归传统，重构传统美学、艺术研究中的重要问题，以问题为脉络，以焦点为切口，以学术创新为突破，用学术创新哺育人才培养，借此实现新文科的长足发展和预期目标。学术创新的过程和价值在于衔接经典与焦点，提出新的话语体系，形成新的学术体系，铺垫新的学科体系。神经美学聚焦于美学经典问题、基本概念与当代美学焦点问题，为取得学术研究突破、形成学科集群奠定了基础。三是有助于我们回答新科技文化环境中的时代难题，为切实提高以美育为主导、以“五育”为框架的国民创造性教育之心身效能与行为效用而提供多元一体化的精神科学原理、心脑机制及调控范式。当代精神文化培塑的重要途径之一在于以艺术教育为核心的审美教育，神经美学的探索为当代美育提供了重要的支持。有效把握审美心理规律、艺术教育规律、教育心理规律，可以有效提高审美教育的效果，进而增强大脑的创造能力，提升大脑的可塑性潜能。把艺术教育与神经科学结合起来，“重新审视艺术与人类成长和发展之间的密切关系”，既符合新文科建设的基本目标，又将在未来的艺术、美学教育中展现出巨大的发展空间。顺应时代需求的新文科建设为各门学科教育的发展提供了一次重要的契机。审美需要、艺术生活需要在人们日常生活中成为基本生存物质需要之外的最重要的生活追求。在当代社会，没有审美意味、艺术韵味的生活是难以想象的。从神经生物规律和社会文化规范的双重关系中，理解审美与艺术需要的生成过程、培育方法、实现方式和价值导向，已经成为研究者面临这样一个巨变时代所应当具备的基本能力。科学技术的指数级增长方式，给人文精神带来种种眩晕式的冲击感。因而，作为精神和物质的基础算法的审美和艺术规律，在与新技术的融合与对抗中，为新人文和新文科破题新时代提供了重要的武器：话语体系建设、学科体系建设、人才培养体系建设及日常生活审美化建设。为此，我们迫切需要激发、整合并释放神经美学的科学价值与人文意义，推动神经美学创新传统智慧、检验思想理论和反哺生活实践的多维联动进程。

笔者认为，首先，本书体现了以下几个方面的原创性价值：一是在审美认识论和方法论之概念—范畴层面，深微洞察、梳理并概括了以神经美学为代表的前沿交叉学科有关美与美感之生成机制的“相关性研究”与“起因性联系”之逻辑关系及时空演进序列；二是敏锐发现并翔实论证了研究审美行为的多学科在“还原论”与“联结论”范式的互动互补情形中协同发展的机理格局；三是人的个性精神特质（诸如身体、人格、气质及行为方式等）及其得以孕生和发展成熟的民族心理特质、社会文化特征等，都会对人的审美行为及美感经验产生强烈、深微、持久的重大影响，由此揭示了艺术、审美与人之自我的内在关联性，值得今后加以深入细致和考量与观测，进而呈现精准的客观依据。

其次，孟凡君博士以其慧眼仁心，将以神经美学为代表的前沿交叉学科之研究与应用作为我国实施“新文科建设”工程的成功范例，充分体现了他的学术研究“接地气”、贯通科技世界、反哺教育与科研、回归社会、造福国家的创新驱动工程—英才培育工程—知识创新工程等可贵的实践品格、民族襟怀、国家复兴意识和当代文明创构理想。

加强新文科建设，需要把握新时代哲学社会科学发展的新要求，培育新时代中国特色、中国风格、中国气派的新文化，培养新时代哲学社会科学家，推动哲学社会科学与新一轮科技革命和产业变革交叉融合，形成哲学社会科学的中国学派。要言之，实施新文科建设的根本目的是强力推动我国的知识创新，继而依托知识创新培育孵化千千万万个创造性人才。

据实而论，中国的一部分知识分子及企业家等缺乏理论创新，但是在应用技术方面则具有自古以来的杰出创新能力。相关事例与证据很多、可以信手拈来，此处不再赘述。有关提高（理论）创造能力的讨论从近代绵延至当代，相关论说层出不穷、五花八门、千奇百怪。然而，很少有人从“知识杂交”（包括概念、范畴、方法、观点、原理、模型和实证资料等诸多内容）的维度揭示创造性思维之由外而内的催生原理。笔者曾主持过有关创造性思维的认知与神经科学综合研究的几个省部级项目，也曾发表过多篇中英文论文、出版过相关的几部著作，所以对创造性思维这个主题及其研究状况比较熟悉。基于此，笔者认为，孟凡君博士提出了由外而内催生人的创造性思维能力的学科建设范式及育人实践路径，可资作造益国家之教育、科研、民族文明、国民行为和社会文化经济腾飞的非凡之策。

最后，笔者建议孟凡君博士围绕以下两个方面，对已有的思想成果进行定向细化、聚焦深化及择优扩展，以期使之逐步臻于成熟，为学科发展和社会应用发挥更大的正向催化作用：一是构制（主客体）审美价值（美）得以初成、增益、互塑、融通及涌现的心理模型、神经模型及全息模型（包括神经化学分子系列、神经遗传学分子系列等）；二是据此构制美感得以初成、增益、互塑、融通及凸现的心理模型、神经模型及全息模型（包括神经化学分子系列、神经遗传学分子系列等）。

笔者期冀孟凡君博士坚守初心，沿着其所开拓的布满荆棘、崎岖而漫长的认知神经美学这条向着光明与幸福的羊肠小道再接再厉、继续前行，不断发见新事象、不断形成新认识、不断产出新硕果，为我国的美学研究科学化事业及“新文科建设”工程等提供新的更多、更大、更好的心智成果！

丁 峻

2023 年 6 月于杭州

序　四

当代中国美学界有一支青年学者队伍异军突起，吹响了从哲学美学向科学美学之巅峰“神经美学”进发的号角，孟凡君就是其中最有代表性的一员。

孟凡君在他的博士导师李志宏教授、博士后导师王杰教授指引下，坚定选择了这条困难重重的道路。“困难”是因为“美学”和“科学美学”本来就是中国学界的“小众”，作为当代科学美学最年轻、最前沿的“神经美学”，更是“小众之小众”，研究成果很难被杂志编辑们理解和采纳。但是，他依然陆续发表了有关神经美学的译著《大脑的辉煌与悲怆：对于爱情、创造力以及人类幸福的求索》《达尔文的诱惑：艺术、进化与神经科学》、论文《认知神经科学对美感研究的启示——神经美学研究初探》，以及亲自领衔做的眼动实验报告《视觉审美眼动实验与美育原理》等。同时，他还在吉林大学认知美学与美育研究中心创建了中国第一个“神经美学”公众微信号并主持该项工作，专门发布国内科学美学和神经美学及其在美育应用领域的研究信息等。他的每一项新成果问世，都令人喜出望外，令人深为感动。

孟凡君的这本《认知神经美学视域下的美感问题研究》，是他坚持不懈努力取得的又一项重量级成果，且有幸得到了国家社科基金的后期资助。这无疑与联合国教科文组织、世界多国和中国政府，将脑科学定位为21世纪科学发展的战略有关。所谓脑科学，狭义就是指神经科学，是为了了解神经系统内分子水平、细胞水平、细胞间的变化过程，以及这些过程在中枢功能控制系统内的整合作用而进行的研究；广义是指研究脑的结构和功能的科学①，包括了认知神经科学、智能芯片技术和人机对话等。人脑被认为是“意义动物的神经系统”，也称“意义脑”，作为长期进化产物的意义脑的结构、功能以及所支配的人类行为极其复杂，其产生与发展

① 参见唐孝成等:《脑科学导论》,杭州,浙江大学出版社,2006。

是自然界最深的奥秘，因此揭示脑的奥秘是当代自然科学面临的最大挑战之一。从20世纪末开始，世界各国普遍重视脑科学研究，美国第101届国会通过了“命名1990年1月1日开始的十年为脑的十年”的议案；1995年夏，国际脑研究组织（IBRO）在日本京都举办的第四届世界神经科学大会上提议把21世纪称为“脑的世纪”，日本推出了“脑科学时代”计划纲要；欧共体成立了“欧洲脑的十年委员会”及脑研究联盟；中国提出了“脑功能及其细胞和分子基础”的“中国脑”研究项目，并列入了国家的“攀登计划”(1991)。领军人物、中科院院士蒲慕明介绍中国“脑计划”是“一体两翼”结构：“一体”是基础研究，理解人类大脑的认知功能是怎么来的；“两翼”一是指如何诊断和治疗重要的脑疾病，二是指发展人工智能与脑科学结合的脑机智能技术。2021年中国国家科技部发布了科技创新2030“脑科学与类脑研究”重大项目，包括了53个项目，将中国脑科学和类脑科学研究推向了新的高潮。

在脑科学成为21世纪世界各国攻克的难关和热点的同时，关于在人脑中生成美感的脑机制研究，也成为其中必须涉及的课题。“神经美学”这个“非常年轻、非常前沿的跨学科研究门类，主要探索人脑审美的神经生物学机制”，该学科的形成和发展，除了之前的哲学美学、实验美学、心理美学等科学美学进程的铺垫外，还有赖于1999年英国伦敦大学学院塞米尔·泽基（Semir Zeki）教授，在他的《内在视觉：探索艺术和大脑的关系》(*Inner Vision: An Exploration of Art and the Brain*）中，正式提出了“神经美学”（Neuroaesthetics）这一概念，以及他建立的第一个神经美学研究所（Institute of Neuroaesthetics）。泽基教授依托神经生物学实验，通过脑部扫描实验数据进行关联分析，研究视觉大脑的生物学结构与活动、审美体验、审美判断、崇高与美、数学与美、形式与美学，以及色彩、运动等感知与美的关系等，20年来在认知神经科学和美学之间取得了许多重要突破，泽基也因此被西方美学界称为“神经美学之父”①。

从神经美学角度来研究美感问题，不仅是对快乐感、愉悦感乃至幸福感等的深度研究和解释，而且对于解决困扰人类精神世界的很多问题，例如焦虑症、抑郁症、帕金森病、四肢和头震颤不已或面部无表情等，也有重要价值。“21世纪，热烈物质生活水平高度提升，同时面临着日益加剧的精神危机。富丽堂皇的物质世界与日趋显著的空心化精神世界之间的交互作用，催生了现代性生活的典型症候：人们充满了压抑感与不安感，主

① 胡俊:《“神经美学之父”泽基的审美体验及相关研究》,《文艺理论研究》2018年第6期。

体性丧失、无目的性、无聊无力、精神空虚、焦虑恐惧；最显著的标志就是抑郁症患者日趋增多”，覆盖了中青年、老年甚至儿童，人们无论在哪个年龄段，“无论处于哪个阶层，都会感受到方方面面和各种各样的心理压力和情绪问题”，反映了“现代性文明的结构性困境”。① 美感体验显然是与抑郁症和焦虑症等消极体验相反的积极体验，例如研究发现多巴胺与觉醒和快感有关，不足会引发各种精神问题，而过量则会引起思维丧失、幻觉和某些精神分裂症状等。深度探索大脑中这些积极的美感体验和消极的情绪体验发生的机制和定位有什么关联，的确是一条攻克大脑和心理疾病的新思路和创新途径。

本书的观点是“人类美感以大脑的神经生理运行机制为基础，体现为独特的心理发生过程，形之于特定的身体行为模式”，“在具体审美感受和审美实践中，大脑的神经生物基础——神经元（neuron）、功能脑区（functional brain area）、脑神经模型（brain neural model）、神经递质（neurotransmitter）等发挥着基底性作用”，是美感的“客观物质基础”。当代中国还有一些在神经美学和科学美学方面作出和正在作出积极贡献的青年学者，例如胡俊、袁圣婴等。我的审美认知方向的博士陈丽君、邓佳、丁月华、李杰、滕翰、李佳源等，皆以审美认知实验为基础，撰写和通过了博士学位论文，毕业后又陆续发表了一些研究成果，相信他们还会有更多相关成果出现。期待更多青年学者能够积极参与为中国式现代化学术建设，为中国的科学美学、神经美学和审美教育的科学化进程，作出自己独特的贡献。

孟凡君不愧是当代中国神经美学研究领域的一位杰出的青年旗手，同时他还是毛泽东文艺思想研究会秘书处的主要成员。他稳慎、平和而坚定的学术品性，值得很多青年学者学习。这是我非常乐意在他这本书上，留下我的感想和文字的重要原因。

赵伶俐

西南大学教育学部，西南大学美育研究院

2023 年 6 月

① 丁峻、赵伶俐：《悲剧美育功能、心脑机制及实证研究进展》，王杰主编：《马克思主义美学研究》第 26 卷第 1 期，上海，东方出版中心，2023，第 313 页。

前　言

人类历史上的每次科学技术变革都会带来划时代的影响。蒸汽时代、电力时代、信息时代以及已经到来的人工智能时代，都源自新科技的兴起。每次科技革命莫不导致了人类生活方式和情感结构的震荡式发展。我们怀着开放的心态来吸纳新知识，来观察身边的认知情感变化。作为美学研究者，我们更加义不容辞地专注于新时代科技发展给美学研究带来的骤变、契机以及美学对时代的反哺。

美学以感性研究为基础，感性研究以心理学、生理学为根基，认知神经科学正在呈现着认知心理和神经生理的最新成果。近二三十年，美学研究者借助认知神经科学在审美实证研究方面取得了许多研究进展。同时，学科交叉研究的生成性与未定性，让我们看到这些研究进展亦存在着一些问题，如美学基本范畴的横向研究缺乏系统性和整体性，美学发展的纵向梳理难以兼顾美学历史的传承性等。

针对过往认知神经美学研究，本书一方面肯定与解析其合理内容，另一方面探索和批判有待深入的片面内容，进而系统地梳理美感的认知神经基础和个体身心基础。基于认知神经科学事实、审美情感现象分析和哲学美学概括，本书努力实现对认知神经视域下美感研究的系统化、整体化建构。

本书上编为美感的认知神经基础，各章分别为：第一章“神经元——美感的神经生理起点”；第二章“大脑功能专属区——美感的神经功能基础”；第三章“认知神经机制模型——美感神经系统的建模”；第四章“神经递质——美感的神经信息基础”。在上编的小结中，笔者总结概括了神经系统各要素对于美感的影响作用，探析了哲学美学史中的内部感官、超感性基底、认知模块等哲学美学概念之于认知神经美学的有效性。通过哲学美学的表述与科学原理的探寻，努力达成对美感研究的双向促进。

下编为美感的个体身心基础与审美情感融合体，各章分别为：第五章“个体的一般心理层：美感的神经生理基础与一般心理基础的关系”；第六章

“个体的审美存在层：身体、人格、行为与美感的认知神经关联”；第七章“审美心理基本范畴的整体化研究”；第八章“美感身心体系的建构与人工智能时代”。下编当中，笔者运用最新的认知神经科学知识，重新审视传统的审美心理过程（感知觉、记忆、认知、情感等），将其推演到认知神经层面。个体的审美存在层包含着身体、气质、人格等诸多要素。这些要素也与认知神经要素紧密联系。由于认知神经要素与个体身心要素的交叉作用，纷繁复杂的美感本身难以诉诸单纯的概念描述，为此笔者尝试提出整体化的概括方式——审美情感融合体。

通过美感的还原化与整体化研究，本书努力实现实证美学和哲学美学的有机结合。这种交叉式的研究方法正在美学、心理学、认知神经科学等各个门类的研究者中悄然兴起。不同的视角带来不同的学术期待，解决了各自学科内的历史难题，同时也启迪了其他学科新的知识生长向度。

通过美感的系统化研究，本书对于审美情感的探索与研究更加科学化、整体化。这既克服了传统美学经验化推想的模糊性，也融合了各种认知神经美学的零散化的成果，为我们理解美感的科学机理提出一套可供参考的坐标系。

通过对美感内部认知神经要素和个体身心要素的梳理，本书期待可以为人工智能情感机器人设计提供些许美学设想。在情感计算、人工智能艺术、赛博格人类新本体的发展中，认知神经美学提供了重要的参考视角。在人机融合的“历史实践”中，努力获得美学理论与美学实践的新的统一。

伴随着人工智能发展的迭代更新，审美情感研究也将不断获得新的突破。我们现有的概括与总结，将随着新知识的出现不断向更深更广的层面扩容。新的科技与美学实践将呈现出崭新的人工智能时代风貌，美学研究也将继续在科学理论和实践伦理层面继续吸纳和审视新人类本体的生成，并反哺这个奇妙又充满挑战的时代。

孟凡君

2023 年 1 月

目 录

上编

美感的认知神经基础

下编

美感的个体身心基础与审美情感融合体

上编

美感的认知神经基础

导言　认知神经美学的发展状况

现代认知神经科学研究表明，人类的大脑具有共同结构。人类的审美情感在共同大脑结构基础上得以形成和发展。人类美感以大脑的神经生理运行机制为基础，体现为独特的心理发生过程，形之于特定的身体行为模式。通过研习认知神经科学成果，笔者深入探析了美感的脑科学基础。在具体审美感受和审美实践中，大脑的神经生物基础——神经元（neuron）、功能脑区（functional brain area）、脑神经模型（brain neural model）、神经递质（neurotransmitter）等发挥着基底性作用。通过对美感的大脑机理的考察，笔者逐步科学地把握到审美情感的客观物质基础。关于美感问题，科学路径为传统的哲学路径提供了新启示，哲学路径为科学路径提供了思辨基础。

金灿灿的诺贝尔生理学或医学奖章代表着生理学和医学领域的最高荣誉。这枚金质奖章的背面，镌刻着一位医学女神，她一手扶着生病的少女，一手捧着碗接岩石中流出的泉水，她的大腿上摊放着一本打开的医书，仿佛正在参照着医学知识疗救这位生病的少女。右侧象征着神奇医疗力量的蛇在汲取水钵中的水，左侧似乎是草药之类的植物。奖章的边缘印刻着拉丁文，大意为“新的发现使生命更美好”。

诺贝尔生理学或医学奖旨在奖掖那些为发现生命现象原理而开展的研究，奖掖那些为疗救生命而进行的探索。自 1906 年首次颁发给神经系统研究者卡米洛·高尔基（Camillo Golgi）、圣地亚哥·拉蒙-卡哈尔（Santiago Ramón y Cajal）以来，该奖项曾 26 次颁发给直接与脑神经科学相关的研究。20 世纪，脑神经科学研究获得空前的发展。所有这些新的发现，都直接或者间接地给我们研究美感提供了崭新的起点。

美感是生命中最奇妙的心灵现象和精神力量之一。它来时，妙不可言，让人心醉神迷；去时，人心空空荡荡，枯燥乏味。我们可以用无数神奇的描述来表达美感发生时的独特感受，我们可以选择无数条途径来阐释美感发生的原因，但是我们不得不回归这样一个简单的事实：美感的生理基础首先在人类大脑。心灵是一个富有哲学意味的概念，它包含着大脑的内容。传统的认识论哲学偏重讨论心灵、研究意识，其中偶尔包含着对于大脑原理的讨论。随着科学技术的飞速发展，人们才越来越了解这个“神秘魔方”的内在奥妙。

至今，美感研究仍然在两个方面无法深入推进：一个是美感是什么？我们能否在关系型的描述性概说中，寻找到比较稳定而明确的本体化概念？另一个是，美感本身的运行机理是什么样的？它有哪些规律？这些问题困扰着每一代哲学家和美学家，因为无法直面这些难题，美感仍然如神秘的少女披着一层缥缈的面纱，我们无法一睹芳容。美学家们努力给出多种答案来解释美感现象，却始终无法让人满意。

在当前美感研究的论著中，学者们一般沿着哲学美学的探索历史，运用思辨的方式讨论美感的主观属性与客观属性问题。随着心理学的诞生与发展，美学家们意识到不借鉴心理学知识，美感问题就无法深入推进。于是，我们现在看到的美学著作一般都从普通心理学研究的需要、注意、感知觉、记忆、想象等心理现象入手，来解释说明审美现象的一般心理过程。

然而，飞速发展的脑神经科学已经革新式地改变了普通心理学的格局。感知觉、记忆、想象等心理现象绝不是心理学研究的原点或者终点，它们背后掩藏的生命奥秘在于脑神经机理。脑神经机理包含着脑神经元、神经递质、功能性脑区、神经信息通路、高级运行机制等多个层面的问题。当前，认知神经科学研究在各个层面及其相互关联方面都不断获得突破进展，取得实际成果。

脑神经现象的任何新发现，都改变着我们对自身生命的认知，自然也改变着我们对美感的认识。这个过程不应让我们感到恐惧或者无所适从。我们唯有将最新的研究成果运用在美学思考中、运用在美感分析中，方能让美感研究在新的时代氛围中、在新的科技手段下，不断焕发出灿烂的生命之光，散发出温暖的生命温度。

我国和西方的美学学者以及有艺术兴趣的科学家们已经结合认知科学与神经科学的方法来探索美感的客观物质基底。20 世纪 90 年代，我国诞生了认知美学，西方诞生了神经美学。中西方的认知神经美学探索各有特色，一个侧重于哲学辨析，一个侧重实验过程。比较两者的发展过程与主要成果有助于我们在此基础上进一步向前推进对于美感的认识。

笔者主要从认知神经科学现有成果以及认知神经美学已取得的研究成果出发，力求较完整地呈现出美感的认知神经基础及其运行机理。认知神经要素与美感的关联是全方位的，当前我们还无法做到完全还原每个细节与美感的关联，也难于整体动态化地复现审美过程，但是，通过每个神经生理过程已经表现出来的和我们推断的审美关联，我们在当前能力范围内对美感的神经生物基底进行了全方位复原。在评估和描述美感的各项认知神经基础之后，我们才能说真正地在全面寻找美感的神经生理基底，即使不够完美，我们也为未来的认知神经美学搭起了基础框架。在此基础上，我们分析共同建构起美感的个体身心和社会文化要素，才可以获得更加稳固牢靠的物质实体。现有的研究已经表明，每一个影响美感的个体身心和社会文化要素都应该有其认知神经基础。因而，本章将借助认知神经科学新的发现，探析人类美感的神经生物基础，为美感问题寻到一个客观坚实的物质性基底，以及在此基础上的哲学概括。

第一节　西方神经美学发展述要：从现代实验美学到当代神经美学

20 世纪 80 年代末 90 年代初以来，神经美学研究在西方悄然兴起。早在 19 世纪末，古斯塔夫·西奥多·费希纳（Gustav Theodor Fechner）就开创了实验美学（empirical aesthetics）[①] 传统，当代神经科学的飞速进步则促成了神经美学的诞生与发展。参与到神经美学研究中的学者日益增多，他们的研究背景各不相同，既有神经科学的专家，又有哲学家和艺术史理论家，也有生物学家和人类学家，还有计算机与信息论科学家，更有许多研究具体艺术门类的艺术家参与其中。神经美学学者背景的复杂性让我们充分认识到神经美学领域的多元性与包容性。它既是自然科学，特别是脑科学研究渗透到人文社会科学的外在表现，也是人文学者在探索“审美”“情感”等问题时遇到困惑而转向自然科学寻求借鉴的内在需求。

一、神经美学发展的历史源流

从美学角度看，神经美学的诞生是传统实证美学的回归，其基本方法是对自下而上的美学研究路径的延续和扩展。从神经科学角度看，神经美学是心理学和艺术相伴相生的时代表征，是心理学研究在认知领域、神经领域取得新成果后，在体现人类复杂知觉与情感的艺术和美学领域继续其

① empirical aesthetics 可译为“实验美学”“实证美学”“经验美学”，书中使用这三个概念时，指的都是 empirical aesthetics。

探索脚步的必然逻辑。神经美学不是偶然现象，不是人文科学发展中制造概念和炒作概念的不良倾向，更不是哲学美学走到山重水复之境的必然转向。让我们回归历史，梳理其来龙去脉。

（一）前神经美学时代的实验美学、格式塔美学和新实验美学

20世纪以来，西方哲学和美学处于后尼采时代的反本质、反理念、重构主体性和解构主体性的洪流中，实验美学宛如一条溪流在旁边安静地流淌。实验美学发端于近代实验心理学研究，和时代主潮中的哲学美学一直保持着适当的距离。近代实验科学方法是心理学研究的主要方法，因而追求科学精确性是近代实验心理学的主要特征。赫尔曼·冯·赫尔姆霍兹(Hermann von Helmholtz)、恩斯特·海因里希·韦伯（Ernst Heinrich Weber)、费希纳和威廉·冯特（Wilhelm Wundt）开创了现代心理学，使心理研究摆脱哲学思辨成为独立的科学。其中，费希纳对人的感觉阈限进行了科学测量，发明了均差法、常定刺激法和极限法，测量了身体所承受外物刺激量和心理感受量之间的关系，开辟了心理学物理学。费希纳在1871年发表了《实验美学》一文，1875年出版了《美学导论》，最早地将实验心理学方法应用于美学研究，开创了现代实验美学先河。

实验美学提出改变过去自上而下的哲学思辨式的美学研究传统，倡导自下而上的美学研究路径，用零散的经验式的感觉研究积累、归纳和总结出普遍的审美原则及美学原理。其显著特色体现在选择法、装置法、用具观察法等研究方法上。[①] 随后，奥斯瓦尔德·屈尔佩（Oswald Külpe)、西奥多·齐亨（Theodor Ziehen)、查尔斯·威尔弗雷德·瓦伦汀（Charles Wilfred Valentine）在费希纳的研究基础上发展了实验美学。

20世纪20年代，行为主义心理学派兴起。约翰·布鲁德斯·华生(John Broadus Watson)、伯尔赫斯·弗雷德里克·斯金纳（Burrhus Frederic Skinner）等行为主义心理学家认为人类内心的意识是不可知和不可测量的，人类意识是深不见底的“黑匣子”，心理学所能发挥功用之处只在人类的行为。通过强化、惩罚、厌恶等方法，使人们获得改良性的适应环境的行为。行为主义心理学抛弃了费希纳的精神研究内在取向旨趣，在某种程度上抑制、阻碍了实验美学的发展，甚至行为主义心理学的盛行成为艺术研究的灾难。

20世纪三四十年代，格式塔心理学派兴起，为美学研究开辟了广阔的空间。格式塔美学派反对传统心理学的要素论，强调总体知觉大于零散的

---

① 参见蔡元培:《蔡元培美学文选》,北京,北京大学出版社,1983,第129页。

感觉要素之和，仅仅研究感觉是不够的，知觉中存在着对刺激物进行简明便捷完形的冲动。格式塔美学实际上是将力学、电磁学中“场”的概念类比性地应用于生理学、心理学和艺术研究中。由于其以物理学为科学基础，借鉴心理学方法，有效分析阐释了视觉艺术作品的审美机制，赢得了“真正为艺术找到坚实的科学基础”的美誉。然而，从神经科学角度来看，格式塔心理学并没有揭示意识现象和审美现象最根本的物质基础——神经问题。

20 世纪六七十年代，英国行为主义心理学家丹尼尔·贝里尼（Daniel E. Berlyne）倡导的“新实验主义美学”，成为连接费希纳的实验美学与当代神经美学研究的重要桥梁。贝氏求学于剑桥大学和耶鲁大学，后陆续执教于英国圣安德鲁斯大学、阿伯丁大学，美国的加利福尼亚大学和加拿大的多伦多大学。新实验美学重回实证心理学传统，用实验方法探寻审美和艺术问题的意识与心理要素。虽然被冠以“行为主义心理学家”的名号，但是贝里尼的审美和艺术问题研究远远超越了行为主义心理学家不能深入人的心理意识层面的局限。20 世纪 60 年代，贝里尼提出了唤醒理论，根据刺激物的复杂性、新奇性、奇异性、模糊性和费解性，人们的审美欣赏受到渐进式和亢奋式的唤醒。“70 年代以来，贝里尼着重研究的是内在动机以及美学心理的实验方法论。”① 其研究成果体现为《美学与心理生物学》（1971）和《新实验美学研究——通往审美欣赏的客观心理学之路》（1974）。

在 1974 年出版的《新实验美学研究——通往审美欣赏的客观心理学之路》中，贝里尼认为美学分为自上而下的哲学美学和自下而上的经验美学两个分支，经验美学包括心理生理学、社会学、人类学、语言学、政治学以及经济学等广阔的研究内容。费希纳从心理生理学角度出发开创了实验美学传统，瓦伦汀将实验美学原则运用于艺术分析取得了初步成效。新时代的新方法、新技术、新目标和新材料带来了新的实验理念，因而贝里尼认为新实验美学应和过去的实验美学进行区分。新实验美学的原则和目标是：确认刺激物的校勘对比属性、激发性和动机性问题、无语言行为和语言表述的判断及建立审美现象和心理现象之间的联系。② 其中，校勘对比属性相对于刺激物的另两种属性（心理物理属性、生态属性）更加重要。③ 校勘对比属性是新实验美学进行实验设计和实验分析的重要方法和

---

① 童庆炳、程正民：《文艺心理学新编》，北京，北京师范大学出版社，2011，第 66 页。

② D. E. Berlyne, *Studies in the New Experimental Aesthetics: Steps Toward an Objective Psychology of Aesthetics Appreciation*, Toronto: Taylor & Francis, 1974, p.5.

③ W. P. Seeley, “Empirical Aesthetics”, in *Encyclopedia of Aesthetic*, Michael Kelly ed., New York: Oxford University, 2014, p.3.

途径，对当代神经美学具有重大影响。

贝里尼继承费希纳实证美学精神，为美学划分了哲学美学和经验美学两大领域。贝氏为经验美学描绘了广阔的轮廓，实验美学、新实验美学是其中重要组成部分，毕其一生经历在新实验美学方法和审美心理基础问题上探索，取得了实际成果，更获得了巨大的社会影响力。继贝里尼之后的科林·马丁代尔（Colin Martindale）不仅在实证美学方面有所建树，更将实验美学推向了更广阔的空间。

马丁代尔毕业于哈佛大学，终生在美国梅恩大学任教，曾担任美国心理学会第十分部（审美、创造力和艺术的心理学协会）主席、国际信息学会院士、国际实证美学协会主席等职务。马氏去世于2007年，被尊为“艺术的伟大守护者”。他研究领域广泛，涉及心理学、文学、艺术、进化论、信息论等多个领域。他的主要成就在于艺术、审美和创造力的心理基础。

马丁代尔延续了贝里尼的实验传统，同时融入了进化论和信息论的思想，为现代西方神经美学的多元包容性奠定了基础。马丁代尔的主要著作有《浪漫的进展——文学史中的心理学》(1975)、《认知与意识》(1981)、《机械钟表般的缪斯——艺术变化的可预测性》(1990)、《认知心理学——神经网络的方法》(1991)、《创造力与联结主义》(1995)。马氏美学观念以进化论为宗旨，以认知为途径，以信息化方法为实验手段，深入文学等具体艺术门类，形成了别具一格的综合性的实验美学研究潮流。在其复杂的研究体系中，认知模块论、信息化方法论与进化论可谓其美学思想的三大引擎。从晚年的《美物的神经网络理论》(2006) 一文可以窥见其研究成果的部分精华。

《美物的神经网络理论》一文认为亚历山大·戈特利布·鲍姆嘉通(Alexander Gottlieb Baumgarten) 的美学倡导反映了美学真正的方向：研究内在的、不系统的感觉和知觉运行状况。而在此之后的美学家们大多背离了鲍姆嘉通的本意，背离了美学研究应有的方向。马氏认为应该重回鲍姆嘉通最初建立美学时的初衷，并且认为鲍姆嘉通不应该把认知从美学当中分离出来。基于以上观点，文章分析了神经网络的6个要素和审美经验的25条基本法则。因为当时神经科学的发展状况不能复原神经元的状态，因而审美的神经网络是类比的说法。类比于神经元、神经功能模块和神经运行法则等神经科学术语，马氏提出了节点（node)、模块和层（module & layer，节点间的联结方式）以及神经网络运行环境等6个神经网络要素。在此基础上，马氏总结前人的研究成果，概括出简单强化效果、同一模块或层级的强化效果、不同模块中激发节点的效果、重复效果、注意效果和反复效果6大类共计25个审美原则。在这25个审美原则中综合考量了进化论、信息论、认知论对审美效果的影响，为分析审美现象、艺术创造力提供了有效的理论解释。深究其思想根源，仍在于实证美学传统的基本精神。

（二）神经美学的准备阶段

20世纪八九十年代以降，随着技术手段的更新与发展，人脑的研究已经逐渐可以借助脑电图（electroencephalogram，EEG）、脑磁图（magnetoencephalography，MEG）等无创方法，了解大脑内部状况。脑科学、神经科学高速发展给心理学带来了新的契机，建基于心理学之上的实验美学研究由此获得新的强劲动力。神经科学以视觉研究为突破口，深入到视觉脑区，逐渐发现了视觉脑区的规律及其与审美经验和艺术创造的关系。

解开视觉艺术之谜是通向人类艺术、审美和创造力的第一道关口。泽基、利文斯顿、拉姆钱德兰三位神经科学家不约而同地在视觉分区和视觉艺术研究中取得了突破性进展。另外，索尔索、格雷戈里等研究者也将研究指向视觉原理与审美经验的结合。

在20世纪八九十年代视觉与艺术的关系研究中，泽基是最具有代表性的。泽基毕业于英国伦敦大学学院，至今在该校任教。20世纪七八十年代，泽氏从猴脑的视觉细胞研究入手，实验论证了颜色、波长选择等神经元细胞的视觉功能和活动状态，考察了V1至V5视觉区的功能、联系及信息通路状况。在视觉神经元细胞和视觉脑区研究的基础上，逐渐过渡到定位功能区、功能专属区和功能分属区的研究。

通过以上局部分析与整体综合，泽基在20世纪90年代初得出了关于视觉脑区比较全面的认识，不但将各视觉皮层分区的专属化功能予以明确界定，而且对各视觉皮层之间的信息联系通路进行分析，还精细地分析了颜色皮层区的中心部位在V4后部和V4α位置，同时将颜色处理进行了三阶段划分。1993年出版的《大脑的视觉》对之前的研究成果进行了系统的总结，对于视觉脑区进行了条分缕析的研究和描述，为此后的研究奠定了坚实的神经学基础。

20世纪90年代初，泽基的研究兴趣除了系统地整合视觉脑区理论之外，还体现在将视觉脑区研究与艺术作品分析进行结合。一方面运用艺术作品作为刺激物研究视觉脑区的原理，另一方面运用视觉脑区的原理阐释艺术作品的审美机制。例如，在《蒙德里安艺术世界中视觉知觉系统的实时性层级顺序问题》一文中，使用蒙德里安的绘画作品作为刺激物，考察了作品的颜色和运动刺激在被试视觉脑中引起的时间先后顺序问题。实验结果再次验证了颜色视觉区反应比运动视觉区反应快 80 ms。1994 年，《动态艺术的神经学》鲜明地提出了艺术与神经科学交叉研究的基本规律：

> 所有视觉艺术必须遵守大脑视觉系统的规律。第一规律：视觉世界的形象并非给视网膜留下印象，而是聚合在大脑视觉皮层上。由此，许多传统上归因于眼睛的视觉现象实际上发生在大脑皮层中。视觉运动即是其中之一。第二规律：我们认为视觉现象的分散属性在大脑不同的分散区域即视觉皮层功能特化区上进行加工处理，而后才整合起来给我们一个联合的关联的视觉世界图景。第三定律：属性在视觉中具有优先地位，它们分散地存在，分散地加工。这些属性是色彩、形状、动作、可能性和深度。动觉是自发的视觉属性，被独立加工处理，因而在脑损伤之后可能会单独地受损。如同形状、颜色或者深度，动觉也仅是具有优先性的视觉属性之一。①

经过视觉神经系统和视觉艺术关系的初步设想、反复探讨，泽基逐渐形成了艺术与审美的神经学理论体系，为呼之欲出的神经美学做好了充足的准备。

与泽基处于同一时代的研究者研究兴趣各有侧重，但却表现出了相似的趋向：以神经认知科学的机理阐释艺术问题和审美现象。拉姆钱德兰的研究兴趣非常广泛，他从视觉分区研究起步，逐渐在联觉通感问题上取得突破。② 利文斯顿从光物理学和神经学角度对视觉和艺术作出了分析和阐释。索尔索将格式塔美学与认知科学最新成果结合，把认知心理学和视觉艺术分析有效结合，深入分析了视觉艺术作品的视知觉原理。

20 世纪 90 年代，心理学、认知科学和脑科学飞速发展，主要研究者都在视觉脑区研究上取得了突破和进展。与视觉脑区紧密关联的视觉艺术的审美机理也逐渐在探索中走向成熟和完善。然而，研究者主要以神经科学家为主，还没有引起人文社会科学领域的广泛关注，因而大多数研究仍然处在以艺术佐证和补益心理学、认知科学和神经科学的状态，没有实现美学和艺术的自觉诉求。因此，20 世纪 90 年代是神经美学的准备阶段和积累阶段。直到 1999 年，泽基的《内在视觉》出版发行，美学界、艺术

---

① S. Zeki and M. Lamb, "The Neurology of Kinetic Art", *Brain*, Vol.117, 1994, p.607.

② V. S. Ramachandran, *The Tell-Tale Brain*, New York: W. W. Norton & Company, 1999, p.75.

界和神经科学界比较公认的神经美学方见雏形。从这个新生儿呱呱坠地那一刻起，便以难以置信的速度成长和成熟。

（三）神经美学的诞生与勃兴

1999年泽基的《内在视觉》全面探讨了视觉艺术和视觉脑区之间的神经关联，自觉地运用神经科学原理解释审美现象，用艺术作品反哺神经科学研究，神经学研究和艺术作品分析充分融合。泽氏首次使用了“神经美学”这个概念，并宣称“任何离开神经科学的人文社会科学都是泥足的巨人”，寸步难行。书中分析了维米尔、米开朗琪罗、蒙德里安、康定斯基、“野兽派”及莫奈绘画作品的神经学机理，也谈到了柏拉图主义理念和黑格尔主义概念的病理学等哲学问题。

经过20世纪八九十年代神经科学的积累和以功能性磁共振成像（functional magnetic resonance imaging，fMRI）为主的新技术手段的不断成熟，进入21世纪，审美问题神经学基础的研究如火山喷发一般纷纷涌现。泽基的《内在视觉》敲响了神经美学诞生的钟声，随后而来的一系列研究成果则为这个学科的成长和成熟提供了坚实的支持。

二、神经美学的新成果

（一）脑区研究更加精确化

20世纪90年代的视觉脑区研究主要依赖于猴脑解剖实验、偶然性人脑创伤观察以及脑电图等方法。当时，虽然对于视觉脑区的划分在科学界已经达成共识，但对于视觉脑区的描述和定位还不够精确。fMRI技术通过血管内血氧含量变化直观地、无创性地和较直接地记录了人脑的内部情况。通过高精度的fMRI仪器，实验数据材料也更加丰富和精确地捕捉到审美状态下的脑成像情况，为解释审美的神经基础提供了可靠的科学依据。

例如，在被试者对刺激物（规则图片或经典绘画）作出对称或者不对称、美或者不美的判断时，除了视觉脑区成像明显外，额叶皮层、丘脑、海马体及杏仁体等多个脑区都存在明显的启动状态。这也自然而然地导致了审美神经基础研究由视觉脑区向更广阔复杂的情形扩展。

（二）单纯的视觉研究转向复杂的感知觉现象、创造力和人类情感

如果说神经科学的先驱者泽基、利文斯顿、拉姆钱德兰、索尔索和格雷戈里等学者的前期研究还处于视觉脑区分析积累阶段及视觉脑和艺术关系探索的话，那么21世纪以来，听觉脑区与音乐的关系研究、动觉脑区与舞蹈艺术的关系研究以至于神经科学与电影等综合艺术的关系研究已经全面开启。各感觉脑区之间的相互关联的神经机制、审美感知、审美判断与审美情感等问题的研究也逐渐清晰。例如，在听觉脑研究方面，雅各布森、凯尔奇、布拉提克（Braticco）研究了与音乐审美有关的听觉脑区有前扣带皮层（anterior cingulate cortex，ACC）、内侧前额叶（medial prefrontal cortex，mPFC）、额下回（inferior frontal gyrus，IFG）、脑岛（insula）、颞极（temporal poles）、罗兰迪克岛盖（Rolandic operculum）及下皮层区的腹侧纹状体（ventral striatum）、杏仁体（amygdaloid body）、海马（hippocampus）。[①]

多位神经美学家都探索了是否存在审美判断专属区的问题。例如，泽基、纳达尔等研究者在实验中观察到，审美判断时 mPFC 眶额叶皮层被启动，因而认定眶额叶皮层为审美判断专属区。在试验中，还观察到前额叶皮层、后额叶皮层及侧额叶皮层很多时候在审美判断时表现为启动状态。另外，泽基和石津智大还探讨了审美判断和审美情感的脑区的区别与联系问题。[②]

作为神经美学的先驱者与代表人物，泽基在 20 世纪 90 年代继续扩展研究范围。除上述提到内容外，泽基还通过神经成像技术研究了爱、恨、意识、快乐等心理问题和情感问题。2009 年出版了《大脑的辉煌与悲怆：对于爱情、创造力以及人类幸福的求索》一书，在《内在视觉》的基础上进一步把神经科学研究与文学、歌剧进行了结合，探索了爱情、创造力与神经学的联系。

（三）脑神经科学与进化论、人类学和计算机科学密切配合，相互交融

美国和加拿大的神经美学学者格外重视神经科学与进化论、人类学的结合。已经有汉译本的《审美的人》的作者迪萨纳亚克是美国自由学者，他在人类学和进化论美学研究的基础上融合了神经科学美学的最新成果。拉姆钱德兰的研究中也多处引用进化论思想搭建理论框架。进化论思想在西方具有极强的渗透性，因而学者们大多在不同程度上受进化论观点的影响。

计算机科学的影响体现在术语和思维方式方面。泽基在《大脑视觉》一书中提出了一个非常有意味的问题：关于大脑的实际情况，我们可以说些什么？到底有怎样的语言系统可以描述大脑的实际状况？泽氏的回答是，我们几乎什么都说不出来。20 多年后的今天，从大脑的实际出发，

---

① Marcos Nadal and Marcus T. Pearce, "The Copenhagen Neuroaesthetics Conference: Prospects and Pitfalls for an Emerging Field", *Brain and Cognition*, Vol.76, 2011, p.177.

② T. Ishizu and S. Zeki, "The Brain's Specialized Systems for Aesthetic and Perceptual Judgment", *European Journal of Neuroscience*, Vol.37, 2013, p.1416.

我们可说的内容增加了吗？真正地形成了一套纯粹脑科学的术语了吗？我们似乎还没有做到。节点、模块、机制、模式、系统、流程、信息输入和输出等，这套话语体系几乎都来自计算机科学。1972 年诺贝尔生理学或医学奖获得者埃德尔曼认为，计算机科学术语用于脑科学是不够精确的，不能反映出神经元细胞的生物性和选择性等基本特征。专属于脑科学的、接近脑科学实际的语言系统还在建设中。

（四）自下而上的实证研究与自上而下的理论建模开始融合

实验美学研究的优点在于从细处着手，以精确的心理现象和神经原理解释复杂的理论问题。然而，实验目标如何设定？实验设计如何组织？假设、实验、求证与结论之间是怎样的逻辑关系？这些问题都需要形而上的理论思考提供帮助。因而，正如贝里尼所说，新实验美学要以心理学理论、信息论、主观论美学（哲学美学）家及符号学家的观点为理论假设，开展实验。从这个意义上讲，与实验美学一脉相承的神经美学研究路径是自下而上的，同时思想方法也是低姿态地向"自上而下"的主观美学兼容的，体现出了自下而上的求证和自上而下的概括的融合趋势。

具体表现为，泽基进行审美判断和审美情感区别与联系实验设计的起点即是康德对于知性判断和情感判断的区分。同时，泽基还尝试着用神经美学方法解析克莱夫·贝尔的"有意味的形式"，并进一步指出有必要纠正为"有意味的结构"来涵括更广阔的审美神经机制。① 查特吉视觉三阶段论②、莱德尔的审美五阶段论③以及希利的哲学思辨与神经分析相结合都是这种融合趋向的体现。

（五）重要神经科学家的参与提供了强劲的助力

除了神经成像技术给美学研究带来的便利，越来越多的重量级神经科学家介入到神经美学研究当中，这为神经美学发展提供了强劲的动力。哈佛大学教授加德纳的多元智能理论阐释了审美问题的神经机制；2000 年诺贝尔生理学或医学奖获得者坎德尔的著作《思想的年代——对话维也纳的艺术、思想与科学（1900 年至今）》论述了绘画、音乐等多门艺术与脑科学的关联。

埃德尔曼在他的两本著作《比天空更宽广》和《第二自然》中，阐述

---

① S. Zeki, "Clive Bell's 'Significant Form' and the Neurobiology of Aesthetics", *Frontiers in Human Nueroscience*, Vol.7, 2013, p.12.

② Anjan Chaterjee, "Prospects for A Cognitive Neuroscience of Visual Aesthetics", *Buletin of Psychology and the Arts*, Vol.4, 2003, p.55.

③ Helmut Leder, Benno Belke, Andries Oeberst and Dorothee Augustin, "A Model of Aesthetic Appreciation and Aesthetic Judgments", *British Journal of Psychology*, Vol.95, 2004, p.492.

大脑与意识关系时也给我们以丰富的启示。埃氏认为，功能性模块说和全脑说都不准确，意识的神经基础是基于生物性的选择性的神经细胞集群活动，而不是信息论学者认为的信息输入输出模式下的计算机运行方式。埃氏的脑科学理论为我们认识脑神经与意识的关系提供了另一条批判性的路径。

21 世纪以来，神经美学发展取得了一系列重要成果，重要著作（包括编著）大约有 30 部，论文数量更多。课程方面，鲁利亚、希利等教授将新近实验成果及时转化为课程教学。另外，神经美学的勃兴还体现在以神经美学为主题的学术会议日益频繁，学术团体数量也陡然增加，刊发相关论文的杂志有百余种之多。

三、国外神经美学的启示

我国美学研究长期处于主客观问题的流派争论，就本体论问题进行争执，对认识论问题进行批判，或者将西方哲学美学的某一流派与马克思主义实践美学结合孕育新美学流派。实质上看，推动美学进步的根本动力严重不足。张世英先生在《天人之际》一书中指出，西方当代哲学的主客融合是建立在深厚的主客二分的历史背景下的。我国古典哲学美学的天人合一境界，未经过主客二分阶段，因而缺乏客观性物质性基础。① 悬浮空中，难以看到行走在大地上气势雄浑的坚实脚步，难以听到振聋发聩的浑厚回响。我国近代哲学处在全面向西方学习的阶段，主体性在召唤与建构中不断加强，西方的客观科学精神却一直是我们该补的精神之钙。在张世英先生的《天人之际》一书中，对这种客观科学精神的召唤构成了全书另一条主要的线索。我国的美学需要我们在主、客两个方面继续探索，特别是在客观科学精神方面不断强化和进步。

实验美学传统是西方客观科学精神的绝好体现，但我国对其的关注与研究却体现出时断时续的状态，究其根源在于我们缺乏客观科学精神。当今世界学术研究走向多学科交叉与复合的阶段，自然科学与人文科学携手共进，我们不应该再以学科为壁垒，以流派为分野，而故步自封、裹足不前。我们应该深入地、系统地学习研究西方实验美学方法，研判神经美学的最新成果，为我所用，为超越主客二分的天人合一境界奠定坚实的科学基础。

综上，回归美学历史考量神经美学的诞生与发展，我们可以看到其诞

---

① 参见张世英:《天人之际》，北京，人民出版社，2005，第 13、43 页。

生与勃兴的内在逻辑；回归美学历史考察神经美学的研究手段与精神旨归，我们可以在历史的纵深中学习其客观求真精神。狭隘的学科观念和学科壁垒在这里消融与弥合，共同让位于艺术史和科学史的必然趋势，让路于人类勇敢的求知与探索的脚步。

第二节　中国认知神经美学源流：五四运动以来的发展状况

中国的认知美学和西方的神经美学都诞生于20世纪90年代末期。①近年来，中国认知美学借助神经美学成果，逐渐发展为认知神经美学；西方神经美学也不断求诸认知心理学和哲学美学，呈现出学科扩容的倾向。这是巧合，还是美学发展的必然规律？两者之间是否存在共同的历史根源和现实的发生基础？两者在当前是否存在相互融合的倾向？在各自的美学发展史内部或者世界美学史上，两者未来将表现出怎样的走势？带着这些问题，我们将追踪中国认知神经美学在历史、现实和未来层面的多重线索和发展规律。在此基础上，澄清中国认知神经美学的比较特征。自五四运动以来，中国一直有科学美学传统，这种科学精神一直在各个时代浸入美学潮流中，产生各种科学美学流派。

一、五四运动时期科学美学与心理学美学的发展状况

在民族文化与美学发展的转折点上，蔡元培先生对新美学的贡献是全面而具体的。科学精神一直融贯在他的美学理论与实践之中。理论方面，蔡元培在其哲学史、伦理学史专著中，在北京大学开设的美学课程中②，以及在多次演讲中，专题讲述美学问题，常常论及立于时代前沿的实验美学。③ 实践方面，蔡元培组织创办了北大画法研究会、北大乐理研究会、北大音乐研究会、国立艺术院（今中国美术学院）等艺术教育专门组织和专门学校。在艺术教育实践中，蔡元培一直自觉地高扬美学的科学精神。

---

① 1999年，泽基在《内在视觉》一书中，首先提出“神经美学”；1999年，中国学者李志宏在《“美是什么”命题辨伪——认知美学初论》一文中，首先提出“认知美学”。

② 参见蔡元培：《简易哲学纲要》，北京，北京出版集团，2015，第176～209页。

③ 参见蔡元培：《蔡元培美学文选》，北京，北京大学出版社，1983。蔡元培关于美学的演讲篇目有：《以美育代宗教说》（1917年在北京神州学会讲演词）、《美术的进化》（在湖南第二次讲演）、《美学的进化》（在湖南第三次讲演）、《美学的研究方法》（在湖南第四次讲演）、《美术与科学的关系》（在湖南第五次讲演）等。

“美育代宗教”是我国现代美学发轫期的巨大理论成果，已经成为中国美学、美育研究无法绕开的经典话题，这个话题本身即是在宗教与科学走向极端对立的中西时代语境中提出的。

蔡元培在特定时代背景下，提出了“美育代宗教”，该观点映射着中西文化的时代需求。西方基督教价值体系在19世纪末20世纪初轰然崩塌，我国的传统教育伦理走到了没落的边缘，取而代之的是科学的知识论和民主的价值论。在此背景下，蔡元培赋予美育理论与实践以强烈的科学取向，他是在科学与宗教的对立中倡导美育的。蔡元培分析，以前知识、情感、意志皆附丽于宗教，“无它种学术与之对，故宗教在社会上遂具有特别之势力焉。迨后社会文化，日渐进步，科学发达，学者遂举古人所谓不可思议者，皆一一解释之以科学”。于是，知识、意志皆已独立于宗教，与宗教关系最为密切的情感、美育仍常受宗教之累。为了去除此弊，“莫如舍宗教而易以纯粹之美育”。[①] 蔡元培倡导“美育代宗教”，与五四时代的科学精神息息相关，也与他的留学经历有密切关系。留学莱比锡大学期间，蔡元培主修心理学，师从心理学美学研究者欧内斯特·梅伊曼（Ernst Meumann）。回国以后，蔡元培对当时新兴的实验美学及欧内斯特·梅伊曼的美学思想进行了系统的介绍。

在中国现代美学发轫期，蔡元培是新美学精神的倡导者与实践者。他曾计划编写一部《美学通论》作为教材，因事务繁多，未能成书。不过，在他的倡导下，“美学研究与美学教学的队伍日渐发展壮大，美学著作的出版无论从数量还是质量上说都有所提高（如吕澂、范寿康、陈望道等人稍后几年出版的美学专著）”[②]。

总体来说，蔡元培倡导“美育代宗教”，引介“实验美学”，开设美学课程，进行系列美学演讲，组织建立专业艺术团体和院校，这一系列美学理论探索和美育实践，都体现出五四美学的科学精神与理性原则，为探究审美活动及其规律树立了理性的原则和方法。

蔡元培未完成的美学教材和著作编写工作，吕澂实现了突破。据现有资料看，他的《美学概论》[③]《美学浅说》[④] 或是我国现代美学史上最早的美学教材。吕氏先后介绍了特奥多尔·李普斯（Theodor Lipps）的“移

---

① 蔡元培：《蔡元培美学文选》，北京，北京大学出版社，1983，第69～70页。

② 聂振斌：《中国近代美学思想史》，北京，中国社会科学出版社，1991，第224页。

③ 吕澂：《美学概论》，上海，商务印书馆，1923。

④ 吕澂：《美学浅说》，上海，商务印书馆，1931。

情论美学”和梅伊曼的“实验美学”。① 研究对象的转变体现了其美学观点的变化，这顺应了当时世界美学发展的某种倾向，主观哲学美学向客观科学美学延伸，也反映了五四时代美学研究中对科学精神的诉求。梅伊曼的美学研究不完全局限于“实验美学”，吕澂认为，他的“审美态度”理论“可以避免心理学的美学和社会学美学的各自片面性与缺陷，而把两者各自合理因素综合起来加以互补，从而建立一种新的美学体系”②。

20 世纪 30 年代，吕澂借鉴物理学、生理学研究，分析了光、色的物理、生理原理。其著作《色彩学纲要》第三编第三章“色彩感觉及其感情”列举了当时色彩科学研究的主要理论：神经末梢论、色质论以及各种批评的观点。在此基础上，吕澂对于色彩与情感的关系进行了四个方面分析。从今天的认知神经科学角度看，这些观点已经陈旧，但能得出一些当时看来比较“科学客观”的推论实属不易。例如：“合生理心理两个方面而后定感情之如何也。”“色彩之象征及感情亦依地方风土乃至个人性质等异其意义，今但言共同之点，不可拘泥为不变之则也。”③

鲁迅也是引介实证美学、倡导理性精神的美学家。他在向西方文艺作品、文艺理论、美学理论学习的过程中，译介了大量的作品。1929 年前后，鲁迅对普列汉诺夫和卢那察尔斯基美学著作的翻译，集中体现了五四美学与文艺理论的科学化追求。鲁迅对于两位苏联马克思主义美学家、文艺理论家高度重视，急切地学习当时苏联的成功经验。他在 1929 年 5 月至 1930 年 2 月主编了“科学的艺术论”丛书；出版了八种著作，两种为关于普列汉诺夫的，两种为关于卢那察尔斯基的；另有六种未出，其中也有一半是关于卢那察尔斯基的著作。④

鲁迅对卢那察尔斯基非常推崇，所以便有了占相当比重的译介。《实证美学的基础》是卢那察尔斯基 1903 年完成的著作。在鲁迅看来，这是“一本紧要的书”。因为“以最压缩了的形式，来传那有一些结论的美学的大体”，并且成为卢氏“迄今的思想和行动的根柢的”。“原本既是压缩为精辟的书，所依据的又是生物学底社会学，其中涉及生物、生理、心理、物理、化学、哲学等，学问的范围殊为广大，至于美学和科学底社会主义，则更不竢言矣。”⑤

---

① 参见聂振斌：《中国近代美学思想史》，北京，中国社会科学出版社，1991，第 228 页。

② 聂振斌：《中国近代美学思想史》，北京，中国社会科学出版社，1991，第 299 页。

③ 吕澂：《色彩学纲要》，上海，商务印书馆，1933，第 98 页。

④ 参见艾晓明：《鲁迅与卢那察尔斯基》，程正民、王志更、邱云华：《卢那察尔斯基文艺理论批评的现代阐释》，北京，北京大学出版社，2006，第 242 页。

⑤ 鲁迅：《鲁迅译文集》，北京，人民文学出版社，1958，第 3～4 页。

《实证美学的基础》这本书分为“生活和理想”“美学是什么”“美是什么”“重要的美的种类”“艺术”五个纲目。1926年，卢那察尔斯基重新编辑出版该著作，新增“艺术与社会主义”“艺术与产业”“艺术与阶级”三纲目，成为新著《艺术论》。卢氏将《实证美学的基础》内容打乱顺序，重置于《艺术论》的第四、五章。鲁迅认为，“在读者，恐怕倒是依着‘实证美学的基础’的排列，顺次看去，较为易于理解”①。鲁迅建议读者从后向前读《艺术论》，在笔者看来，实际具有了从唯物论到唯物史观衔接与贯通的意味。从《实证美学的基础》到《艺术论》是卢氏美学探索不断扩容的表现。鲁迅抱着学习的态度，对这种扩容进行了充分肯定：“如所论艺术与产业之合一，理性与感情之合一，真善美之合一，战斗之必要，现实的理想之必要，执着现实之必要，甚至于以君主为贤于高蹈者，都是极为精辟的。”②

王国维的美学方法中，有理性思辨的精神。这不是自然科学精神，而是我们所指的五四美学的三种理性原则之人文科学的理性方面。王国维的历史研究方法中体现出了人文、社会科学应有的实证精神，他把历史考据、实物考古、文字训诂与艺术批评结合起来，三种治史的方法于美学是大有裨益的。这些“实事求是，科学实证的历史方法”③虽然与自然科学的实验方法不同，却同样彰显了重事实、讲科学的考证精神。从广义的美学（文化遗产、文艺批评等）角度看，王国维此方面的研究与五四美学的精神息息相关，也构成我们后文倡导的实证原则的一项重要内容。

宗白华受德国美学家梅伊曼的影响，其早期思想充满科学精神。受时代氛围影响，宗白华借助科学精神批判了当时的“遗传恶习”。他认为，笼统主义与直觉主义导致了“中国人最缺乏科学与分析的眼光，凡事皆凭着笼统直觉的见解”，这与批评精神和研究态度的缺位直接相关，所以“守旧的以为先圣之言无可怀疑，趋新的以为新的都是好的”。宗白华进行自我剖析，认为自己也有这种“心习”，要同它奋斗。另外，中国古典的自然主义常常“流入直觉空想，没有真心去研究科学，实际考察宇宙现象的”④。其实，五四运动时期的哲学研究多以科学精神为起点。宗白华论说：“今日哲学之所事有二：一、依诸真实之科学（即有实验证据之学），建立一真实之宇宙观，以统一一切学术；二、依此真实之宇宙观，建立一

---

① 鲁迅：《鲁迅译文集》，北京，人民文学出版社，1958，第4页。

② 鲁迅：《鲁迅译文集》，北京，人民文学出版社，1958，第5页。

③ 聂振斌：《中国近代美学思想史》，北京，中国社会科学出版社，1991，第115页。

④ 宗白华：《美学与艺术》，上海，华东师范大学出版社，2017，第57～58页。

真实之人生观，以决定人生行为之标准。第一问题……大致可分为四大派别：唯物派、唯心派、实证派、认识论派。”① 当时世界哲学并非完全从真实之科学出发，但是五四运动时期汲取并放大了科学精神，此类论说源于当时的时代精神，又影响着美学精神。由此可以看出，宗白华美学思想在早期是以客观科学精神为基底的。作为中国古典美学传承与转型中最精深的研究者，宗白华先生的美学思想自然不能用科学和理性来概括。充满诗性与灵韵的思维方式和表达方式，甚至构成了与科学和理性相对的另一个象限。在他的后期美学思想中，我们几乎很难找到类似的表达，借助其早期论述，我们可以重温五四美学的时代氛围。

20 世纪 30 年代，朱光潜对于刚刚兴起的实验美学有全面的介绍。朱光潜认为：实验美学“对于理论方面也颇有帮助。理论上许多难题将来也许可以在实验方面寻得解决，所以实验美学特别值得注意……实验美学在理论上也有许多困难，这是我们不容讳言的”。朱光潜介绍了实验美学在色、形、声方面的实验成果。其中，“对于研究音乐与情绪的关系所得的成绩，比音乐和想象的研究尤其丰富”。② 遗憾的是，20 世纪 30 年代到 80 年代，朱光潜和我国美学界对实验美学都关注不多；后来我国美学界大多忽略了朱光潜对实验美学的积极评价，而只看到他在 20 世纪 30 年代对实验美学的批判。当时，对科学的呼唤多于实际科学实验。由于缺乏科学实验支撑，实验美学在我国美学史上长期处于不受重视的状态。但在文艺心理学教材中，对实验美学的介绍却一直未曾缺席。③ 虽然实验美学没有得到美学界足够的重视，但是由朱光潜开创的文艺心理学传统，一直紧紧地关注着心理学的发展动态。实际上，朱光潜“研究的是‘美感经验’，是‘心理学的美学’”④。

二、心理学美学在 20 世纪 40 年代到 80 年代的发展状况

虽然没有处在主流位置，但科学美学的星星之火一直没有中断。20 世纪 40 年代，蔡仪的马克思主义认识论美学具有科学性的品性，其“逻辑出口是可以通向科学美学的”⑤。在 20 世纪 50 年代、60 年代和 80 年代的美

① 宗白华：《美学与艺术》，上海，华东师范大学出版社，2017，第 365 页。

② 朱光潜：《文艺心理学》，桂林，漓江出版社，2011，第 279～319 页。

③ 参见童庆炳、程正民编著：《文艺心理学新编》，北京，北京师范大学出版社，2011。

④ 童庆炳、程正民：《再版序言》，陶东风：《中国古代心理美学六论》，天津，百花文艺出版社，1999，第 2 页。

⑤ 胡俊：《对接与缝合：新方法建构新美学——蔡仪马克思主义美学思想研究》，上海社科院博士学位论文，2010，第 221 页。

学争论中，各个美学流派都加深了对美感本身及其科学基础的思考。到了20世纪80年代，整个美学界对于美感问题的科学化思考呈现出井喷的态势。

20世纪80年代，心理学角度对于美学的研究①，系统论、控制论、信息论美学②，进化论角度对于美学的研究③等，都成为科学美学发展进程中的历史结晶。此时还有大批的外国科学美学著作被译介到我国，例如，托马斯·芒罗的《走向科学的美学》、查尔斯·威尔弗里德·瓦伦丁的《美的实验心理学》等。这些译著为我国科学美学向前推进起到了一定的作用。20世纪80年代以来，学界运用心理学知识（主要是精神分析和格式塔心理学）分析古典美学经典范畴的论述也蔚为大观，童庆炳的《中国古代心理诗学与美学》、陶东风的《中国古代心理美学六论》等重要著述对西方心理学、哲学美学与我国古典美学范畴的融合研究进行了有效尝试。

然而，大部分科学美学流派如流星划过夜空，转瞬即逝。反思其历史原因，笔者认为系来自学科之间的亲属关系的不同：有些学科之间亲属关系较近，有些学科之间跨度较大。跨度大的学科之间虽然偶尔可以碰撞出智慧的火花，但是难以获得长期持续的发展动力。而从心理学角度研究美学和文艺理论的传统，则一直保持下来，并且随着心理学的每一次发展而推动美学和文艺理论自身的发展。

20世纪80年代以来，李泽厚屡次在美学著作中提出，审美心理学是一块处女地，未来的美学将和数学以及实证科学相结合，那时美学才真正走向成熟。在李泽厚的倡导下，滕守尧系统地译介了格式塔美学的著作，随后我国美学界普遍接受了格式塔美学的主要成果，这成为美学和心理学"联姻"的一次成功尝试。李泽厚和滕守尧的审美心理研究也成为我国第一次运用普通心理学研究美感问题的典范。北京大学金开诚教授研习曹日昌的《普通心理学》④，综合各个心理学流派的重要理论，在文艺心理学研究方面取得了诸多成果，成为我国文艺心理学研究中的重要里程碑。同时期，弗洛伊德思想的引入给美学界带来了多方面的启示。弗洛伊德思想

① 参见金开诚:《文艺心理学论稿》,北京,北京大学出版社,1982;汪济生:《美感的结构与功能》,学林出版社,1983;滕守饶:《审美心理学描述》,北京,中国社会科学出版社,1985;高楠:《艺术心理学》,沈阳,辽宁人民出版社,1988;许明:《美感的认知结构》,石家庄,花山文艺出版社,1993。

② 参见黄海澄:《系统论·控制论·信息论美学原理》,长沙,湖南人民出版社,1986。

③ 参见刘骁纯:《从动物的快感到人的美感》,济南,山东文艺出版社,1986;汪济生:《系统进化论美学观》,北京,北京大学出版社,1987。

④ 参见金开诚:《文艺心理学论稿》,北京,北京大学出版社,1982,第3页。

对于审美心理研究，特别是创作心理具有重要的启示作用。除此之外，人本主义心理学的美学理论对我国美学也产生了一定的影响。

20 世纪 80 年代，王杰教授的审美幻象研究主要从马克思主义美学视野，探究当代消费社会所创造的审美幻象问题。其中蕴含着社会意识形态营造的集体审美心理镜像，及其对于个体审美心理影响，这与心理美学存在某种关联。①

三、20 世纪 90 年代以来中国认知神经美学的诞生与发展

认知心理学、认知神经科学与美学具有天然的亲和性。在哲学史、美学史上，常常可以寻到现代心理学和认知神经科学的根源。正是这种交织重叠的历史渊源，使得认知心理学、认知神经科学与美学一旦结合之后，立即释放出长久的学科成长能量，不断结出崭新的成果。

不塞不流，不止不行。从 20 世纪 90 年代至 21 世纪前 10 年，虽然美感研究一直是我国美学界的重要基础理论问题，但是其心理基础一直悬而不实，无法深入，这困惑着每一代美学家。经过长期的思考和探索，20 世纪 90 年代以后，终于诞生了与认知心理学相结合的认知美学，其对审美心理基础的研究从一般心理过程推进到认知神经心理层面。

我国美学研究者从 20 世纪 90 年代以来，积极借鉴认知科学的最新成果，系统地提出了认知美学体系，先后在《“美是什么”问题辨伪——认知美学初论》(1999)、《论人类主体认知在审美活动中的决定作用——从实践美学到认知美学》(2000)、《现代认知科学的发展对美学创新的启示——认知美学论纲》(2000)、《亟待弥补的忽略：马克思主义美学发展的科学问题——认知美学再论》(2001) 等几篇论文当中提出认知美学的基本纲领。2012 年出版的《认知美学原理》全面地总结了认知美学的基本方法和基本理论。针对“美是什么”“美的本质”“审美发生”“审美的利害性与非利害性”等美学关键问题，认知美学进行了比较全面的阐释。

同时代，西南大学的赵伶俐教授也在审美的认知心理基础方面进行了积极的探索。赵伶俐从心理学角度出发，在《论美感增力性的生理和心理基础——美育科学化原理研究之一》(1999)、《审美化教学论》(2000)、《审美概念认知——科学阐释与实证》(2004)、《审美认知：美学与认知心理学的联姻》(2009) 等论文和著作中探讨了美学与认知心理学的关系，以此为基础，探索美育的原理和应用。赵伶俐教授运用认知心理学原理审

① 参见王杰:《审美幻象研究:现代美学导论》,北京,北京大学出版社,2012,第 29 页。

视美学、指导美育，取得了比较丰硕的成果。

另外，许明、陈新汉[①]等学者也都借鉴了认知心理学的研究成果，重新建构了美感的心理系统。认知美学需要紧跟认知科学的发展步伐，以便及时更新知识体系。如果缺乏持续性的自我更新，研究内容将很快被新知识所淘汰。

2010 年前后，以罗跃嘉、丁峻、张卫东为代表的心理学家们介绍了西方神经美学的发展动态。对于西方神经美学的引介一时成为心理学家们感兴趣的话题，涌现出了一批介绍神经美学发展的文章和著作。这些文章和著作比较全面地介绍了西方神经美学的发展状况。[②] 其中，丁峻结合美学基本理论先后完成了《艺术教育的认知原理》《思维进化论》《情感演化论》等著作，将认知心理学前沿知识和艺术问题联系起来，其《当代神经美学研究》（2017）入选"中国社会科学文库"，可谓神经美学介绍和本土化的重要成果。

总体来说，神经美学的引入为认知美学的转型与升级提供了前沿的材料，而神经美学资源只有经过传统哲学美学方法的洗礼，才能说真正地融入美学自身的发展传统之中，成为美学发展的有效资源。

2010 年前后，把神经美学成果与认知美学等哲学美学理论结合起来成为美学界的自觉诉求。认知美学及时地觉察到了国外神经美学的最新动向，并及时地把神经美学成果纳入中国认知美学话语体系当中，初步完成了认知美学的转型和升级。

从"审美知觉模式"到"审美认知模块"的概念转换是这个阶段认知美学的一大特色，也是认知美学转型升级的重要标志。"内感觉引起的好感同知觉经验刻画出的知觉模式是几乎同步发生的，于是被大脑整合为同一个事件，形成了'知觉模式＋好感'的神经连接链。神经链的特定性和相

---

① 参见陈新汉：《审美认识机制论》，上海，华东师范大学出版社，2002。

② 参见范玉吉：《神经美学与审美趣味研究的转向》，《山西师大学报》（社会科学版）2006 年第 2 期。丁晓君、周昌乐：《审美的神经机制研究及其美学意义》，《心理科学》2006 年第 5 期；胡剑锋、毛晨蕾：《神经美学——艺术的神经基础》，《医学与哲学》（人文社会医学版）2008 年第 11 期；王乃弋、罗跃嘉、董奇：《审美的神经机制》，《心理科学进展》2010 年第 1 期；丁峻：《审美活动的神经机制与认知意义》，《华中师范大学学报》（人文社会科学版）2010 年第 2 期；张卫东：《西方神经美学的兴起与发展》，《华东师范大学学报》（教育科学版）2011 年第 4 期；陈丽君：《"第 21 届国际经验美学会议"综述》，《美育学刊》2011 年第 6 期；金晓兵：《美学研究的新取向：神经美学》，《医学与哲学》（人文社会医学版）2011 年第 9 期；黄子岚、张卫东：《神经美学：探索审美与大脑的关系》，《心理科学进展》2012 年第 5 期；张小将、刘迎杰：《神经美学：一个前景与挑战并存的领域》，《南京师大学报》（社会科学版）2013 年第 5 期。

对稳定性，使之形成认知结构中特定的‘认知模块’。”[①] 从上述引文，我们可以看出，“审美认知模块”包含了“知觉模式”和“好感”，也就是说，审美认知模块＝知觉模式＋好感。这意味着，认知美学从注重认知的纯粹理性阶段逐渐进入到包容“好感”在内的注重情感和情绪的情理交融阶段。术语运用方面，知觉模式属于格式塔心理学和认知心理学术语，神经连接链、认知模块属于神经科学，术语转换体现了认知美学与科学俱进的品性。

转型和升级中的认知美学为呼之欲出的认知神经美学提供了必要的铺垫。随即，认知美学便完成了从自身到认知神经美学的发展蜕变。吉林大学的梁玉水和上海社科院的胡俊最先对认知美学的发展进行了梳理与阐释，主要文章有：《如何理解当代的“认知科学与美学研究”——对〈认知美学原理〉中的几个理论问题的辨析》（2011）、《当代中国认知美学的研究进展及其展望》（2014）、《认知美学：是什么与不是什么》（2015）、《论认知美学的理论范型、思想履历及未来方向》（2016）。中国认知美学的根源在于哲学美学，主要聚焦于“美是什么”“物何以美”“美感的利害性”等美学基本问题。对美本体问题的质疑与否定（美是什么、美本质）、对美感机理的科学推断（利害性、认知模块）、对实践美学的系统反思，构成了中国认知美学的主要思想脉络。

四、中国认知神经美学的理论渊源

（一）分析美学

在美学的本体问题上，认知美学批判地借鉴了分析美学的合理成分，运用文字训诂的方法、文化人类学的具体证据，否定了“美是什么”这个问题作为美学本体问题存在的合理性，判定“美是什么”是一个伪命题，美学的根本问题不是“美本质”问题。由此，认知美学认为，美学的根本问题由“美为何物”转变为“物何以美”，美学研究应当聚焦于人的认知神经基础和社会文化基础。

西方神经美学研究者是一个研究领域非常宽泛的群体，如果以与分析美学的关系来划分，大部分哲学背景不深厚的神经美学家都与分析哲学关系不大。然而，也存在一批积极关注和评价神经美学研究的分析哲学家，如卡罗尔、列文森、戴维斯等。神经美学的时代背景总体来说处于分析美学之后的空白期，因而无论神经美学家们是否接受过分析美学的训练，都

① 李志宏：《序言》，[英]泽基：《大脑的辉煌与悲怆：对于爱情、创造力以及人类幸福的求索》，孟凡君译，张旭东校，北京，人民出版社，2017，第9页。

直接或者间接地受惠于分析美学。在分析美学之后，西方美学本体论研究寿终正寝，神经美学成为审美经验、审美情感研究最强有力的抓手。因而，西方神经美学在某种意义上可以看作分析美学之后，审美经验研究的一次回潮。

（二）心理学的各个分支

心理学的各个分支包括普通心理学、认知心理学、发展心理学、情绪心理学等。

当代美学界常常容易混淆认知美学和传统认识论美学。两者在美学思想史上存在着沿袭关系，但是随着当代心理学的全面引入，认知美学与传统认识论美学产生了根本的区别。认识论美学属于主观哲学领域，依靠逻辑学、辩证法等哲学方法开展研究，认知美学则更多地借助当代认知神经科学以及各个心理学学科提供的强大支持。

在当代，心理学是研究人类意识、思想等精神现象的科学。心理科学是认知美学的最重要学科基础。审美心理能够向纵深发展离不开心理科学前沿——认知神经科学——提供的对精神、意识现象的解释。

当代认知心理学综合运用信息科学、神经生理学、分子生物学等学科知识，使人类精神现象的客观基础更加精确。过去，普通心理学指导审美心理研究，认知心理学促进了普通心理学发展，自然也就推动审美心理过程研究的进步。

发展心理学从个体生命发展的全过程来揭示人类心理发展在不同年龄阶段的基本规律，为审美发生提供了科学的解释。

情绪心理学以人类情绪为核心，系统地研究人类情感问题。通过情绪心理学的基本理论，认知美学可以更好地阐释美感同一般情感之间的关系。

在借鉴各心理学领域的研究成果方面，中西认知神经美学是相同的。对于心理学基本原理的重视，构成了中西方认知神经美学的公共话语平台和客观科学基础。

（三）马克思主义美学

如果说认知美学的审美生理心理基础主要来自心理学理论，那么其社会心理基础则主要建基在马克思主义美学的实践论和认识论观点上。人类的实践行为——劳动，将人的内部世界和外部世界连接起来。人在改造外部世界的时候，也在改造着个人的内部世界；人提升内部境界，也就改造了外部境界。马克思主义的认识论观点与实践论观点的关系，也就是中国古代知与行的关系，两者对立统一。马克思主义美学的实践论观点和认识论观点成为认知美学审美心理研究的重要理论支撑，使得我们可以将美感的生理心理基础与社会心理和社会文化基础有机地联系起来。

援引马克思主义美学理论是中国认知美学的主要特色，西方神经美学则恰恰缺少这种历史的、实践的眼光。

（四）文化人类学与进化论

马克思主义包括政治经济学、哲学和科学社会主义三方面内容，科学地揭示了人类社会的发展规律。马克思主义在社会历史发展进程中，借鉴了文化人类学和进化论的研究资源。《家庭、私有制和国家的起源》将摩尔根的《古代社会》与政治经济发展规律联系起来，史论结合，理性框架与感性材料有机结合。因而，马克思主义的社会理论是科学的、理性的总结与归纳，进化论、文化人类学作为社会科学的参照系统则为社会科学理论提供了丰富的、感性的材料。

同样，文化人类学和进化论为马克思主义美学，也为审美心理研究提供了大量的感性材料和初级理论框架。在审美发生、美感的社会历史价值等方面，文化人类学和进化论为认知美学提供了重要的材料支撑。在讨论审美发生机制、群体审美心理机制时，文化人类学、进化论以及近年来兴起的审美人类学领域的成果为认知神经美学提供了丰厚而充足的实证论据。

对于文化人类学、审美人类学、进化论的理念和方法，中西方认知神经美学都给予了高度重视，这也是中西方认知神经美学研究可以充分对话与交流的公共知识域。

第三节　近十年中外神经美学新态势

近十年来，世界范围内的神经美学研究成果不断涌现，发展路径更加多元，与哲学美学之间的对话与交锋逐渐增多，相互融合日益深入。神经美学研究形成了神经生物美学、神经信息美学、认知神经美学、神经艺术学、进化神经美学、神经美学与文学、神经美育学等特征鲜明、路径清晰的研究分支。各分支之间紧密关联，在审美经验、艺术感知、审美认知与情感等基本问题上，表现出对普遍审美机制的共性关切；在具体的研究方法和研究对象上，又体现出各自的特色。这使得神经美学的学科集群表现为，内部既相互区别分化，又相互叠合融入，紧密地环绕在神经美学这个名号之下的发展态势。对于神经美学研究最新动态予以梳理和总结，有助于神经美学学理基础的巩固、新研究目标的设定以及激励美学学科的未来发展。神经美学的多元发展态势证明了美学作为交叉性、综合性学科具有强大的包容力和延展力，人文研究与科学研究在这里汇通融合，科学与人文之间的隔阂在这里逐渐被打破。

神经美学是以神经生物学为导引的，从神经科学、认知心理学、信息科学、进化论以及传统美学和艺术等角度研究美学与艺术基本规律的新兴学科集群。1999年，神经生物学家泽基首先提出了“神经美学”概念，在此之前的萌芽阶段和在此之后的勃兴阶段中包含着多源性的学科背景与多趋向性的现实发展路径。在以往归纳分类的基础上①，我们看到经过20余年的发展，各个分支研究方向自身的核心理念逐渐鲜明②，主要研究者的研究观念与研究方法更加成熟。根据现实发展状况，笔者概括出以下研究分支：神经生物美学、神经信息美学（计算神经美学）、认知神经美学、神经艺术学、进化神经美学、认知神经文学（认知诗学）等。在以神经生物美学为精神核心，各具特色又相互关联的发展趋势下，它们整体上构成了看似一致又多条路径并行的神经美学学科复合体。

一、神经生物美学

在当代神经美学的总体学科框架下，泽基、利文斯顿、拉玛钱德兰这三位神经美学的当代主要先驱者③从神经元、神经递质、视觉特化脑区、不同脑区交互作用关系、美感的神经生物原则等角度来思考美学的基本原理和神经生物学的关系，为美学基本概念、美感规律、艺术现象的阐释提供最原初的物质基底和最还原的神经生物组织形态，为神经美学的学科发展搭建了基本框架。神经美学具有多源性起源，除了当代神经科学显著介入美学引发的全新发展之外，还包括传统实验美学借助认知神经科学的延承与革新体现出的当代形态，以及经典经验美学的审美感知觉研究借力神经科学获得的新阐释。④ 综合来看，在多源性历史渊源与多面向当代发展趋势中，神经美学的核心题旨与目标在于审美的神经生理心理规律，即广义的神经生物学规律；在此基础上衍生出各种不同的路径和形态。近十年

① 参见孟凡君：《国外神经美学发展述要》，《河南社会科学》2016年第5期。

② 2012年前后，神经美学研究涌现出大量总结与展望类文章，一方面梳理了从实验美学（实证美学）到神经美学的历史发展过程和神经美学第一个十年的主要成果，另一方面展望了未来神经美学的具体目标。自2012年以来，神经美学主要研究者沿着过往的发展惯性开展研究，呈现出诸多新动向。

③ Anjan Chatterjee, “Prospects for a Cognitive Neuroscience of Visual Aesthetics”, *Bulletin of Psychology and the Arts*, Vol.4, No.2, 2010, pp.55-60.

④ 格式塔美学、人本主义美学等心理学美学研究后学与当代发展都随着认知神经科学对心理学的革新而呈现出与神经美学汇流或借鉴神经美学的趋势。从实际发展来看，神经美学的诞生具有多源性历史动因。

来神经生物美学研究呈现出几种倾向：其一，坚守原初神经生物美学核心目标的学者继续以还原审美生物基础为目标，对审美情感的生物基础进行更加精确的探索；其二，由神经生物机制出发，细化神经信息加工流程建模；其三，神经生物知识和实验方法与经典美学概念、艺术作品与美学命题相互结合得更加紧密。

第一种倾向最鲜明地坚持了神经生物美学的主旨。过往研究中，泽基对方向神经元细胞的审美判断与审美欣赏功能分析，对内侧眶额叶皮层A1区在审美评价中的关键作用等研究结论，以及其他研究者对审美加工流程的模型建构，为审美的神经生物基础研究提供了典范。近年来，与审美关联的神经递质的重要作用愈加彰显，延续并激进地发展了神经生物美学的核心精神。① 具有代表性的《神经心理药理学美学：关于美学和艺术中脑起因研究的药理学方法的理论思考》② 一文旨在确定神经生理物质（神经递质）与审美情感发生的直接的因果联系，而不仅仅是以往被批评的审美相关脑区等神经生物基础的发现。为了打破神经美学“纯粹以神经成像为基础的重要局限”③，这篇文章系统地梳理并总结了神经递质的情绪功能，补充和发展了相关性研究，抵达审美行为直接因果性的研究诉求。作者引用“主要神经调节系统概述以及与审美体验和关键脑区的潜在联系”，对主要神经递质系统（多巴胺能、5-羟色胺能、大麻素和阿片肽系统）的审美功能（wanting，liking）进行分析之后，绘制了神经调节系统映射到审美体验主要功能网络的设计图（见图0.1）。

---

① 在过往的神经递质的美学功能研究中，已经得出明确研究结论的有：泽基在探讨爱情文学过程中引入了神经生物基础的介绍，把加压素、催产素、多巴胺在爱情经验中的释放与“爱的融合体”的概念结合起来进行分析，成为爱情文学诞生的神经生物基底和精神理念来源(《大脑的辉煌与悲怆》，2009)；查特吉将带来快乐体验的多巴胺分泌与审美愉悦紧密结合起来，从而尝试弥合审美愉悦与日常愉悦情感之间的界限等。

② Blanca T. M. Spee, Tomohiro Ishizu, Helmut Leder, et al., “Neuropsychopharmacological Aesthetics: A Theoretical Consideration of Pharmacological Approaches to Causative Brain Study in Aesthetics and Art”, *Progress in Brain Research*, Vol.237, 2018, pp.343-372.

③ Blanca T. M. Spee, Tomohiro Ishizu, Helmut Leder, et al., “Neuropsychopharmacological Aesthetics: A Theoretical Consideration of Pharmacological Approaches to Causative Brain Study in Aesthetics and Art”, *Progress in Brain Research*, Vol.237, 2018, pp.344-345. “key limitations regarding a purely imaging-based approach...for the reverse—a causative analysis—as a necessary counterpoint to imaging studies...We then extend this to behaviors specifically tied to aesthetic processing and appreciation.”

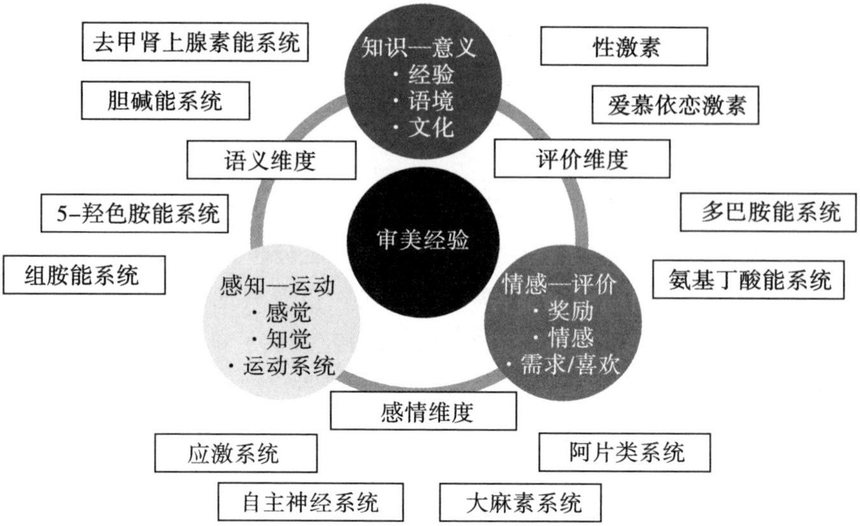

图 0.1　神经调节系统映射到审美体验主要功能网络的设计图

（资料来源：Blanca T. M. Spee，Tomohiro Ishizu，Helmut Leder，et al.，"Neuropsychopharmacological Aesthetics：A Theoretical Consideration of Pharmacological Approaches to Causative Brain Study in Aesthetics and Art"，*Progress in Brain Research*，Vol. 237，2018）

神经生物美学不仅仅对审美经验的具体生物物质（神经递质、神经元等）进行微观还原，还存在着不断在精准还原基础上的内部连通机制的复现与发掘。例如，在具体种类的神经递质的审美情绪功能基础上的神经调节系统映射到审美体验主要功能网络的设计图，从语义、评价和情感三个维度，将不同类型神经递质的功能分别纳入知识意义系统、感知运动系统和情绪评价系统。不难看出，神经生物学在每一次精细还原之后，都及时进行功能化的重构与机制化的塑模。这样的研究还可以见于泽基在视觉脑区以及审美相关脑区功能探索之后的审美神经加工专属通道的探索①、审美属性加工的平行性及其不同步性研究②、感知觉加工脑区平行系统与先后时序的探究③等。这些新近发展都是基于以往的功能脑区研究。值得注

① T. Ishizu and S. Zeki，"The Brain's Specialized Systems for Aesthetic and Perceptual Judgment"，*European Journal of Neuroscience*，Vol.37，2013，pp.1413-1420.

② S. Zeki，"A Massively Asynchronous，Parallel Brain"，*Philosophical Transactions of Royal Society B.*，Vol.370，2015，pp.1-14.

③ Yoshihito Shigihara and Semir Zeki，"Parallelism in the Brain's Visual Form System"，*European Journal of Neuroscience*，Vol.38，2013，pp.1-9；Semir Zeki，"The disunity of consciousness"，*TRENDS in Cognitive Sciences*，Vol.7，2003，pp.214-218.

意的是，在神经功能化还原基础上进行的不同神经递质、功能脑区之间的联结式的探索，实际上体现了心理学中的功能主义与联结主义的本质理念区分。在今天，这种区分并不是以对立的样貌呈现，而常常表现为相互之间的配合与融合。至于联结主义的研究结论，难以体现出彻底的物质基础的还原的品质，也常常被批评为相关性、推断性的研究而非绝对因果性的研究。

在神经生物还原基础上，联结式审美生物机制的探索仍然在生物学的方法论指导之下，关于神经信息加工流程的建模则进入到认知科学、信息科学的理念视域之中。由于脱离了生物还原的理念，所以在下一节神经信息美学中重点讨论。总体来看，当前的审美脑区还原研究仍然是神经美学的主流，即借助 fMRI 实验得出特定审美对象、艺术作品作为刺激物的相关激活脑区。并且，研究者更加具体到运用各种精确艺术类型艺术品作为刺激物，来观察不同艺术类型的脑区血氧含量状况。在此基础上，维塞尔、斯塔尔等学者用经典绘画作品作为刺激物探讨了强审美经验激活默认模式网络（DMN）① 的状况，分析了 DMN 如何作为审美发生的脑神经网络背景系统，以及审美体验在这个网络中的自指性。如前文指出，每一次还原基础上的神经机制设想，都是因为其相关性而非绝对因果性，很容易被指责为一般感知系统的神经机制而非审美经验所独有。

除了神经递质、审美脑区的审美神经机制还原之外，对于神经元细胞的探讨也一直是研究重点所在。除了泽基、利文斯顿结合魏泽尔发现的方向神经元细胞来分析视觉艺术中绘画线条方向的美感发生机制②之外，镜像神经元的发现也为这个研究方向提供了广阔的空间。镜像神经元是意大利神经科学家里佐拉蒂等于 2004 年前后在实验中发现的，是一些在猕猴观看和模仿其他猕猴动作行为时，被特定激活的细胞。一经发现，镜像神经元细胞引发了研究热潮，之于美学，似乎传统的文艺模仿说等一系列重大的文艺理论问题，乃至人文社科领域一切与模仿有关的人类行为，都得

① Edward A. Vessel, G. Gabrielle Starr and Nava Rubin, "The Brain on Art: Intense Aesthetic Experience Activates the Default Mode Network", *Frontiers in Human Neuroscience*, Vol.6, 2012, pp.1-17; Edward A. Vessel, G. Gabrielle Starr and Nava Rubin, "Art Reaches Within: Aesthetic Experience, the Self and the Default Mode Network", *Frontiers in Human Neuroscience*, Vol.7, 2013, pp.1-9. [美]加布里埃尔·斯塔尔:《审美:审美体验的神经科学》,周丰译,郑州,河南大学出版社,2021。

② S. Zeki, *Inner Vision* (1999); Livingstone, *Art and Biology* (2002).

到了实证化的神经生物支撑，且至关重要。[①] 相应的思辨和质疑与后续研究证明问题并不如此简单。镜像神经元作为功能细胞并不是单体式地发挥作用[②]，而是作为一个系统与其他神经生物要素联合才促成审美能力与审美行为的发生。甚至有学者提出，镜像神经元与元典神经元在审美反应中仅发挥非常微小的作用。[③]

经过以上分析，不难看出，神经生物美学的每一次功能化还原研究的重大进展契机，都伴随着联结式的模型建构研究。[④] 在这种二重循环中，神经生物美学的轨迹也逐渐清晰起来：以审美经验和审美活动的绝对因果性生物基础为目标，但是生物性质素的实验论证过程都仅仅作为必要条件而无法达成绝对因果性要求，进而在功能要素的组合中用联结主义的方式建模起审美经验的整体神经生物基础。而这种阶段性的发展又被指责为只具有审美发生的相关性，研究者进一步去寻找具有绝对因果性的神经生物基础。在这种循环中，神经生物美学正在循序渐进。

近十年来，中国学者在探究审美情感的神经生物基础方面，开展了一些具体的实验，得出了富有启发性的结论。王婷婷的论文从味觉、嗅觉审美的角度，设计实验发现了相关脑区的激活情况及其与文化审美的关系。[⑤] 北大包燕在实验中比较了中西绘画（山水画、人物画）在中西方观众审美偏好中的差异，体现出受到文化背景差异影响的个性决定着审美欣

---

① David Freedberg, Vittorio Gallese, "Motion, Emotion and Empathy in Esthetic Experience", *TRENDS in Cognitive Sciences*, Vol.11, No.5, 2007, pp.197-203; Vittorio Gallese, David Freedberg, "Mirror and Canonical Neurons Are Crucial Elements in Esthetic Response", *TRENDS in Cognitive Sciences*, Vol.11, No.10, 2007, p.411.

② 参见[美]格雷戈里·希科克：《神秘的镜像神经元》，李婷燕译，杭州，浙江人民出版社，2016，第245页。

③ Roberto Casati, Alessandro Pignocchi, "Mirror and Canonical Neurons Are Not Constitutive of Aesthetic Response", *TRENDS in Cognitive Sciences*, Vol.11, No.10, 2007, p.410.

④ Anjan Chatterjee, "Neuroaesthetics: A Coming of an Age Story", *Journal of Cognitive Neuroscience*, Vol.23, Issue 1, 2010, pp.53-62. 这篇文章的"神经美学发展的挑战"一节中，查特吉表达了对神经美学以及一切量化的实验美学的还原（reduction）研究带来的风险，各种具体化的还原（不仅仅限于神经要素的，也包括统计量化的还原）减弱了对于审美的核心问题与总体问题的关切，"减少美学的组成要素来适应量化的方法正冒着众所周知的灯下黑（由于自身遮挡，致使目标处于阴暗区域）的危险"。

⑤ 参见王婷婷：《进化中的审美：从舌尖到心灵》，北京，清华大学出版社，2020。

赏的结果，同时山水风景画比人物画具有独立于文化传统的更高的审美价值。① 书法、电影、音乐、舞蹈、文学等艺术类型的神经美学研究已经有学者逐步展开。② 这些研究是我国神经美学开展 fMRI 实验的有效尝试，主要以艺术作品激活审美相关脑区为研究旨趣，研究过程和研究结论为今后的美学实验提供了参照。从当前趋势来看，进入实验探讨阶段的中国学者主要来自心理学专业背景，以心理学对认知情感规律研究为目标，偶尔兼及美感和艺术问题。因而，在实验目标设计、实验结论阐释的意义空间开拓、哲学思辨、美学分析方面仍然有待加强。从心理学、认知神经科学角度对美学和艺术开展系列化、系统化的与人文学科合作研究非常必要。同时，哲学美学阐释对于神经生物实验的介入不可避免，否则实证数据背后的人的感性力量与文化因素难以得到充分的释放，而陷入传统实证主义的认知模式。

泽基、拉玛钱德兰的神经生物实验一直尝试着与传统哲学美学的基本概念、主要原则紧密结合，然而在当代哲学美学语境中，他们探讨的概念略显古典。尽管泽基非常谦逊地自诩“审美经验的侍者”③，当代美学与艺术的内部传统却难以轻易将“外层解释”融入当代美学话语体系和当代艺术传统之中。可见，自下而上与自上而下的融合研究仍有漫长道路。

另外，神经生理创伤给艺术创作和审美情感带来的影响在部分学者的研究中被重点发掘。④ 由于此类研究以神经创伤的偶发性轶事为研究基础，存在着实验不可重复性、伦理的可商榷性等问题，故略备一说。针对具体神经创伤审美现象可以开展具体的个案分析，难以作为寻求普遍审美规律的有效途径，研究方法更难以广泛推广运用。神经美学家安简·查特吉（Anjan Chatterjee）编制了 AAA 量表来测量审美属性⑤，“艺术属性

---

① Yan Bao, Taoxi Yang, Xiaoxiong Lin, et al., “Aesthetic Preference for Easetern and Western Traditional Visual Art: Identity Matters”, *Frontiers in Psychology*, Vol.7, 2016, pp.1-8. Taoxi Yang, Sarita Silveira, et al., “Aesthetic Experiences Across Culture: Neural Correlates When Viewing Traditional Eastern or Western Landscape Paintings”, *Frontiers in Psychology*, Vol.10, 2019, pp.1-10.

② 参见张伟霞:《音乐审美加工的神经基础:客观美、主观美及其加工差异的研究》,上海师范大学博士学位论文,2020;以及国内其他艺术门类研究学者的相关论文。

③ [英]萨米尔·泽基、孟凡君:《我是审美经验的侍者——关于神经美学教授泽基的访谈》,2022 年 7 月(未刊)。

④ Anjan Chatterjee, “The Neuropsychology of Visual Artistic Production”, *Neuropsychologia*, Vol.42, 2004, pp.1568-1583; Anjan Chatterjee, “Neuroaesthetics: A Coming of an Age Story”, *Journal of Cognitive Neuroscience*, Vol.23, Issue 1, 2010, pp.53-62.

⑤ Anjan Chatterjee, Page Widick, et al., “The Assessment of Art Attributes”, *Empirical Studies of The Arts*, Vol.28, No.2, 2010, pp.207-222.

评估法量化地研究了任一脑损伤的个体在具体艺术属性上的变化。系统地画出变化图表将让我们可以确认脑损伤后艺术生产发生的风格类型变化”①。尽管查特吉以及在他之前和之后的研究者，在被观察对象的不同脑半球损伤前后艺术风格发生变化方面，倾注了大量研究精力，但不同程度脑创伤带来的审美情感体验影响，就目前原理探索与具体影响来看，尚无更大的突破。但是，随着神经生理疾病（如阿尔茨海默病等神经退行性疾病）给审美活动带来的影响被重点考查②，普遍性大脑功能衰退对艺术创作和欣赏的影响则具有从艺术角度开展医学治疗和预防的理论的和现实的意义，因而值得特别关注和发展。③

二、神经信息美学（计算神经美学）

在神经美学的任何具体发展趋向中，对于神经生物美学的重视都应当放在首要的位置，它是其他方向衍生与发展的根本基础。神经信息美学方向主要在审美过程中脑区之间相互联系的过程、信息流程化的类脑模式以及审美加工（创作与欣赏）的计算建模等方面，探索审美心理加工的信息化过程。神经信息美学实际上将审美活动、审美经验、审美感知等美学经典概念作为一种信息加工方式进行探究和阐释。④ 当代主要神经美学研究者如查特吉、莱德尔、维塞尔⑤、派尔罗斯基⑥等从不同角度搭建了审美心理过程的神经机制模型；泽基、拉玛钱德兰基于神经美学实验探讨了审美感知发生的先后时序⑦、主要原则⑧；信息科学研究者皮卡德等从认知

---

① Anjan Chatterjee, “Neuroaesthetics: A Coming of an Age Story”, *Journal of Cognitive Neuroscience*, Vol.23, Issue 1, 2010, pp.53-62.

② Benjamin van Buren, Bianca Bromberger, et al., “Changes in Painting Styles of Two Artists with Alzheimer's Disease”, *Psychology of Aesthetics, Creativity, and the Arts*, Vol.7, No.1, 2013, pp.89-94.

③ Bree Chancellor, Angel Duncan and Anjan Chatterjee, “Art Therapy for Alzheimer's Disease and Other Dementia”, *Journal of Alzheimer's Disease*, Vol.39, 2014, pp.1-12.

④ 参见[英]萨米尔·泽基、孟凡君:《我是审美经验的侍者——与神经美学教授泽基的访谈》,2022 年 7 月(未刊)。泽基教授谈及审美感知时提出,“知觉即加工”(perception is processing)。其他从建模角度考察神经美学的学者基本都遵循着“信息加工”的对象、过程、原则作为主要研究内容的路数。

⑤ 参见孟凡君:《认知神经美学视域下的美感问题研究》,吉林大学博士学位论文,2018。

⑥ 参见王延慧:《当代艺术审美模式比较研究》,《上海文化》2020 年第 12 期。

⑦ K. Moutoussis and S. Zeki, “A Direct Demonstration of Perceptual Asynchrony in Vision”, *Proceedings of Royal Society of London B*, Vol.264, 1997, pp.393-399.

⑧ V. S. Ramachandran and W. Hirstein, “The Science of Art: A Neurological Theory of Aesthetic Experience”, *Journal of Conscious Study*, Vol.6, 1999, pp.15-51.

科学与信息科学层面实现情感计算的建模[①]，对审美过程研究具有启示价值。神经信息美学研究一般从神经生物学的科学结论出发，同时又在实验观察的基础上进行类脑式的建模，或者根据认知心理过程的逻辑关系进行信息化、流程化建模，从而为模仿生物脑、审美脑的运行过程的计算编程提供了直接的理论来源。与此同向同行的有计算神经美学（见图 0.2）和正在提上日程的人工智能美学。

计算神经美学的出现体现了神经美学的包容性与多元性。神经美学存在着先天的量化追求，这与计算机科学在进行图画绘制、欣赏过程中的量化计算（计算美学，computational aesthetics）过程存在着方法论上的契合。但是，两者离实现真正意义上的交融还有巨大的沟壑。这来源于对“信息”本身的理解和处理方式的差别：神经美学面对的是神经生物信息（电信息与化学信息），而计算美学处理的是数字算法信息，两者之间的兼容与转换并不会在理论预设和学科开创中发生，而需要在现实实践中，产生切实的需求。由此就进入到神经信息美学与人工智能、情感计算、脑机接口等产业和科学技术发展需要的链接阶段。因而，对于人工智能、情感计算的审美意涵，从美学角度展开批判，仍有广阔的空间。德国学者迪特·莫施（Dieter Mersch）对基于数字算法完成的艺术“创作”与传统的艺术创作进行比较，在数学逻辑和艺术逻辑之间发现了无法弥合的缝隙，从而为各自保留了独立的空间，特别为传统艺术创作的底层情感逻辑保留了无可取代的重要价值。[③]

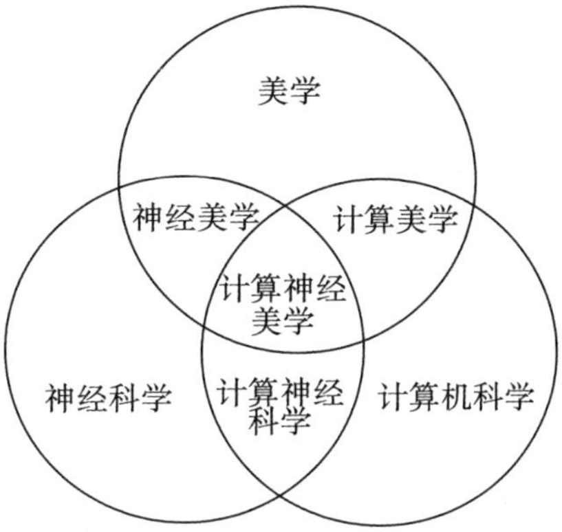

图 0.2　计算神经美学的学科域

（资料来源：Rui Li and Junsong Zhang, “Review of Computational Neuroaesthetics: Bridging the Gap between Neuroaesthetics and Computer Science”, *Brain Informatics*, 2020, 7: 16, pp. 1-17）[②]

---

① R. W. Picard, *Affective Computing*, Cambridge, MA: MIT Press, 1997. 罗莎琳德·W. 皮卡德：《情感计算》，罗森林译，北京，北京理工大学出版社，2005。

② 在这篇文章中，我国学者提出“计算神经美学”（computational neuroaesthetics），在梳理神经美学与计算美学各自发展的历史之后，提出两者交叉融合的必要性、难度、现实状况以及未来任务。

③ Dieter Mersch, “(Un) creative Artificial Intelligence: A Critique of ‘Artificial Art’”, manuscript, 2020.

皮卡德在《情感计算》中首先提出了与人工智能相对的“人工情感”概念，并且通过“隐马尔科夫模型”来实现人工情感的设计和输出。[①] 国内情感计算领域的探索已经向前迈出巨大的步伐，从情感识别、特征提取、降维方法、多模态识别与表达、氛围场建模、情感意图理解，直至情感机器人的交互系统设计，信息科学学者融合心理学、认知神经科学研究，在工业产品设计中，实现情感交互，实现用户的沉浸式、具身化审美体验已经不是遥不可及的技术难题，而是实际生产过程中的具体实现与飞速发展的新兴方向。[②] 研究者越来越精细化地描摹出情感计算的应用系统与分类导图。[③]

神经信息美学的建模成果，如果仅仅停留在解释审美信息加工阶段，将具有极其有限的价值，唯有在产业化实践中改进和运用情感仿生神经模型和算法来实现人工智能的情感生成与交互，才真正实现了神经信息美学的应用价值。基于认知神经科学原理、信息科学原理的建模方式作为实证化的预测，都具有不可穷尽的偶然性和随机性，因而建模总是临时解决产业需求的阶段性生产模式，而人类经验的具体生成与人工智能向生物情感智能进化的历史过程才是一切模型的最终决定因素。而最终决定因素本身又是在不断涌现生成的、多元演进的，因而建模在哲学层面仅仅具有实证性形而上学的价值。借助建模技术、算法应用而获得增强的人类经验的辩证运动与演化的现实过程，为人类自身的价值不被信息技术、生物技术所控制和决定，保留着独立的伦理判断空间。

三、认知神经美学

真正将神经美学引入科学话语和美学视域中应归功于泽基。[④] 在 20 世纪 80 年代，德国学者、美国学者以及后期格式塔美学转型中已经蕴含了神经美学的萌芽。格式塔美学在讨论脑场的过程中，已经触碰到神经美学的边缘[⑤]，从格式塔美学向神经美学过渡是一个值得关注的美学史脉络，这成为联结现代美学与当前发展的重要过程。[⑥] 同时，在 20 世纪 60 年代

① 参见[美]罗莎琳德·W. 皮卡德：《情感计算》，罗森林译，北京，北京理工大学出版社，2005。

② 参见吴敏、刘振焘、陈略峰：《情感计算与情感机器人系统》，北京，科学出版社，2018；Rafael A. Calvo, Sidney K. D'Mello, Jonathan Gratch and Arvid Kappas：《情感计算手册》，张克俊、张乐凯、刑白夕译，杭州，浙江大学出版社，2021。

③ Leimin Tian, Sharon Oviatt, Michal Muszynski, et al., ACM books, 2022, p.9.

④ Anjan Chatterjee, “Neuroaesthetics: A Coming of an Age Story”, *Journal of Cognitive Neuroscience*, Vol.23, Issue 1, 2010, pp.53-62.

⑤ Wolfgang Köhler, Richard Held, “Neural Correlates of Pattern Vision”, *Science*, Vol. 110, Issue 2860, 1949, pp.416-419.

⑥ 参见孙翀：《鲁道夫·阿恩海姆艺术心理学思想研究》，浙江大学博士学位论文，2021。

心理学从行为主义转向认知主义的过程中，认知心理学飞速发展，以独立的姿态开展美学研究和进行审美关照。在 20 世纪 90 年代，辛西娅·弗瑞兰、罗伯特·索尔索主要从认知心理学角度介入美学研究，涉及了认知科学与神经科学融合发展的认知神经科学问题；同时期，我国学者李志宏、赵伶俐、丁峻也在认知美学与美育研究中触及神经科学问题。在这样的背景下，我们一方面可以将心理学美学发展的认知阶段视为神经美学的先声（现阶段仍然保留着丰富的认知心理学的影响，因而称之为认知神经美学）；另一方面也可以将认知美学发展的新阶段——与认知科学联合而诞生的认知神经科学——直接称为认知神经美学。认知神经科学以普通心理学、认知心理学为先导，在神经科学研究的基础上，实现了认知科学和神经科学的融合。[①] 认知神经美学包含着认知神经科学视域中的美学和传统美学的认知神经科学研究两个向度的联姻。

从学科话语角度看，“认知”概念除了具有丰富的认知心理学和认知科学的现代科学背景以外，作为传统认识论的现代化转换，在经典哲学语境中也有一席之地。在主客观的相互关系中，主体的自我意识、认识能力、反思过程的哲学思考与现代认知科学对于主体认知结构、认知加工、认知预测与认知—行为关系等方面的考察，具有内在的联通关系。[②] 因而，认知神经美学的“认知”概念不仅仅具有认知心理学、认知科学和神经科学的联合视阈下的美学关照，还包含着传统认识论哲学在现代转型中对于美学研究最新动态的把握。神经美学（认知神经美学）的研究现状也可以充分体现出其哲学史传统与哲学意蕴。一般神经美学家对于经典美学概念和艺术问题的考察，以及分析美学和欧陆美学对于认知科学、神经科学的最新吸纳与转化中，都可以得到相应的理解，体现出科学的心理学美学与人文的哲学美学之间的贯通。

因而，认知神经美学以认知神经科学研究成果为基础，探讨美学基本概念的生物学和哲学基础以及两个领域关联起来的可能性，同时包含着对一般神经美学效度的哲学反思。无论中西，认知神经美学研究者或从认知心理学出发，或从哲学美学或文艺美学基本范畴出发，或从反思两者衔接的哲学基础以及方法论合理性出发，体现出强烈的衔接神经美学与哲学美学的研究动机。广义来看，从传统哲学美学视角观察、审视与质疑，或者进入认知、神经问题对神经美学进行研究的，都在这个大的论域之内。格雷戈里·柯里（Gregory Currie）、威廉姆·希利（W. P. Seeley）、戴维·

① 参见 Michael S. Gazzaniga 等:《认知神经科学——关于心智的生物学》,周晓琳、高定国等译,北京,中国轻工业出版社,2015。

② 参见魏翊东编著:《认知哲学手册》,北京,科学出版社,2020。

戴维斯（David Davis）等学者都在学科交叉边缘地带展开论述，包含着对认知神经美学的认知观察，也包含着传统哲学如分析哲学、现象学、实用主义的方法的批评。其中希利于2013年发表于《英国美学杂志》的文章《艺术、意义与知觉：对艺术的认知神经科学的方法问题的追问》对神经美学方法论的哲学、艺术学基础进行了全面的考量，对于其有效性和有限性都予以批判性的阐释和论述。①

除了以上对学科视域的介绍之外，认知神经美学对哲学美学和实证美学的互证体现在对具体美学概念的研究过程中，例如对审美情感、审美经验、审美知觉的综合分析，再如对具体的传统文艺理论概念——想象②、模仿③、意象和幻象④、有意味的形式⑤、文学主体⑥、含混⑦、文学性⑧等——进行重新阐释。我国美学研究者在神经美学对接传统美学、艺术方面，具有天然的自觉和具体的成果。“自觉的研究”一是因为学科背景多来自文学、艺术、美学等传统学科；二是自五四时期蔡元培倡导“美育代宗教”以来，我国现代美学发展具有一条道路清晰却未被足够重视的科学美学研究线索；三是在于我国的独特的艺术和审美经验与西方美学史和艺术史形成的比较特征，为神经美学实验提供了丰富的素材与理论开发的空间。从传统美学、艺术和文学出发，我国学者考察了审美认知模块作为美感发生的内隐机制⑨、审美认知概念对审美经验的决定性影响⑩以及作为审美主客体中介

---

① W. P. Seeley, “Art, Meaning, and Perception: A Question of Methods for a Cognitive Neuroscience of Art”, *British Journal of Aesthetics*, Vol.53, No.4, 2013, pp.443-460.

② Aaron Meskin and Jonathan M. Weinberg, “Imagination Unblocked”, in Elisabeth Schellekens and Peter Goldie, eds., *The Aesthetic Mind: Philosophy and Psychology*, Oxford: Oxford University Press, 2011, pp.239-253.

③ Jonas Grethlein, “Plato in Therapy A Cognitivist Reassessment of the Republic's Idea of Mimesis”, *The Journal of Aesthetics and Art Criticism*, Vol.78, No.2, 2020, pp.157-169.

④ 参见孟凡君：《认知神经美学对“意象”“幻象”研究的启示：泽基神经美学研究再探》，《浙江大学学报》（人文社会科学版）2020年第5期。

⑤ S. Zeki, “Clive Bell's ‘Significant Form’ and the Neurobiology of Aesthetics”, *Frontiers in Human Neuroscience*, Vol.7, 2013, pp.1-14.

⑥ Catherine Malabou, “What is Neuro-literature? *Substance* # 140”, Vol.45, No.2, 2016, pp.78-87.

⑦ 参见萨米尔·泽基：《大脑的辉煌与悲怆：对于爱情、创造力以及人类幸福的求索》，孟凡君译，张旭东校，北京，人民出版社，2017。

⑧ David S. Miall, “Neuroaesthetics of Literary Reading”, in Martin Skov and Oshin Vartanian, eds., *Neuroaesthetics*, New York: Baywood Publishing Company, 2009, pp.233-248.

⑨ 参见李志宏：《认知美学原理》，北京，光明日报出版社，2011；李志宏：《认知神经美学》，北京，中国书籍出版社，2020。

⑩ 参见赵伶俐：《审美概念认知：科学阐释与实证》，北京，新华出版社，2004；陈丽君、赵伶俐等：《审美的身心基础》，北京，北京师范大学出版社，2016。

的认知神经机制[①]。近年来，对于审美体验[②]、审美情感[③]、审美意象[④]、审美幻象[⑤]、审美经验[⑥]的神经学考察也大量涌现出来。

运用认知神经科学和神经美学的研究结论来阐释美学基本问题，也带来了巨大的争论。例如，国外对于泽基、拉玛钱德兰、奥尼安斯等神经美学与艺术史研究的理论挑战与辩护[⑦]，我国认知美学李志宏与新实践美学张玉能之间的论战。应该说，这些争论既体现了美学发展内在要素之间自然博弈的过程，也体现了中国当代美学保持着健康发展环境，既避免了科学研究方法对于人文社会科学的单向度的辖制，同时也促进了自然与人文学科理念在交锋中形成当代美学话语，推动美学学科的建设。因而，在神经美学学科集群中，认知神经美学视角具有比较复杂的研究理念和比较丰富的发展潜能。

四、神经艺术学（神经艺术史）

神经艺术史[⑧]和神经艺术学的基础理论包括神经音乐学[⑨]、神经建筑学[⑩]、神经美学与舞蹈[⑪]、神经电影学[⑫]、神经美学与文学、神经美学与视觉艺术等。神经艺术史从神经机制进化的角度来探讨艺术的发生、发展

---

① 参见丁峻:《审美间体研究》,北京,中国社会科学出版社,2016;丁峻:《当代神经美学研究》,北京,科学出版社,2018。

② 参见胡俊:《神经美学视角下的快乐与审美体验》,《文艺理论研究》2021年第3期。

③ 参见孟凡君:《认知神经美学视阈下美感问题研究》,吉林大学博士学位论文,2018。

④ 参见胡俊:《神经美学与审美意象理论的创构》,《文学评论》2022年第5期。

⑤ 参见孟凡君:《认知神经美学对"意象""幻象"研究的启示:泽基神经美学研究再探》,《浙江大学学报》(人文社会科学版)2020年第5期。Meng Fanjun, "Aesthetic Illusion as a Connection of Neural Basis, Art Appreciation and Modern Ideology", *Philosophia*, Vol.49, No.4, 2021, pp.1601-1617.

⑥ Meng Fanjun, Liang Yushui, "A New Interpretation of the Essence of Aesthetic Experience: From the Perspective of Aeshtetic Anthropology and Neuroaesthetics", *The Journal of Aesthetic Education*, Vol.56, 2022, pp.97-120.

⑦ 参见诺埃、兰普利、海曼、阿什顿对神经美学进行批评的著作和文章。

⑧ 参见支宇、李天鹏:《论神经艺术史的学科缘起、技术手段与理论前景》,《认知诗学》2020年第2期。

⑨ 参见 John Onians, "Neuromuseology, Katarzyna Murawska-Muthesius, Piotr Piotrowski", *From Museum Critique to Critical Museum*, Routledge, 2015; 刘沛:《神经音乐学及其研究切入点的动议》,《星海音乐学院学报》2001年第2期;宋蓓、张紫嫣:《从神经美学到音乐神经美学——一门新兴学科的产生、发展及其对音乐学科的影响》,《北方音乐》2022年第2期;等等。

⑩ 参见马尔格雷夫的著作和泽基的论文。

⑪ 参见 Steven Brown 的神经艺术学文章。

⑫ 参见王娅姝、王宜文、刘瑾:《神经电影学视野下的电影音乐接受效果研究》,《电影艺术》2020年第4期;等等。

过程，以欧尼安斯、迪萨纳亚克为代表。欧尼安斯在《神经艺术史》一书中，梳理了从亚里士多德到泽基的西方艺术史中对于脑神经问题的思考与探索，将艺术发展历程纳入神经科学发展的范畴之内。欧尼安斯的研究对艺术框架的神经科学基底予以了充分的考察，拓展了艺术史的研究方法，为艺术史的科学实证研究开辟出一条新的路径。

美学和艺术的关系研究，是当代美学和艺术理论的重要问题。这个问题也渗透到了神经美学研究领域。大部分的研究者并没有特别区分两者之间的理论阈限。但部分学者也在美学与艺术学的相互重叠关系、归属关系与各自领域进行了辨析。迪萨纳亚克认为神经艺术学应当包含神经美学①，而神经美学的中青年力量认为神经美学应当将艺术研究清除出自己的领地。两者立论与对立的结点在于对艺术概念有不同的理解。迪萨纳亚克的艺术是最为广义的，包含技艺、风俗制度以及认知情感，所以认为神经美学作为研究认知情感规律的领域理应纳入神经艺术学。而纳达尔、斯科夫从广义的美学研究角度将神经美学定位为全部情感规律探索，而非包含着特殊情感形式与技艺形式的艺术原理研究。②

这种对立响应着时代发展中艺术从美学中独立出来的呼声与趋势，却隐含着相互之间的深刻误解。排他式的独断论，反映出具有实证主义色彩的神经美学的知识论的缺陷。艺术与美学之间的分离体现了艺术自主、艺术学科化的自然诉求。但是回到基本概念的解释过程与实际发展过程，艺术、艺术理论发展难以脱离历史与现实的先验概念体系和现实感性规律，而先验概念与现实感性，乃至于最具有独立性的技术层面，都在美学的总体关照范畴之内。笔者认为，艺术自主与社会分工、学科独立、系统自转息息相关，具有多方面的现实价值，但以独立为目标的倡导走向极限则会失去理性的土壤，走向狭窄的故步自封的空间。

五、神经进化论美学

自达尔文主义诞生以来，进化论美学已经成为一个重要的研究领域。尽管存在着激烈争论，随着生物学、进化论的每一次发展，进化论美学都对美学现象进行了新的解释。人类大脑神经机制的进化发展，成

① Steven Brown and Ellen Dissanayake, "The Arts are More than Aesthetics: Neuroaesthetics as Narrow Aesthetics", in Martin Skov and Oshin Vartanian, eds., *Neuroaesthetics*, New York: Baywood Publishing Company, 2009, pp.43-58.

② Martin Skov and Marcos Nadal, "A Farewell to Art: Aesthetics as a Topic in Psychology and Neuroscience", *Perspectives on Psychological Science*, Vol.15, No.3, 2020, pp.630-642.

为新近进化论美学学者非常关注并开展积极研究的领域。神经美学与进化论的紧密联系在考古学发现的微观生物物质的遗传变异的宏观生物学解释中得到确认，因而构成具有实证支撑的宏观解释框架。神经美学关于具体神经生物物质的探寻，常常可以在原始艺术、艺术作品的认知模式演变中得到实证化确证，同时，也在动物情感研究和人类情感研究中，发现新的活力。从生命进化与认知神经发展的双重角度来思考艺术与美学问题，代表人物有丹尼斯·达顿、斯蒂芬·戴维斯等，约瑟夫·卡罗尔、门宁豪斯、迪萨纳亚克也有此倾向。丹尼斯·达顿为神经进化美学的当代发展做出了卓越的贡献。门宁豪斯是当代坚持该研究方向的重要学者。韦尔施的动物美学，成为当代美学最直接的回响。哈拉维的类人猿、赛博格研究则从更加开阔的视角开拓了人类前史和后人类史的美学研究范式，并借鉴了进化论和神经科学，为未来的理论发展和实践创新打开了丰富的想象空间。

六、神经美学与文学

“当我沉默着的时候，我觉得充实；我将开口，同时感到空虚。”鲁迅先生《野草》中这句题辞无意中道出了语词与情感表达的相互转化的内部机制之难。一方面，存在着内在认知情感的神经成像向语言转化之难，社会历史文化、现实生活与复杂的情绪杂乱地铺陈在鲁迅先生面前，难于述说，难以诉之于语言；沉默不言，人事景物皆备于我，若要开口，却难以表达。另一方面，内在情感活动的神经活跃充实感与语言表达的空洞感之间形成鲜明对照，当创作者进入自我内心与认知当中，物象与事件都是鲜活的，在意识中如幻影上演，将它们转化为语言，却常常让人茫然无措。可见，鲁迅先生深沉的内心体验，形之于语言审美情感机制则更为复杂；丰富充盈的审美和情感意象与其符号化、外在化、对象化之间的巨大沟壑中存在着无限的变体，因而带来不可填充的文学审美空间黑洞，以至于让人感到开口时的空虚。大部分文学的审美与情感意象、文学语言之间的关系亦然。在神经美学视角看来，文学语言的语义复杂深邃性、文学语言的意象变幻莫测感、文学情感的飘忽幻化状态都有着深刻的神经活动基础。在文学审美分析中，如果我们把文学语言的复杂深邃、变幻莫测、飘忽幻化与可探索的认知情感的神经规律联系起来，那么神经文学的研究对象与研究价值就明确彰显出来。

无疑，在这个难度最大却又是所有艺术门类中最基础的文学领域，神经美学的研究者和对神经科学感兴趣的文学研究者已经开始探索文学内在的包孕性和丰富性，以及外在表达的空虚性与假定性中所蕴含的神经规律。

与视听艺术不同，文学以其语言符号的复杂性和社会意识形态的多元性最不容易与神经美学相结合，最难通过直观实验方法得出相对稳定的结论，因而从文学角度指出神经美学的论述漏洞是相对比较容易的。然而，从对神经美学的启发性来看，文学的丰富性和复杂性恰是推进问题深化的重要动力源。泽基在神经科学的最边缘处大量引用但丁、巴尔扎克、左拉、托马斯·曼，甚至具有叙事性的《圣经》诗歌、波斯诗歌以及瓦格纳的歌剧来逆向推断爱的融合体（unity of love）的神经生物原理的存在。从浪漫之爱的神经递质出发来以真释美，从爱的融合出发来以美启真，神经美学从文学和语言艺术走向复杂语境，耐人寻味。

法国哲学家、文艺理论家马拉布借助神经生物学提出了“神经文学”来捍卫文学的主体性，论述锋芒直接针对20世纪下半叶的“解构主体性”（德里达和福柯）主题。[①] 这种超越一般语言修辞层面、语言审美形象层面的关于神经美学与文学哲学关系的研究，值得特别重视。

认知诗学已经逐渐成熟，而对于模仿、表现、想象、净化、叙述、隐喻等经典文学理论问题的神经科学解释才刚刚展现出其魅力。从传统科学眼光看来，纯粹科学方法已经难以推进的审美情感领域的研究，神经美学正从文学和艺术的复杂性中寻找着突破口。而在科学量化法难以把握的领域，文学艺术的丰富性逐渐向人们显示出人文真理的独特价值。人文学科与神经生物学的深度交融互鉴在此处更加展现出其重要性。

通过以上对神经生物美学、神经信息美学、认知神经美学、神经艺术学、进化论美学、神经美学与文学等特征鲜明、路径清晰的研究分支的具体介绍，神经美学作为交叉性、综合性学科的包容力和延展力得到了充分的展现。新生的神经美学既不断拓展与融合多门学科的边界，又不断聚焦美学经典问题，给出当代性回答。人文研究与科学研究汇通于神经美学，两者之间的隔阂在此逐渐被打破。在我国当前新文科发展的语境中，神经美学正在提供着价值丰富的参考和借鉴。

---

① Catherine Malabou, “What Is Neuro-literature?”, *Substance*, Vol.45, No.2, 2016. 马拉布:“我将激进地对待这一结论,并指出神经生物学似乎是文学之外的这种绝对,它赋予文学内外以有效的意义。”(I will radicalize this conclusion and state that neurobiology appears to be this absolute outside of literature that gives the outside in literature its effective meaning.)神经生物学实现了主体性的中和。

第一章　神经元——美感的神经生理起点

> 神经学的花园向研究者展示了迷人的景象和绝妙的艺术情感。身处其中，我的审美本能终于得到了充分的满足。就像昆虫学家在追逐色彩鲜艳的蝴蝶一样，在（大脑皮层的）灰质的花园里，我搜寻着形态精致优雅的细胞——一只只灵魂中的神秘蝴蝶，它们的翅膀可能在某一天微微一振，谁知道这会揭示怎样的精神生活之奥秘?![1]

圣地亚哥·拉蒙-卡哈尔在自传中写下上面这段话的时候，正在回忆他的学术研究的爆发期：1890 年前后，这位有史以来最伟大的神经解剖学家刚刚提出的神经元细胞学说，还没有得到主流学界的认可，只获得少数神经科学家的鼓励，如阿尔伯特·冯·科利克（Albert von Kölliker）。当时流行的是神经网络学说，大多数神经科学家并不认为大脑内部的神经生物结构可能是由彼此独立的具有单体特征的细胞构成。卡哈尔在这段时间里，疯狂工作和发表成果，仅仅 1890 年就发表了 14 篇专论，试图用足够的论据和充足的论证来获得科学界的信服。这段充满诗意气质与执着精神的文字便是他这段工作的心灵缩影。科学探索的艰辛过程中充满了艺术般的审美体验，甚至是难以言传的狂喜。在此之后的十多年，他接连出版了三本巨著。其中，《人类和脊椎动物神经系统的组织学》"奠定了他在神经科学百年来不可动摇的地位……可与达尔文的《物种起源》相提并论，是生物科学界少有的传世之作"[2]。

1906 年，卡哈尔与高尔基因为对神经组织的解剖工作一起获得了诺贝尔生理学或医学奖。但是，神经元细胞学说仍然没有得到科学界的公认，颁奖词中对于神经元只字未提，甚至在发表颁奖词的时候两位共同获

① Santiago Ramón y Cajal, *Reflection of My Life*, trans. by E. Horne Craigie, Cambridge, MA: MIT Press, 1989, p.363.

② 蒲慕明:《序》,[美]埃里克·A. 纽曼等编著:《大脑之美:圣地亚哥·拉蒙-卡哈尔绘图集》,严青译,傅贺校,长沙,湖南科学技术出版社,2020。

奖的神经解剖学家还在为这个学说而辩论。高尔基支持神经系统是网络组织，否认神经元作为单体细胞的存在。卡哈尔的“灵魂中的神秘蝴蝶”在若干年后才在科学实验观察中被清晰地捕捉到。时至今日，神经元学说已经成为毫无争议的神经科学的基础观点。

第一节　神经元作为美感探索的起点

从神经元开始探索美感的基本神经生理要素，这是必要的和可能的。20 世纪，在卡哈尔的“灵魂中的神秘蝴蝶”被科学实验清晰地观察和描绘出来之后，神经元的种类和功能研究不断细化。从当前脑神经科学发展的状况来看，神经元细胞是我们可以测量到的体现大脑功能性差异的最小单位。因而，一般认知神经科学研究起始于神经元细胞。以认知神经科学为基础的美学探索，毫无疑问无法超出认知神经科学的发展阈限。

一、诺贝尔奖与神经元功能研究

> 作为大脑定位系统的关键要素，“位置细胞”和“网格细胞”的发现导致了一种理解范式的转变，由此，我们知晓特定神经细胞群如何协同工作，以便实现更高级的大脑功能。通过精细的实验，你们以崭新的洞察力向我们展示了生命中最重要的秘密之一：大脑如何创造行为并为我们呈现了这些迷人的心理能力。①

上面一段文字是 2014 年诺贝尔生理学或医学奖颁奖词的节选。英国伦敦大学学院的约翰·欧基弗（John O'Keefe）教授和挪威奥斯陆大学的莫泽夫妇（May-Britt Moser and Edvard I. Moser）因“大脑定位系统的细胞研究”获得该奖项。

1971 年，在神经实验中，欧基弗教授发现了大鼠脑内的海马体中存在“位置细胞”（space cell），他结合实验结果提出“位置细胞”构成人们外部生活环境的内部地图，这个内部地图主要存在于海马体内。2005 年，挪威科技大学卡弗里神经科学研究所和记忆生物学中心的教授莫泽夫妇发现：实验环境下，大鼠通过不同的空间区域的时候，海马体附近的内嗅皮

① Ole Kiehn, “The 2014 Nobel Prize in Physiology or Medicine-Presentation Speech”, 16 June 2018, http://www.nobelprize.org/nobel_prizes/medicine/laureates/2014/presentation-speech.html.

质内的不同细胞被激活，这些被激活的细胞在大脑三维空间内构成六边形。他们把这个区域的细胞称为“网格细胞”（grid cell），提出这个六边形网格内的每一个细胞在空间识别时发挥作用，这个六边形网络即是人类的三维空间系统。网格细胞、位置细胞及其神经联系共同构成了脑内神经网络系统，这个回路构成了大鼠脑内的定位与导航系统。人类大脑内部具有与大鼠脑内相似的结构。

自1906年以来，诺贝尔生理学与医学奖颁发给直接与脑神经科学相关的研究达26次之多。其中直接与脑内神经元相关的研究获奖两三次。与过去对神经元研究的生理病理共性因素探索不同，2014年神经元研究的获奖成果直接体现出了神经元的特异性功能——空间定位功能，这在诺贝尔生理学或医学奖历史上是首次。实际上，认知神经科学针对具有特定功能的神经元细胞早已经开展了大量的研究，比如面孔神经元细胞、嗅小体、味觉神经元细胞、听觉神经元细胞、α运动神经元等①，也包括存在争议的祖母神经元细胞、镜像神经元细胞等。

二、美感研究为什么从讨论神经元开始

虽然早在19世纪末20世纪初，神经科学已经尝试把神经元细胞作为大脑活动的最基本单位开展研究，但是，限于研究手段，对于神经元细胞的功能性研究并没有太大的进展。直到近二三十年，随着神经测量技术不断发展，单细胞、多细胞的活动状况可以通过有效的神经实验测量获得。2014年的诺贝尔生理学或医学奖是对这个研究方向实证成果的有力确认。

由此，我们把引介特定功能的神经元细胞作为探索审美神经生物基底的起点。这些神经元细胞已经为我们理解美感，提供了微妙的灵感。以神经元细胞为基础，我们可以进一步探讨神经元细胞之间的连接问题——神经元细胞节点，可以在神经元细胞连接构成的网络中探讨功能性脑区问题，可以在神经信息回路当中探索神经元细胞之间、神经节点之间以及功能性脑区之间的神经机制问题。这一系列神经生物物质的运行机制对于美感产生决定作用，成为美感的神经生理基底。这个探索过程将显现为一个轮序清楚、逻辑规范、符合实际的美感生成之链，进而为建构生物性、文化性的美感系统提供最坚实的物质基础。

分子生物学研究表明，在神经元细胞基础上，进一步发现存在功能差异的微小单位，如不同细胞核、电子、离子对于功能性差异的影响。“分

① 参见［美］Michael S. Gazzaniga 等：《认知神经科学——关于心智的生物学》，周晓琳、高定国等译，北京，中国轻工业出版社，2015，第206～207、147、150、143～146、225页。

子水平的神经活动是脑内活动的基础。在神经元层次以下有许多问题需要研究。”[①] 但它们能否构成独立的功能单位？所有疑惑或许正是有待科学家们攻克的堡垒。还有可能，在我们分析的轮序当中存在环节上或者次序上的偏差，大脑运行的实际状况远非我们当前分析所遵守的轮序，那也是神经生物学家们正在探索中的问题。所以，这些可能性的偏差也时刻提醒我们，认知神经基础层面的美感研究必须随着认知神经科学的每一步发展而反思和更新原有观念。

第二节　神经元的分类、抽象功能及其与美感的联系

在神经元细胞层面开始探讨审美心理问题，充分考虑到不同神经元细胞类型体现出的功能差异，为探索与该特定功能细胞相关联的审美心理过程奠定基础。不同审美心理过程或许是诸多神经元细胞及脑区联合作用的一种神经生理过程的结果，在细分和还原这个神经心理过程的时候，特定功能细胞是我们可以细分得到的最微小的基本单位。通过分析不同功能的神经细胞，可以在最细微层面上映射出审美心理的特征性差异。

一、神经元的分类与抽象功能

在我们尝试分析不同类型神经细胞的功能与美感的关联之前，有必要介绍神经细胞的分类问题。笔者在此介绍的分类标准主要为信息传递方向、形态和形状以及具体功能三个方面。其中，功能性分类与美感研究最为紧密。明确神经元细胞的特定功能，了解其集群活动的功能化效果，实际上是为知晓大脑的抽象认知能力奠定了初步的基础。每一种认知能力必定对应着相应的神经细胞种类，而该种类细胞的诞生与集群活动实际上是我们获得该能力的神经生物基础。

首先，“根据神经元的传递方向可将其分为三类：感觉神经元（sensory neurons）将感受器传来的信息，传向中枢神经系统；中间神经元（inter neurons）又叫‘联络神经元’，它们将从感觉神经元中获得信息，传给其他中间神经元或运动神经元；运动神经元（motor neurons）将从中枢神经系统获取的信息带给肌肉和腺体。每个运动神经元都与数以千计的中间

① 黄秉宪：《脑的高级功能与神经网络》，北京，科学出版社，1999，第53页。

神经元发生联系，形成庞大的神经网络”①。

其次，根据多样化的形态及形状，神经元可以分为四种类型，分类主要根据一个神经元的树突和轴突相对于其他神经元的树突和轴突的方向形态。四种类型为：单极、双极、假单极或多极神经元（见图1.1）。

最后，根据神经元功能分类，存在无限多种可能。据不完全统计，除了上文提到过的位置细胞和网格细胞，还有几种对审美有重要影响的神经元。例如，方向选择细胞（orientation selective cells），对特定方向的直线反应，对其他方向反应较少；视觉运动专属细胞（visual motion specialized cells），也称为定向选择细胞（directionally selective cells），处于V5视觉运动区，对某个方向上的运动发生反应，对于相反方向无动于衷；躯体感觉细胞，包含压力感觉细胞、高温反应细胞等，压力感觉细胞对身体表面任何适合位置施加压力的刺激物发生反应；高温细胞对高温发生反应；等等。

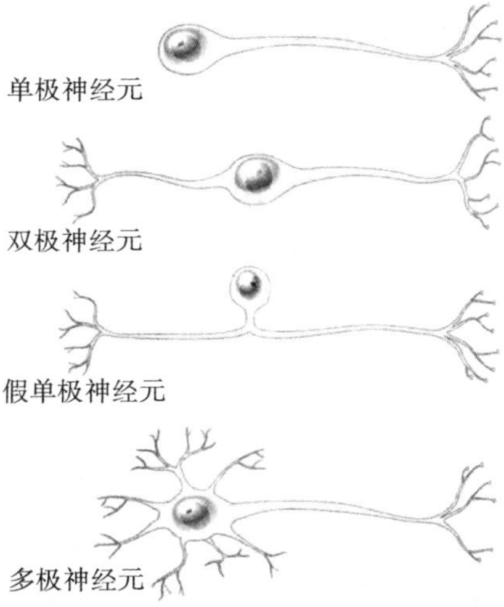

图1.1　神经元的分类

（资料来源：［美］Michael S. Gazzaniga等：《认知神经科学——关于心智的生物学》，周晓琳、高定国等译，北京，中国轻工业出版社，2015，第21页）

这种功能性分类还将继续有无数种新发现，我国及国外当前神经科学探索的最新方向，就是将神经细胞功能类型及其联结方式作为一个重要的攻关方向。当神经科学家把所有功能性细胞类型及其联结方式呈现出来之后，用计算机模仿人脑的运行方式将成为可能。

二、神经元与美感的关联

结合讨论的主题，应该提出这样的问题：以上功能各异的细胞是如何与美感发生关联的？由于我们目前的实验手段无法对审美时的人类大脑神经元进行观测，所以我们暂时只能用艺术作品分析过程中的心理状态，来推断神经细胞与美感发生关联的过程。待以后实验条件成熟，我们的推断结论或许可以成为实验目标测定的内容，在实验过程中能够更加清晰、准

① 沈政、方方、杨炯等：《认知神经科学导论》，北京，北京大学出版社，2010，第21页。

确地描述出美感发生的全过程。

（一）定向选择细胞

以清代画家李方膺的《风竹图轴》（见图 1.2）作为分析对象，推断方向选择细胞和视觉运动专属细胞的激活和抑制过程，及可能产生关联的其他神经系统。在这个分析过程中，我们将始于神经细胞，显示其属性；结合细胞的抽象认知功能，凸显其诱发的社会性情感，及其升华出的审美情感。

《风竹图轴》中，竹叶一律向右上横斜，竹竿亦随风向右倾斜，打破了微风飒飒、绿竹猗猗的传统典雅意境。竹叶叶序本为互生，交错对称于竹枝两侧，一般给人呈现出一幅平和优雅的视觉画面。但是，画中竹叶打破了互生对称的排列顺序，所有竹叶全部指向右侧。按照大脑方向选择细胞的正常反应，竹叶应当对称生成，不应偏向一侧。当视觉中枢接收到感受野中的视觉信号时，方向选择神经细胞非常活跃，所有竹叶都优雅地处在它们应该出现的位置上。大脑的方向选择细胞对于两侧互生的特定方向上的竹叶发生反应，所以在观看欣赏郑板桥的《墨竹图》（见图 1.3）时，产生愉悦感。然而，观看《风竹图轴》时，这种偏侧效果使得左侧方向选择细胞产生抑制（向上、向下的方向也产生抑制），右侧方向选择细胞高度激活。当方向选择细胞视觉区无法辨别分析视觉对象——竹叶时，视觉刺激物交由其他视觉区进行处理。此时，负责运动视觉的 V5 区的运动定向选择细胞被高度激活，主要是向右侧运动的定向反应细胞被激活。大脑进一步进行视觉分析判断，之所以产生这种视觉效果，是因为左侧应当风力强劲。于是部分神经细胞高度激活，部分神经细胞产生抑制时，大脑的认知判断中枢分析出其原因在于左侧的强劲风力。

图 1.2 《风竹图轴》

图 1.3 《墨竹图》

自然风物的视觉效果是人类认知与情感的触酶。欣赏《风竹图轴》，观赏者会由简单视觉刺激引发运动专属细胞的活跃，进而激发社会情感脑区的活跃。观赏者的鉴赏力会把意志坚定、风雨不动的人格化品质赋予竹子。观赏者在对竹子品质的品味过程中，获得肯定性的谦虚持节、刚直不阿、坚韧不屈、高风亮节等方面的社会性情感。在物我同构和心物交互中，这种社会性情感得到强化，同时伴随着多巴胺等积极性神经递质的释放，进而升华为无功利的、形式化的、审美化的竹子意象和君子形象。

从绘画创作角度看，从神经细胞的抽象认知功能到社会化情感体验，再到审美化意象和意境的创生，这个转化过程是清晰明显的。李方膺创作《风竹图轴》时，年逾古稀，几经宦海浮沉，依旧屹立狂风，刚直不阿。从题画诗亦可了解其胸中丘壑："波涛宦海几飘蓬，稚竹关门学画工。自笑一身浑是胆，挥毫依旧爱狂风。"然而，即使不读题画诗，不了解李方膺的身世浮沉，仅凭这幅《风竹图轴》体现出的品格气质亦可了然于胸。诚如当代神经美学家泽基所言，一位优秀的艺术家必是一位神经学家，他懂得如何运用艺术技法，塑造艺术形象，调动认知神经系统，激发认知情感机制，给人们带来审美享受。竹子的品格、君子的形象、画家的气节无一需要详尽阐释，单凭几杆倾斜竹、满目风竹叶，则足以调动审美者的神经细胞和整个审美情感系统。

关于方向选择细胞的探索，西方神经科学家、神经美学家也已作出相应的贡献。大卫·休伯尔（David Hubel）和托斯登·威塞尔（Torsten Wiesel）发现有细胞对蒙德里安绘画的特定轴线方向上的线性刺激物发生反应。① 因而，蒙德里安的绘画引发了大脑当中的方向选择细胞的活跃运动，画中水平、垂直或倾斜的线以及它们共同组成的组块（block）激活了原初视觉皮层的方向选择细胞，进而获得审美愉悦感。

泽基的研究也推进了我们对方向选择细胞的深入认识。"在某种意义上，我们的探索和结论与蒙德里安和其他人不同。蒙德里安认为，普遍形式（universal form）构成了所有其他复杂形式，而普遍形式就是直线；生理学家认为，对一些艺术家心目中的普遍形式发生特定反应的细胞，正是构成基本构件（building blocks）的基本要素，而基本构件允许神经系统表象更加复杂的形式。毋庸置疑，视觉皮层的生理学和艺术家的创作之间的关系绝非是偶然随机的。"②

以上分析都是基于我们在艺术欣赏过程中的经验性推测，暂时没有实

① Eric R. Kandel, *Reductionism in Art and Brain Science: Bridging the Two Cultures*, New York: Columbia University Press, 2016, pp.80-82, fig.6.6.

② S. Zeki, *Inner Vision*, London: Oxford University Press, 1999, p.113.

验进行佐证。但是，当我们有机会进行实验论证的时候，视觉运动细胞的活跃运动及其与社会性情感的联结，还有审美情感的促生，都是必然会在实验检测中观察到的。这也就自然过渡到人文与科学关系对称面——人文社会科学和艺术作品对认知神经科学的启示问题。西方对此已经做了大量工作，我们当前由于缺乏这种“人文—科学”联合性思维，还无法运用美学来启示神经科学研究。

我们应该回到本节的主旨之中，神经细胞和审美情感之间的关联问题。有神经科学家认为，神经元细胞的功能与抽象概念能力相联系，因而不同的神经元类型是不同抽象能力的神经生理基础。这是可以得到广泛认同的，具体的抽象概念能力即使不是单个细胞的功能，也是该类型细胞集群的“团组功能”。抽象概念能力实际上是人类认知能力的基础，从认知到基本情感，或者从认知到审美情感这个过程是怎样实现的？或者从细胞活跃经由神经递质的释放，或者其他电信号、化学信号的传递，直抵审美情感反应，以上过程究竟是怎样实现的？如果我们继续推断，可能缺乏科学的实证基础。我们将根据现有认知神经科学成果对这个过程进行描述。

但是，如果实验条件成熟，亲自组织实验过程，详细记录这个神经反应过程，我们可以获得简单感知经验的神经联结过程，还可以获得复杂形式的审美刺激物的认知神经组块。然而，只有把我们的审美现象作为实验刺激物，才有可能真正建立起属于中华民族审美情感的认知结构体系。

实验探索得到的审美认知情感过程将会为人工智能、人工情感提供具体的、局部的解决方案。因而，更多类型神经元的认知情感功能以及审美机制原理，有待发现和确认。当无限多个功能化神经元以及神经通路可以被记录、被复现的时候，庞大的神经细胞数据体系、神经信息数据算法模型和宏观神经机制将共同为人工智能和人工情感提供大数据保障，提供实施和完成的物质保障。本节，我们只以方向选择细胞和运动专属细胞为例，对李方膺的《风竹图轴》进行认知神经美学分析。其他类型神经细胞我们没有一一进行认知神经美学分析。在本节不同位置，出于不同的论述需要，如果神经元与审美对象的关联是恰切的，我们会在不同层面继续论及。

（二）镜像神经元

1990年前后，意大利神经科学家贾科莫·里佐拉蒂（Giacomo Rizzolatti）和维托里奥·格莱塞（Vittorio Gallese）等人发现了镜像神经元细胞，“镜像神经元是前运动皮层（F5区）腹侧和顶下小叶（PFG区）中的一类神经元，在运动执行与目标定向运动行为观察中发生反应”[①]。随后，这一发现在神经科学界引起了巨大轰动，余震波及美学等人文社会科学领域。时至今日，学界对镜像神经元仍然保持着讨论的热度。镜像神经元细胞的发现似乎为解决哲学问题、美学问题提供了无比强大的科学支撑。

具体说来，镜像神经元细胞的主要功能在于映射主体对象的动作行为，并且引导主体行为模仿被观察的对象。通过猕猴实验，这样一种神经元得到了 fMRI 的实验确证。如果镜像神经元细胞存在观察动作、理解动作、模仿动作这些基本功能的话，人类的模仿行为，学习行为，艺术创作中的反映论、摹仿论等似乎都可以在此找到坚实的认知神经基础。人文社会科学界对此也非常兴奋且充满期待，由此衍生出了诸多联想和推论。镜像神经元功能研究“可以采纳为理论资源，并使之在镜像神经元理论基础上受益的美学观点，几乎涵盖了美学史上关乎审美主体的所有问题”[②]。

学界积极地把镜像神经元研究引入美学研究领域是有益且勇敢的尝试，我们应该称赞。然而，笔者跟踪了镜像神经元细胞的研究状况，在不断发展与推进中，西方研究者在近期的研究中也提出了一些质疑和不确定性的思考。如格里高利·希科克（Gregory Hickok）提出了“用镜像神经元理论解释猴子和人类行为理解时的八个问题”，并且在著作《神秘的镜像神经元》中预测：“镜像神经元最终将被归入一类范围更广的感觉运动细胞，通过回路层级，利用各种感觉输入参与到动作控制中。”[③] 总体来说，质疑者认为，在主体的动作观察、动作行为或动作理解中，镜像神经元可能发挥作用，然而却不能完全解释诸如模仿、自闭等现象，像“如何理解动作”这样的复杂现象需要包括当前发现的镜像神经元与其他如语言等大脑皮层联合解释。如果镜像神经元无法成为全面揭示“人类动作”现象的全能生物基质，那么我们需要冷静地反思在其基础上衍生出的一切哲学美学猜想。

那么，我们要怎样看待镜像神经元与美学研究的关系？镜像神经元到底在审美过程中发挥着怎样的作用？从当前神经科学研究来看，镜像神经元的全部功能仍然不能说获得了清晰明确的界定。综合查阅文献，当前能够确定镜像神经元仅在观察动作和执行动作时被激活，而在深层意义加工

---

① Antonino Casile, “Mirror Neurons (and beyond) in the Macaque Brain: An Overview of 20 Years of Research”, *Neuroscience Letters*, Vol.540, April 2013, p.3.

② 王庆卫:《镜像神经元学说对美学研究的意义》,《西北师大学报》(社会科学版)2011 年第 1 期。

③ [美]格雷戈里·希科克:《神秘的镜像神经元》,李婷燕译,杭州,浙江人民出版社,2016,第 245 页。

和认知情感理解方面，它远远不具有独立的整体功能。因而，我们认为如同定向神经细胞和方向神经细胞一样，其作为人类感觉经验和运动经验的原发性基质确实发挥着重要作用，对于人类的运动认知和行为判断起着重要作用，然而需要各个脑区联合（有的学者称之为联结主义的默认网络）才能解释复杂的认知情感现象和社会复杂意识形态下的审美现象。

总体来说，镜像神经元与美学研究的关联问题给我们提供了一个冷静思考认知神经科学用于美学等人文社会科学领域的标准案例。当前认知神经科学研究的成果非常多，可谓眼花缭乱。哪些研究成果可以成为客观定论，哪些还存在疑问？定论应该如何与美学研究结合，是严格从实验出发，还是适当延伸？如果把认知神经科学成果在美学领域进行引申，我们应该把握怎样的原则和界限？

带着种种顾虑，我们几乎难于向前走一小步。这种困难来自自身的学科背景，还来自我国当前美学界对于认知神经科学的陌生感和不确定感。然而，当看到西方神经美学大踏步地向前飞奔的时候，我们深切地感到即使艰难也要迈出这一小步。其实，哲学、语言学领域与认知神经科学已经大范围结合起来，美学界的专家与学者已经开始谨慎地把认知神经科学新知识渐渐地纳入美学范畴。

认知神经美学是一个交叉学科，不仅需要借助认知神经科学知识来拓展美学的思考，也需要哲学美学对于自身和认知神经科学的反思。秉持这样一种态度，或许我们能够更好地促进美学自身的发展。在认知神经科学里，还有诸如镜像神经元这一类的神经生物学概念，如祖母细胞等，我们在分析、借鉴和应用时应持有谨慎的态度。既敢于借鉴和运用，又要保持清醒的认知，故步自封或者盲目乐观都不利于美学的发展。

第三节　神经元、量子与单子论的认知神经关联

神经生物学、量子物理学和单子论分别是脑科学、物理学与哲学对于本源物质进行探索的重要路径。三者并列，我们可以产生无限丰富的推理。我们的每一步分析，都应紧紧环绕着既定科学事实和严格的哲学思辨展开。

一、科学与哲学的最小功能单位

我们把神经元、量子与单子这三个关键概念并列，目的在于比较分析不同学科领域在对世界本源进行探索时得出的不同答案，试图寻找它们之

间在思维方式上的联系。神经元是神经生物学探索的起点，代表了认知神经科学在人类精神研究中探寻到的最原初的具有功能单位的物质基底；量子是物理学关于本原物质最小单位探索的最前沿成果，尽管存在争议，量子理论与量子技术已经在测量、通信等领域取得重大突破，并有部分哲学家把该理论与哲学思考结合起来；单子论由莱布尼茨创建于 17 世纪，它是对物质本原形态的丰富性与复杂性的哲学思考，至今仍有启发意义。神经元、量子和单子是人类对世界本原进行还原式追问时获得的答案。三种答案路径不同，相与为一。

一般性和概括性地描述三者的关系，我们可能会错过许多精妙的内容。然而，我们将不得不借助有限的且不大精确的语言来表述三者的关系。随着不断深入地推敲，我们期待可以描述出三者之间关系的大致轮廓，且把相关的、体现本原式追问的哲学概念，如实用主义的“一个经验”等问题纳入考虑的范畴。通过这些本原式探索的关系分析，为解答美感的神经生理基础问题奠定哲学思辨的基础，同时也打开新的思考维度。

本章第一节的前两目对于神经元已经略有介绍。经过分析，我们约略可以理解神经元是具有初步人类精神功能的最基本生物学单位。这里说它具有初步的精神功能，意味着它并不构成意识，甚至并不构成微意识。不可回避的是，当前的神经生物学实验已经充分证明了它是人类精神与意识的最基本的功能性神经生物学单位的实存。这进一步有助于我们推论神经元是“承载着”精神的物质，物质与精神的统一体可以在神经元层面得到认证。然而，对于这个结论，我们还是要谨慎对待。神经元具有的功能性差异，体现了人类精神现象的差异。但是神经元的“功能性差异”是一种物理的、化学的、生物的或者通信性质的过程，它并不就是意识本身。我们暂且不在这里过多纠缠，因为毕竟比起任何其他物质单位、精神单位，神经元更加兼备物质与精神的双重属性。这个结论对于我们回顾莱布尼茨的单子论具有重要的实证意义。

二、单子、神经元与量子

（一）单子与神经元可否相通

莱布尼茨的单子论哲学思想是一种想要以极简的理性方式来表达极丰富的世界的尝试。“单子（monad）并非别的什么东西，而只是包含于复合体中的单一实体（einfache substanz）。单一实体，即不含多个部分的东西。”这样乍一看来，似乎莱布尼茨所提出的单子只能是不可再分的最基本的粒子，因为他接着论述道：单子“在没有部分的所在就不可能有广延，既无形状，也不可分解”，“单子没有使某种东西能够藉以进出的窗口……可见，不论实体还是偶然的东西都不可能从外部进入单子之内”。① 除了基本粒子之外，似乎没有什么匹配物与莱布尼茨的单子相称，而机械化存在的基本粒子又没有什么实际价值。如果莱布尼茨的论述就此停止，要么他回到古代朴素唯物主义的原子论，要么从另一个方向继续向前推进。

在调和经验论和唯理论的努力中，莱布尼茨毫无疑问选择了后一种方法，他提出的单子本身就是具有现实实体性和知觉能动性的化合。他生发出单子的能动性，“单子好像无形体的自动机……单子的精神活动是知觉灵魂……单子的本性是表象……根据表象能力的清晰度，单子分为三个层级……最低级的单子存在于无生物、植物之中……较高一级的单子具有动物灵魂……最高级的单子具有理性灵魂，只存在于人的自我意识之中”②。

这样，单子论就在单纯无机界和理性灵魂之间架起一道优美的彩虹。然而，作为单一实体的单子可以承载如此繁重而又复杂的使命吗？显然，在莱布尼茨的论述中，“单子”由于负载过多的使命，而出现自相矛盾。其一，单子是单一实体，有空间位置③；然而，最高级的单子具有理性灵魂，则需要摆脱实体，而唯一能摆脱实体的只有上帝。其二，单子有躯体和灵魂（隐泰莱希），却是不可分的；然而“每一个单子以自己的方式成为世界的一面镜子”，因而世界享受完美秩序，包含躯体和灵魂的单子内部也必然存在一种秩序，那么存在秩序的实体内部则是可以继续再分的。

弗兰克·梯利（Frank Thilly）在《西方哲学史》中，对单子和灵魂的关系作了如下分析：

> 现在，我们知道世界的生命体是由无数个动力单元，或者非物质性的、无广延的、单纯的力的单元构成。我们对这个原理还能说些什么，我们能在什么层面上研究它？在我们自身当中。我们发现如此单纯的物质实体存在于我们的内在生命：灵魂就是这样一种实体。在全部单子层面，灵魂即为单子。通过类比，莱布尼茨把这些单子解释为

---

① ［德］莱布尼茨：《神义论》，朱雁冰译，北京，读书·生活·新知三联书店，2007，第481页。

② 赵敦华：《西方哲学简史》，北京，北京大学出版社，2001，第204～205页。

③ “In this sense we can speak, somewhat loosely, of the monad as having a spatial position.” Bertrand Russell, *The History of Western Philosophy*, New York: Simon and Schuster, 1945, p.584.

精神的和灵魂的力量。①

通过上面对于神经元和对单子论的介绍，结合梯利对单子和灵魂关系的分析，神经元却恰好可以接过单子论无法解决的矛盾，予以良好的解释。首先，需要澄清神经元不符合单子的某些规定，如不可分。但是，神经元及其组成的神经系统肩负起作为物质实体和精神意识共同载体的基本职能。因而，康德提出的超感性基底比单子论具有更大的回旋余地。前者包含物质与意识两重内容，但又不是不可分的单一实体，而且复合了“我们之中和我们之外的”多重基底性实体。

单子的“灵魂与有机的躯体以自然的方式联合”，两者却各有各的法则，“它们藉助在一切实体当中预先规定的和谐而相遇相合。”② 然而，躯体的法则和灵魂的法则两者不相同，却可以存在预定的和谐，存在一体之中，却彼此隔离。

（二）单子与量子有关系吗

量子理论由普朗克创立于20世纪初。量子理论认为：量子是构成世界的基本粒子，量子运动规律并不符合经典物理学定律。量子的运动轨迹具有不确定性，因而造成量子世界的叠加态。有学者由此推论，“基本粒子也有极简的自由意志”，并且设问“粒子是否具有极简的知觉，就如同莱布尼茨所说的无机物有‘微知觉’、动物有知觉、人类有统觉，是一个渐变过程?”③ 这颇耐人寻味。作为一种连绵性、绵延式的发展理论范式，达尔文的进化论、柏格森的生命哲学等诸多理论系统都建构起庞大的、从无机界到生物界再到人类的发展过程，并确认内在发展的连续性。如果量子因为其运动的随机性，而在类比层面上具有知觉或者意志，大概更容易理解。从通识的知识体系来看，知觉、意志毕竟还是属于人类的心理现象。一定要说量子、无机物以及动植物有知觉或者意志的话，那我们需要考虑的或许是知觉和意志重新定义的问题。量子如果和知觉现象、意识现

① ［美］弗兰克·梯利：《西方哲学史》，北京，北京大学出版社，2015，第368页。英文原文："We know now that the world of bodies is composed of an infinite number of dynamic units, or immaterial, unextended, simple units of force. What else can we say of this principle, where can we study it? In ourselves. We discover such a simple immaterial substance in our own inner life: the soul is such a substance. What is true of it, will be true, in a measure of all monads. Reasoning by analogy, Leibniz interprets the monads as spiritual or psychic forces."

② ［德］莱布尼茨：《神义论》，朱雁冰译，北京，读书·生活·新知三联书店，2007，第497页。

③ 唐先一：《量子力学中的自由意志定理》，《哲学分析》2016年第5期。

象产生任何关联，完全是量子作用于人类感知系统，进而影响到以神经元为基础的认知神经系统而带来的。以量子力学的“波包坍缩”为例，任何粒子在没有进入被测量态之前，都是自由的“叠加态”。一旦测量发生，一旦人类进行观察，粒子只能处于一种状态。我们可以这样理解，粒子的存在状态完全是由于人类观察和测量决定的。而这次观察和测量直接导致了量子力学的“波包坍缩”现象。

或许，在量子力学宏观领域的实验中，自然世界的知觉获得对于人类意识的依赖更加明显。薛定谔的猫到底是一只死猫，还是一只活猫？按照量子力学的理论，它应该是一只既死又活的处于叠加态的猫。但是，为了确证它的状态，实验者有必要在箱子侧面挖一个洞，然后进行观察。人类的观察确证了猫的即时状态。因而，就自然世界本身是否有知觉或意识这个问题来看，我们觉得还是用人类知觉和意识为世界赋予了状态来表达比较恰当。离开人的一次测量、一次观察或者一次有意识地感知，自然世界是处于完全自在的自由叠加态，因而没有什么知觉或者意识可言。

基于以上分析，我们认为量子符合单子的某些属性，如单子是单纯实体，不可再分等。但是，为量子赋予知觉、意识乃至意志，似乎与为单子赋予意识和灵魂不可同日而语。单子是一种哲学性假设，经过分析，这种假设由于承载了过多的使命而存在诸多内在矛盾。但是，作为哲学性概念，这些假设随着哲学与科学的发展被发现其局部真理性。如我们认为，单子论可能直接启发了康德的“超感性基底”概念。单子和超感性基底体现了寻找物质与意识具有共同的某个承载实体的追求。在今日的脑神经科学研究中，神经元恰好是现有的这个能够体现物质和意识一体性的最好证明。总的来说，单子论作为一种哲学范畴，正在被今日的科学证明其内在的合理性与局限性；今日的量子和神经元等科学理论成果，也有了单子论以及康德的超感性基底哲学推断的真理性。

（三）量子与神经元能够相互作用吗

然而，从量子和神经元之间的关联角度来确认量子的知觉性以及神经元的量子态，倒是一项有趣的设想，并且可能对于审美情感研究更有启发性。我们在上文分析过神经元的精神意识功能，但也不能过分夸大而忽略自然世界的物质基底的影响。这个自然世界的物质基底，在现在看来是以量子为单位和存在形态的。如果我们无法在微观领域里观察量子对于人类认知神经的作用方式，那么像薛定谔的猫那样，在宏观领域进行假设也未尝不可。然而，审美现象的实际情况恐怕比猫是死是活更加复杂。简单的视觉模型（如卡尼萨三角形、卡尼萨四边形或鲁宾花瓶）可能带来视知觉的双稳态或者多稳态。但是像《蒙娜丽莎的微笑》《戴珍珠耳环的少女》则会诱发观众无数多种可能的联想，诗歌、小说等抒情叙事性艺术的含混性和多义性更不待言。我们说，这种含混性是由于大脑处理信息固有的先天模式决定的，即大脑具有对复杂对象进行多种可能选择性判断的能力。那么同时我们可否认为审美对象本身具有多重诱发性呢？答案应该是肯定的。比起薛定谔的猫的死或者活的双态叠加，恐怕艺术品引发的是更多重状态的叠加。而人类的每一次鉴赏和表达，都是多重叠加态的坍缩，成为一次具体的审美过程。由此看来，艺术世界比物理世界更加体现量子原理。

回归到微观世界，我们想象一下，作为物体或者艺术品构成要素最基本单位量子，通过极幽微的方式作用于人类的感知，作用于人类的神经元及其联结系统。因为外在的量子运动的不规则性以及内部激活状况的随机性，神经元的激活与抑制必将呈现出极大的偶然性。神经元的偶然性激活则可能带来神经机制反应的千变万化，进而形成了审美的个体差异性。又因为物体或者艺术品的内部量子运动，以及神经元的运动呈现为专属于该物的类的特征，因而个体差异性中还将包含着审美共同性。

另外需要格外注意的是，量子和神经元两者的联系是以人类的身体感知系统为边界和媒介的。这样我们就不难理解，在下编当中分析社会文化因素对美感的建构时，为什么把身体、气质及人格等自然个体要素纳入考虑。

两者在单子论等本原式哲学系统中或者还原式的科学研究中，可以达成充分的契合。本体论的世界、认识论的世界实际上在量子与神经元的交互作用中结成新的关系系统。而对于这种关系系统的描述，单子论进行了初步的尝试，康德判断力的基底分析达到了某种巅峰状态。从神经元到神经机制研究，在哲学史领域相当于从莱布尼茨的单子论到康德的判断力的超感性基底的发展。

三、微观还原作为一种科学与哲学的本能需求

进入 20 世纪，哲学的普泛化状态为实用主义的“一个经验”理论提供了土壤。尚未清晰验证其本体所是的“一个经验”，实际上是物质单子和神经元一次交互作用在日常生活中的显现。

神经元、量子、单子、分析哲学的“逻辑原子”[①] 与实用主义的“一个经验”，佛家的“恒河一粒沙”，道家的“太极”都有相通之处。世界丰富幻彩。眉睫舒卷之际，灵光一现的是自然基本元素和人类精神基底之间一次金风玉露式的相逢。这一次吸引、纠缠与相互作用，便引发了人间万千因果情愫。

总体来说，神经元和量子可以说是单子理论在不同学科领域里的具体形态，一个经验是单子理论在日常生活经验中的混合了物质和意识的等同物。单子既包含物质成分也包含精神意识成分。神经元及其牵连起的整个神经系统是人类意识的基底，客观物质世界通过宏观的物质形态和微观的粒子运动作用于感官、作用于精神基底而获得了自身的存在。单子是对全部精神的和物质的基质单位的概括，体现了无差异的理性认识的基本原则。

① “逻辑原子”指感觉材料，对逻辑原子的陈述是原子命题。感觉材料如同马赫的感觉要素，但感觉材料（sense-data）是客观的，而不是主观的感觉（sensation）。感觉材料是个人感官所能经验到的最小、最基本单位，如一小块色斑。感觉材料的逻辑结构就是世界的逻辑结构。参见赵敦华：《现代西方哲学新编》，北京，北京大学出版社，2001，第 73 页。

第二章 大脑功能专属区——美感的神经功能基础

神经元细胞通过神经细胞间的信息通信，联结成了人类的功能化脑区。如果说神经元细胞之于美感研究过于微观而不易把握，那么功能脑区与美感的关联已经可以通过 fMRI 实验明晰地观察得到。西方神经美学当前的主要策略即是从寻找审美功能脑区入手，探寻审美的脑基础。

然而，fMRI 实验中观察到的“在审美时活跃的脑区”是不是我们要寻找的“审美脑区”？以审美对象为刺激物，以功能脑区是否作出审美判断为实验目的，西方 fMRI 实验观察到的内容与审美之间有怎样的关联？这些问题的结论恐怕不是单纯的非此即彼，还需进一步分析探讨，而这个探讨的过程或许就是认知神经美学的价值所在，就是科学美学与哲学美学融合的具体体现。

在本章当中，笔者首先介绍认知神经科学关于功能化脑区的探索，重点分析具有认知情感判断、分析功能的相关脑区，然后简要地汇总，把以往的研究成果以两种列表的方式呈现出来：一种以特定的艺术门类为中心，牵连起哪些相关脑区；另一种以脑区为中心，该脑区有哪些认知情感功能。这两种总结列表都是对以往研究的梳理和总结。

第一节 大脑功能化专属区中的美感区

19 世纪，欧洲生理学家们已经注意到大脑的特定区域对应着特定身体行为这一现象。布洛卡发现了控制语言发声的功能脑区，该区被称为布洛卡区（Broca area，左侧额叶下部）。1876 年，德国神经科学家卡尔·韦尔尼克（Carl Wernicke）发现了语言意义脑区，该区域现在被称为韦尔尼克区（Wernicke area，颞叶和顶叶的交界处附近）（见图 2.1）。

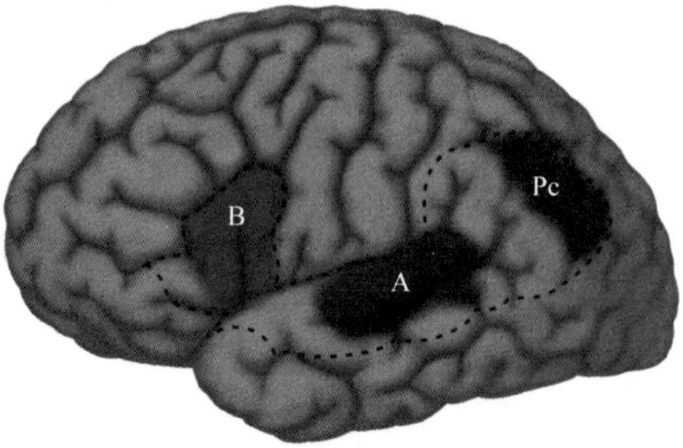

（A＝Wernicke 感觉语言中枢区；B＝Broca 语言区；
Pc＝与语言理解和意义相关的 Wernicke 区）

图 2.1　布洛卡—韦尔尼克脑区

（资料来源：［美］Michael S. Gazzaniga 等：《认知神经科学——关于心智的生物学》，周晓琳、高定国等译，北京，中国轻工业出版社，2015，第 5 页）

后来，科比尼安·布罗德曼（Korbinian Brodmann）把大脑分成 52 个区域（见图 2.2）。划分的主要标准为每个脑区（brain area，BA）的细胞结构差异及由此带来的脑功能差异，其中 BA9、BA10、BA11 区构成了我们今天所说的前额叶皮层，与认知和情绪密切关联。

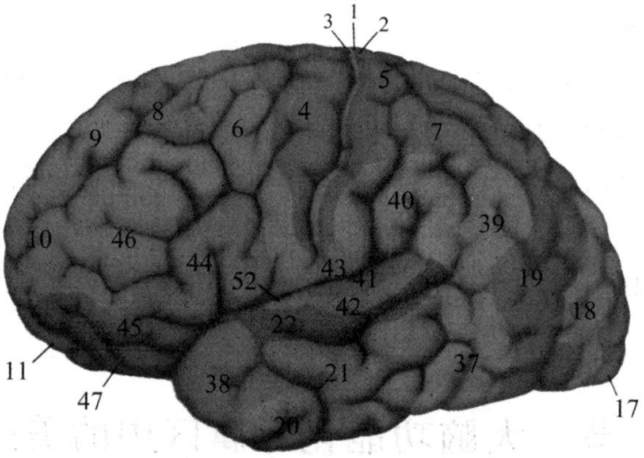

图 2.2　布罗德曼脑区

（资料来源：［美］Michael S. Gazzaniga 等：《认知神经科学——关于心智的生物学》，周晓琳、高定国等译，北京，中国轻工业出版社，2015，第 6 页）

在近几十年的研究中，大脑分区逐渐细化，例如视觉脑区分为 V1～V5 五个区域，每个区域又有不同的视觉功能。经过探索，人们了解到与情绪相关的脑区以额叶为主，包括海马体、丘脑、杏仁体等多个脑区联合发挥作用。于是人们开始设想是否会存在专属于审美的脑区？通过成像实验，神经美学家已经探测出与审美相关的许多大脑功能化专属区，这是神经美学的主要成果。

在此，笔者要再次明确脑区划分的方法问题。传统脑区划分一般以大脑局部创伤导致的大脑功能化变异为依据，当代许多认知神经科学家、美学家，包括查特吉都把这种方法当作重要的人脑研究路径之一，并常常称之为轶事（anecdote）研究法。这种研究方法的好处是可以直接了解人脑局部功能的实际情况，比起研究动物（小白鼠、猕猴等），更加接近人脑实际。另外，意外创伤也避免了直接研究人脑时将可能引发的伦理争议。但是，这种方法毕竟是偶然的、不可复制的、不大精确的。

随着科学成像技术的飞速发展，当代认知神经科学常用的fMRI等技术逐渐成为主流的方法。fMRI也称为血氧水平依赖功能成像。大脑激活区血流量增加，氧合血红蛋白增加，脱氧血红蛋白含量相对降低，获得的局部脑信号增强，由此获得激活区的功能成像。当前，fMRI技术应用广泛，用在认知神经美学领域，也取得了相应的研究成果。

以fMRI技术为主要方法的神经美学取得了一些研究成果，其原因在于：①比起历史上传统的布罗德曼脑区研究，fMRI技术获得的功能化脑区可描述，更加精确；②由此入手，神经实验目标设计比较清晰，易于获得众多有价值的结论；③有利于未来人工智能开发。

一、当前已经探明的与美感有关的功能性脑区

在西方神经美学实验中，已经通过fMRI技术探明在审美活动期间被激活的脑区主要有海马区、丘脑、额叶皮层（眶额叶皮层、前额叶皮层、腹侧额叶皮层、背侧额叶皮层等）、纹状体、杏仁体、扣带回皮层、边缘系统以及运动皮层区等。

随着实验的深入，已经发现的审美关联脑区还可以再不断地细分，新的未曾被认为与审美关联的脑区被确认为存在审美联系，脑区和脑区之间的联系也在不断发现，每一次新的发现都是在为美感的神经生理基底作出巨大的贡献。通过与审美有关系的复合化、综合性脑区及其相互联系的不断呈现，我们也可以得出一个基本结论：审美不是某个脑区独有的功能，不同于五官具体的感觉，而是一种综合了感知觉、认知判断和情绪体验的整体化脑活动。美感的还原化的功能脑区研究为整体化的综合研究奠定了基础。

当前，神经美学实验大多局限在实验室内，运用简单的视听刺激作用于被试者，来获取实验数据。根据被试者在审美状态时的大脑活跃情况，

记录相关大脑区域。当前获得的主要成果如表 2.1 所示。

表 2.1　艺术欣赏及相关脑区

研究者	刺激物	前额叶区	其他皮层区	下皮层区
维塞尔	绘画	下额回、上额回、眶额叶皮层、中前额叶皮层	颞上沟、颞下沟、侧副沟	黑质、海马体、尾状核、丘脑、脑桥网状结构
斯科夫	建筑	前扣带回皮层、眶额叶皮层、中前额叶皮层	无	腹侧纹状体
艾莎	面孔	眶额叶皮层	无	无
卡尔沃·梅里诺	舞蹈	无	视觉脑区、前运动皮层	无
凯尔奇	音乐	无	脑岛、罗兰迪克岛盖、颞极	腹侧纹状体、杏仁体、海马体
布莱缇克	音乐	前扣带回皮层、中前额叶皮层	颞极	腹侧纹状体
雅各布森	音乐和视觉图案	下额回、中前额叶皮层	无	无

（资料来源：Marcos Nadal，Marcus T. Pearce，"The Copenhagen Neuroaesthetics Conference: Prospects and Pitfalls for an Emerging Field"，*Brain and Cognition*，Vol. 76，2011，pp. 172-183）

另外，以脑的功能结构为线索，认知科学、神经科学、心理学等学科都已经对一些基本脑区的认知情感功能进行过分析与总结，各神经科学教材都有介绍，我们就不再赘述。

二、美感功能性脑区研究的未来走向

除了上面这份表格归纳总结之外，还有很多实验研究都得出了有关审美活跃脑区的成果。学者们在审美时大脑活跃区域呈现出比较复杂的状态，尽管有时显得混乱，但是总体上可以归纳出审美脑区的集合。这些区域的集合就是人们孜孜以求的审美脑区的"最大公约数"；同时，这些实验结论得出的审美区域存在互相重叠的部分，而这些重叠部分则是人类审美脑区的"最小公倍数"。关于唯一指向审美活动的脑区是否存在这个问题，目前还存在争议，还有学者在不断通过实验加以论证。无论最终结论如何，或者能否得到最终结论，我们都可以满怀信心地期待，随着神经成像、探测以及测量技术的发展，审美脑区的精确化描述将会不断呈现在我们面前。

从人文学科的立场出发，我们不禁发问：探明与审美相关的脑区的位置，其意义何在？首先，我们可以说，这解决了美感的神经生理基础问题，也就是美感的属人的物质基础问题。其次，哲学史、美学史、心理学史上的“内感官”问题获得了科学的解释，“内感官”不是玄学概念，而是外在感官的神经生物基础，包括物质存在层和信息运行机制层，即可概括为认知情感模块。最后，了解审美相关脑区有利于重估美学概念的科学基础。滋味、意境、神韵、意象等古典美学概念，可以通过相关功能脑区的相互联系获得崭新的理解。

第二节　审美脑区与内在感官：认知脑与情绪脑的区别与联系

哲学史或者美学史上存在种种关于认知与情感的大脑基础的猜想。这些猜想可以追溯到英国经验主义哲学和美学时期。内在感官也已被今天的科学成果所证明。视觉脑、听觉脑、嗅觉脑、运动皮层区等，以及以人类的多元智能模块①为代表的当代认知神经科学研究都在大脑内部找到了特定人类感官的内在基础。

一、独立的审美脑区是否存在

与审美紧密联系的不仅是感官的认知模块区，更重要的是与情绪相关的大脑区域。认知脑区与情绪脑区有时重叠、有时区分，共同构成了人类高级智能的基础。其中，情绪脑区包括杏仁体、海马体、丘脑、下丘脑、边缘系统、额叶皮层，是最复杂而有待探知的区域。这些“情绪脑”区域必定是审美脑区的不可或缺的组成部分。

每个与情绪或者美感相联系的脑区，它们的功能性区分是什么？每个脑区有什么独特的功能？若能描绘出审美相关各脑区的独特功能，又能寻找到它们的连接方式，那么我们对于大脑与美感的关系就有了更加进一步的认识。

审美的功能专属脑区与特定类型的神经元、神经递质相联系。功能化

① 参见黄希庭、郑涌：《心理学导论》，北京，人民教育出版社，2017，第569页。

脑区比较宏观地整合了神经细胞层面的生理机能，成为高于细胞层面生理机能的认知情感功能的生物基础。功能化的脑区既是认知情感的物质基础，又互相作用，共同点亮了精神世界。特定的功能化脑区不是认知情感本身，也不是精神意识本身，而人类的精神意识和认知情感却离不开这些特定的功能化脑区。

毫不奇怪，肖像画会激活脑内负责处理面部信息的区域的神经活动，而风景画会激活脑内负责处理地方信息的区域的神经活动。

> 神经美学研究表明，我们的脑部没有一个专门处理美学或艺术的模块。我们没有类似于视觉感受器、触觉感受器及嗅觉感受器那样特定的审美感受器。我们没有类似于害怕、焦虑、幸福等情绪那样特定的审美情绪。我们没有类似于记忆系统、语言系统及行为系统那样特定的审美认知。相反审美体验灵活地利用感觉系统、情绪系统及认知系统。这种灵活性部分解释了艺术与审美体验的多变性与不可预测性。①

查特吉认为不存在特定的审美感受器、审美认知、审美情绪，审美体验却“灵活地利用感觉系统、情绪系统和认知系统”。诚然，功能化脑区是人类一切精神现象的神经生物基础，人类精神现象是在这个基础上生发出来的。人类精神现象是大脑以及整个神经系统与一般心理过程、社会文化基础相互作用的产物，美感属于人类精神现象的一种，在多重因素的综合作用下不断生成、发展与变易，具有灵活性和不可预测性。总体上，美感的规律也遵循着认知神经规律、生物进化规律和社会发展规律。

二、认知脑与情绪脑的关系

康德关于知觉判断与审美判断的关系分析，被认为是通往判断力批判的门径。泽基接过了康德的问题，在《大脑的审美与知觉判断的特定系统研究》一文中结合成像实验分析了两者的关系。② 泽基认为，知觉（愉悦）判断占用了前脑岛、背外侧额叶、顶内沟、前运动皮层和辅助运动区；情感（审美）判断发生时，以上脑区都显示为激活状态。除此之外，情感判断还单独占用了中眶额叶皮层、后眶额叶皮层、基底核和小脑蚓

---

① [美]安简·查特吉:《审美的脑——从演化角度阐释人类对美与艺术的追求》,林旭文译,杭州,浙江大学出版社,2016,第134、176页。

② S. Zeki, “The Brain's Specialized Systems for Aesthetic and Perceptual Judgment”, *European Journal of Neuroscience*, Vol.37, 2013, pp.1413-1420.

部。因此，知觉判断和情感判断存在混合共用的脑区，但是在情感发生区域，却可能不存在知觉判断（见图 2.3）。

泽基对于认知判断与情感判断的关系分析，可以看作认知脑与情绪脑区分的一种探索成果。虽然，认知神经美学家们对于专属于审美的脑区的寻找并没有达成统一的共识和得到预期的结果，但是探索的过程一直在深化着对于审美相关区域的认识。认知脑区和情绪脑区的关系在某种程度上都属于审美脑区，泽基的区分取决于对情绪和认知概念的理解差别。在第五章认知、情绪与美感机制一节当中，我们将继续介绍当前认知心理学、情绪心理学的主要情绪理论，我们对于认知脑、情绪脑以及审美相关脑区的认识也将继续向前推进。

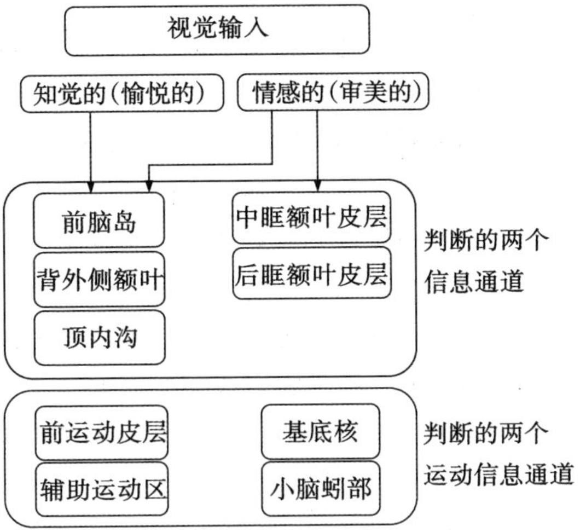

图 2.3　知觉（愉悦）判断和审美（情感）判断的大脑系统差别

第三节　神经元、功能脑区、信息加工站点与意识的关系

功能脑区是类型相同或者相似的神经元聚集而成的脑内组织。由于神经元类型相同或相似，它们共同聚集而成的脑区体现出共同的功能特征。不同功能脑区之间存在不同类型信息的传递和转化过程，因而每一个功能化脑区又是特定属性的信息加工站点的集群。不同信息加工站点集群之间实现信息整合，共同为实现对某事物的认知判断发挥作用。信息加工整合过程也是脑区之间信息联结过程。

一、神经元、信息加工站点与功能脑区的联系

神经科学家、神经美学家索尔索提出了“意识觉知”（conscious awareness）的概念，认为其由内生觉知和外生觉知构成，觉知的内生部分源自大脑的

五项基本功能，包括注意、觉醒、结构、认识的回想以及情绪。① 我们可以看出，索氏的意识觉知理论其实是一个以一定认知神经为基础的、整合性的普通心理学。

具体来说，意识觉知要回到一般心理过程，一般心理过程仍要以特定功能脑区为神经生理基础的，随着认知神经科学还原化追求的不断深入，意识觉知过程将随着脑区的细分不断推向深入。功能脑区不是一个封闭的概念，应当常常可以对同一功能脑区进行不断细分。每个被细分的脑区都以具有特定功能为前提，无数个不断细分的脑区具有不同的意识觉知能力。当前，学术界常常将细分脑区具有的意识称为“微意识”。微意识构成了我们感知觉的基础，为我们进行认知判断、情绪体验提供了前提。

总体来看，类型相同或相似的神经元构成了功能脑区，不断细分的功能脑区作为神经信息加工节点，为微意识的诞生奠定了神经生理基础。微意识构成了意识觉知状态。意识觉知状态既成为认知判断、情感体验的神经心理基础，也成为认知判断和情感体验的具体环节。

二、神经节点、本质节点与意识

哈耶克（F. A. Hayek）在《感觉的秩序》一书中对于意识的分析和思考，可以看作关于“意识”的比较有代表性的人文性概括。他结合当时的心理学发展状况，提出意识无法证实自身的存在，只有当行为表达意识的时候，也就是我们只能根据意识的结果来讨论意识的内容。标记意识的三个标准包括：①意识自身的过程可以被主体描述（giving an account）；②可以被记忆或者再确认（memory and recognition）；③各种意识之间的联结和共生现象（connexion，be described and recognized at the same time）。②

哈耶克关于“意识”的观点带有浓厚的行为主义心理学色彩。由此可见，20 世纪的人文社会科学发展摆脱不了心理学的影响。心理学既给人文社会科学带来了福音，两者之间亦存在着难以跨越的边界和藩篱。

认知心理学和神经科学结合诞生了认知神经科学，一套崭新的术语正在建立。当前的认知神经科学正在尝试着从意识发生的物质基础揭示其奥秘。新实验、新成果、新表述很难说完备，但适用于启发我们对意识和美感的思考。

“节点是视觉通路上的一个驿站，如 V4、V5 区……本质节点的意思

① 参见周丰：《索尔索“意识觉知”神经美学理论研究》，广西师范大学硕士学位论文，2017。

② F. A. Hayek, *The Sensory Order: An Inquiry into the Foundations of Theoretical Psychology*, Chicago: The University of Chicago Press, 1952, pp.135-136.

是，在这里活动不需要深加工即可清晰感知到……当一个节点的活动需要一种意识关联时，它就变成了本质节点……本质节点上的活动导致的意识关联，我们称之为‘微意识’。”① 泽基的描述似乎有些道理，但恐怕会引起一种循环论证的误会。节点活动需要意识关联时它就变成了本质节点，本质节点的活动导致的意识关联称为微意识。

意识诞生时的关键碰撞到底是怎么发生的？感知觉收纳能力、形式抽象能力、符号化统摄能力、概念整合能力、认知情感的选择与融合能力，都在发挥着作用，怎样辨别清楚谁先谁后？谁决定谁的生成与变易？在科学研究也难以描述清楚时，我们把意识的发生概括为自上而下和自下而上同时进行的“融生成”。

通过考古和人类学，我们努力回溯探寻感知觉最初获得抽象形式的契机，然而难以再现，人类越发展，自上而下的概念越发挥着重要的作用。当自上而下的概念体系（意识体系）陷入僵局的时候，当人们面临着各种生之困惑的时候，认知情感的变易性和融创性将发挥作用，重新唤醒自下而上的再抽象过程，重新整合一个意识发生，因而促进了认知情感生成的自上而下的符号化体系。

① ［英］泽基：《大脑的辉煌与悲怆：对于爱情、创造力以及人类幸福的求索》，孟凡君译，张旭东校，北京，人民出版社，2017，第 63～64 页。

第三章　认知神经机制模型——美感神经系统的建模

随着神经美学实验的不断开展，在审美过程中被激活的特化脑区被越来越多地记录下来。关于审美相关脑区与审美核心脑区的探索，成果层出不穷。审美脑区研究一方面回应了哲学美学史对于内在感官的神经生理基底的实体呼唤，另一方面为寻求不同民族文化之间的共同美的神经生理基础提供了可能。

尽管审美脑区研究发展迅速，但在具体研究过程中仍有更为复杂的问题呈现在研究者面前。例如，fMRI 技术无法区分脑激活区域的先后顺序，仅仅记录下来特定区域。这显然是不能实现“神经美学需要还原审美神经活动全过程”这一基本目标的。对于神经脑区审美过程的实然激活顺序，需要依赖脑电与脑磁等技术与 fMRI 技术的配合使用。现有的实验体量和实验结论，仍然难以将审美过程的复杂脑内系统状况全景式地呈现出来。

在信息化、数字化、智能化高速发展的当代学术语境中，在研究者仍然难以观察到审美活动的实然过程的时候，如果借助信息加工的流程化思维，则可以描摹出审美过程的或然状态、应然状态。这也是神经美学体现出与信息科学交叉融合而产生的神经信息美学的分支方向。笔者将对近些年涌现出来的具有代表性的审美神经机制建模进行介绍和分析，借此反思这一研究方向带来的理念启示、应用价值及其中蕴含的问题。

在神经美学研究的还原主义和整体主义追求之间，笔者将重新评估生物性的、信息化的审美神经机制与哲学美学的审美原则之间的关系。

第一节　人工智能的诞生与美感的神经建模

功能化神经脑区的发现与确认为动态地理解美感活动过程提供了神经生物学前提。审美的认知神经机制是在计算机科学，特别是人工智能技术高速发展的时代环境中，神经美学研究者对于脑功能模块进行信息化建模的探索方式。一方面，审美神经机制具备神经科学实验的实证基础；另一方面，它也具有针对美感活动的流程化、信息化规律的假定性质。

一、审美功能脑区与美感神经建模的关系

美感的神经系统模型在近年来的神经美学研究中占有越来越大的比重，可以说美感的脑区研究和审美神经模型研究共同构成了当代西方神经美学的主要路径和基本目标。

美感的功能性脑区与审美神经机制的模型这两种研究关系紧密，又不可同日而语。前者以大脑固定位置的具体功能，特别是审美功能为目标；后者则侧重大脑固定位置之间的联结关系，主要是审美联结机制。前者属于追求确定结论的静态定位，后者属于寻找不确定路径的动态捕捉。有神经生物学背景的研究者对于美感的功能性脑区的兴趣更浓一些，有信息科学背景的研究者更乐于采纳后一种审美神经模型探索方法。不同的神经科学家、神经美学家的研究角度不同，因而得出的科学结论不同。但是两者殊途同归，都以科学地确认审美认知情感规律的神经生物基础为主要目的。

二、人工智能与美感的神经建模

> 再来说说我们的脑科学，想来以前应该也从没有人会把机器作为数十亿个工作部件来进行研究。即使我们明确知道了每个部件的工作原理，这么做也是非常困难的，更何况目前的技术水平还不允许我们在高级动物处于真实的工作或学习状态时对它们的脑细胞进行研究。其中一方面原因是这些脑细胞都极其微小，并且对伤害非常敏感；另一方面则是因为这些细胞全都紧密地聚集在一起，我们现在还不能勾画出它们之间的相互联结。①

马文·明斯基②写下上面这段文字的时间是 20 世纪 80 年代。即使他是伟大的信息科学家、人工智能的创立者也没有料想到：30 多年后的今天，各个国家的脑科学计划中已经把精确描述每一种类型的神经元活动状况提上日程，并且开展了各种大数据式的测量和记录。他也没有想到当前的神经科学技术已经可以在“高级动物处于真实的工作或学习状态时对它

① ［美］马文·明斯基：《心智社会——从细胞到人工智能，人类思维的优雅解读》，任楠译，北京，机械工业出版社，2016，第 368 页。

② 马文·明斯基（1927 年 8 月 9 日至 2016 年 1 月 24 日），美国国家科学院院士，美国人工智能学会前任主席。他被称为“人工智能之父”，是第一位获得图灵奖的人工智能学者。

们的脑细胞进行研究”。但是，当时比较落后的脑神经测量技术和比较发达的信息科学技术，导致了信息化方法研究大脑神经的高速发展。信息化方法研究大脑神经问题带来的福利是人工智能的诞生。人工智能是计算机科学的分支学科，主要运用计算机科学原理模仿人类的思维和意识，努力创造出达到模拟人脑甚至超过人脑水平的智慧机器。

当科学技术不允许在神经元层面不断还原其运行的状貌时，一种将思维部件整合为功能模块的整体式研究方式就会发展起来。人类智能以及美感的神经系统模型即是在这样一种时代科学背景下产生和发展起来的。

第二节　关于几种经典神经美学模型的分析

当前的神经美学研究中，神经加工机制的建模类型有数十种之多。本节介绍查特吉、莱德尔、维塞尔三位研究者提出的、具有标志性的建模方式，借此来体会和理解该研究理论的基本思维方法。

一、查特吉的视觉审美三阶段论

查特吉是美国宾夕法尼亚大学神经科学教授。作为新一代的神经美学家，查特吉的主要研究领域为神经科学（神经美学、神经伦理学、语言和空间研究、编程语言等）。出于对艺术的兴趣，查特吉的研究借助了神经科学的基本方法和主要成果，在神经美学研究方面取得了诸多成就。查特吉的研究成果体现在其主要著作《审美的脑》和神经美学论文当中。由于综合运用神经生物学、认知神经科学以及进化论的方法，尤其是深受进化论思想的浸染，他的研究呈现出艺术审美和生活审美融合的倾向，由此导致了艺术美感和生物快感相混同的倾向。

查特吉影响力较大的观点是他的“视觉审美三阶段理论”（见图 3.1）。经过总结前人的研究成果，他认为神经加工系统可以分为平行系统和层级系统两个信息处理层次。根据实证研究的结论，两个信息处理层次包含三个阶段。他认为视觉分为早期、中期和后期三个阶段。早期视觉（early vision）从视觉环境中抽取诸如颜色、亮度、形状、运动等单一要素；中期视觉（intermediate vision）自动地把上述单一要素及其他要素组合成为混乱的、巨大的感觉序列；后期视觉（late vision）检视内部关联的感觉序列，调动记忆，激活认知和情感，作出决策。这种三阶段划分的方法体现了信息流程化的认知神经科学方法，成为早期独树一帜的神经美学机制的概括和归纳。这个模型在西方神经美学文献中引用率较高，可以看作是神经美学研究的标志性成果。

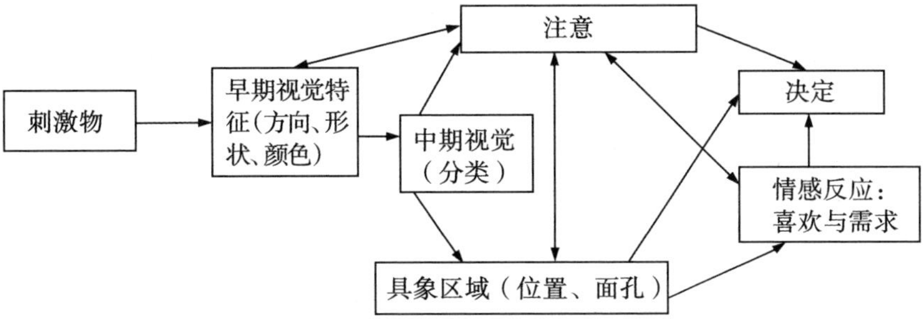

图 3.1　视觉加工模式流程图

（资料来源：Anjan Chaterjee, "Prospects for A Cognitive Neuroscience of Visual Aesthetics", *Buletin of Psychology and the Arts*, Vol. 4, 2003, pp. 55-60）

二、莱德尔的审美过程五阶段论

莱德尔是维也纳大学认知神经科学教授，同时也是计算机与信息科学的资深教授，较早地加入了神经美学研究的队伍当中。他曾担任国际实证美学学会（IAEA）主席。他的神经美学思想代表了一种从传统认知科学、计算机信息科学视域下的美学研究向现代神经美学转型过程中的基本范式。

审美五阶段理论引用率很高，体现了神经机制运行的一种实证化的推断（见图 3.2）。并且将诸多审美原则如熟悉性、原型性、对称性等和神经信息加工结合起来，体现了传统美学概念与现代信息化神经生物研究的结合。

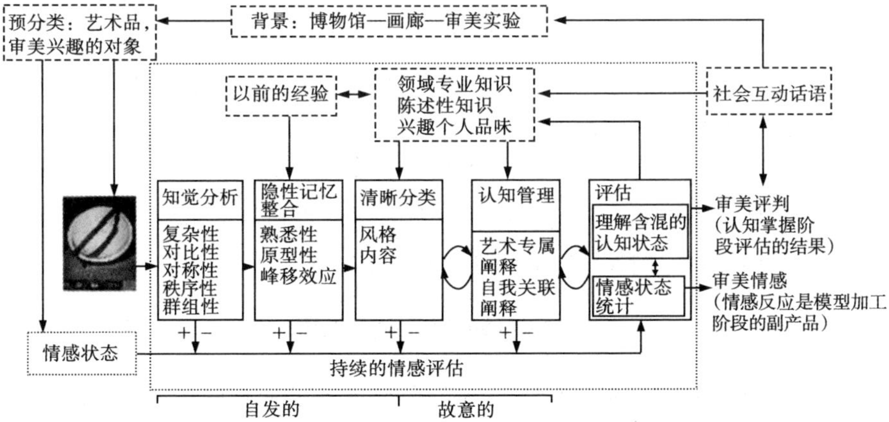

图 3.2　审美欣赏和审美判断的模型

（资料来源：Helmut Leder, Benno Belke, Andries Oeberst and Dorothee Augustin, "A Model of Aesthetic Appreciation and Aesthetic Judgments", *British Journal of Psychology*, Vol. 95, 2004, pp. 489-508）

莱德尔把大脑的审美经验加工分为**知觉分析**[perceptual analyses，其中包括复杂性（complexity）、对比性（contrast）、对称性（symmetry）、秩序性（order）和群组性（grouping）]、**隐性记忆整合**[implicit memory integration，其中包括熟悉性（familiarity）、原型性（prototypicality）、峰移效应（peak-shift）]、**清晰分类**[explicit classification，其中包括风格（style）、内容（content）]、**认知管理**[cognitive mastering，其中包括艺术专属阐释（art-specific-interpretation）、自我关联阐释（self-related-interpretation）]、**评估**[evaluation，其中包括理解含混的认知状态（cognitive state understanding ambiguity）、情感状态统计（affective state satisfaction）]。以上五个过程都包含自动的或者故意的连续情感评价。经过这一系列内部过程，产出了审美判断（aesthetic judgement）和审美情感（aesthetic emotion）。审美判断和审美情感与社会环境（美术馆、博物馆、日常审美环境等）相互作用，要么反作用于个人前在经验、经验和趣味（作用于隐性记忆整合、清晰分类和认知管理），要么形成了艺术作品、审美趣味客体的前分类能力或情绪状态（作为审美经验的前提性条件影响审美经验）。

莱德尔的审美欣赏和审美判断五阶段理论把审美情感的社会环境方面纳入考察范围，难能可贵。他对审美流程的概括比较全面，我们需要注意的是，信息流程化方法与大脑神经生物性运行状态的异同，两者不可一概而论，等同视之。

在《审美欣赏和审美判断模型的十年：经验美学中审美事件的发展和挑战》一文中，莱德尔和纳达尔改进并发展了2004年的审美经验模型，“在这个版本中，我们添加了一些数字……主要变化是情绪过程，根据新证据进行了更新［例如，卡普奇克等人（2009）；莱德尔等人（2013）；布莱伯等人（2014）；格尔盖尔、莱德尔和克莱默（2014）］。情感状态不再是一种外部状态。早期处理阶段的时间进程暂时重叠［奥古斯汀等（2008）］，并添加了一些其他方面，例如感知流畅性、私人空间作为语境。”①

三、维塞尔的默认模式网络

维塞尔是新生代神经美学家，他的研究借助了最新的认知神经科学方法和成果，对脑内神经关联机制进行了更精确的描述和分析。如果说过去

① Helmut Leder and Marcos Nadal, “Ten Years of a Model of Aesthetic Appreciation and Aesthetic Judgments: The Aesthetic Episode-Developments and Challenges in Empirical Aesthetics”, *British Journal of Psychology*, Vol.105, 2014, pp.443-464.

的神经机制研究是停留在计算机与信息科学背景下的推断式概括，那么以维塞尔为代表的新生代神经美学研究者则努力探索还原式的神经实际运行状态。

在《艺术的内在拓展：审美体验、自我与默认模式网络》一文中，他主要分析了审美经验（aesthetic experience）、审美欣赏（aesthetic appreciation）和默认网络模式（DMN，一种神经运行机制）以及自相关的神经加工过程（一种神经运行机制）的关系。相对于以前的审美神经模型，默认模式网络比较客观地还原了大脑的神经生物运行状态。①

我们难以在不同学者之间比较高低上下，因为认知神经科学发展水平不同，借助的神经技术手段不同。每一位学者都在他们所在时代的科学技术水平下以及人文视野中，将美感问题推向了属于那个时代的新高度。王延慧博士的论文《西方神经美学的审美认知理论研究》对西方神经模型研究进行了全面的梳理、引介与评估，可以作为了解西方审美神经模型研究的重要参考文献。

第三节　美感神经模型的哲学基础与深化推进

关于三种当代神经美学研究的经典模型的简介，有助于我们从神经生理事实、哲学美学传统、时代产业发展需求的角度来评估其信度和效度，同时也为我们反思其真理性和价值性提供了主要的样本。作为一种还原主义基础上的整体主义建模与总体美感活动的过程模拟，审美神经机制建模的优势与弊端对于我们思考人类审美都有重要的启发作用。

一、对于审美神经模型的反思

神经模型研究属于信息论神经研究方法的具体体现。这种方法的优点有以下三点。

第一，美感的神经模型**部分地还原了神经运行的实际状况**。当前，各个脑区之间、主要神经部位之间以及不同的神经元细胞群乃至神经元细胞之间的关联，都是可以通过神经成像实验呈现出来的。然而，这种还原是有些模糊的、不完全精确的，所以说是“部分地还原”。部分地还原也有

① Edward A. Vessel, G. Gabrielle Star and Nava Rubin, “Art Reaches within: Aesthetic Experience, the Self and the Default Mode Network”, *Frontiers in Neuroscience*, No.7, 2013, pp.1-9.

实际价值，根据各个脑区“响应”的先后时序不同，推断其不同的神经生物和意识文化功能。这为精确地描述美感发生时的神经生物基础提供了实证依据，既突破了碎片化的还原主义方法的限制，又打通了神经区域之间的联结。

第二，根据不同神经区域的不同功能，以神经模型为基础的人工智能审美机器人是可以期待的。这并非科学幻想，只要我们的审美功能需求明确，制造功能结构单位，编制审美程序，以至于制造出具有审美能力的机器人并不是遥不可及的事情。审美机器人已经可以写诗、绘画，当然这只是程序设计实现的信息加工与信息表达能力，还难以说与美感相通。当审美机器人真正参与到人类的历史实践之中，和人类情感相通的时候，高级人工情感机器人才是可能的发展方向。

第三，从功能化神经生物区域到神经模型的发展，使实现美感研究从生物基底探究向普通心理学、人格心理学、社会心理学以及哲学和一般人类文化研究的过渡成为可能。在前两章当中，我们主要探索纯粹的神经生物基底，然而，纯粹的生物基底研究不可能毕其功于一役。在实证材料的数量的积累之上，在以往哲学美学、心理学美学的成果的启发之下，美感的神经生物基底才可能不断取得深入的研究成果。在这个过程中，美感的神经生物学研究和美感的心理学研究、哲学研究也在融合中一同推进。

不足之处在于：首先，虽然美感的神经模型找到了不同功能区域之间的联结方式，突破了碎片化的方法，寻找到了整体建构的途径，但是这种建构并不是完全周延的，也就是说，还没有呈现出全部神经生物实际联结的具体事实。这些美感的神经模型部分地以实证研究数据为基础，也杂糅了以往哲学、心理学研究的基本理论，所以某些模型在某种程度上，仍然是披着科学外衣的哲学和心理学观点。

其次，美感的神经模型大多是线性联结，缺乏时空多维性和联结的交互性、随机性和创生性。信息化思维的主要特点在于流程化、清晰性和精确性，信息化思维并不完全符合大脑的神经生物基底运行状况。大脑实际运行状况是，在强化的神经通路之外，存在着无数条偶发性线路，各个神经节点之间存在多种形式的交互性，因而大脑的神经信息传递（电传递和递质传递）是复杂的、偶然的。各种神经模型可以模拟出神经信息的稳定的、必然性的通路，却难以描述出神经信息传递的偶发的、不确定的通路。偶发的、不确定的通路恰是艺术创作、直觉感应等富有创造性思维的神经基础。

二、还原主义与整体主义

如果说神经元、神经递质以及功能化专属区的研究属于心理学研究中的构造主义方法[①]的延续与深入，那么神经系统模型研究则倾向于心理学研究中的机能主义方法[②]的继承和拓展。构造主义与机能主义方法在美学领域是相辅相成的，两者结合起来更有助于我们理解和解决美学问题。西方心理学研究常常把一种方法、一种精神贯穿整个知识体系，因而形成独树一帜的理论流派。这有助于在一个方向上把问题研究得比较通透。同时，不同方法之间相互借鉴，则有助于深化对于基本问题的理解。在神经美学领域，构造主义的还原式研究和机能主义的整体研究一直是两种共同推进的方法，两种方法在当代认知神经科学这里汇合在一起。不同神经美学家的侧重点略有不同，但是两种方法的运用却常常是配合推进的。当代的还原主义（reductionism）是构造主义的精髓，是一种对打破砂锅问到底的彻底唯物主义思想的贯彻；当代的整体主义（holism）是机能主义的要义，是“采得百花成蜜后”的主体生成与整合能力的自然体现。还原主义是分析式的、实验考察式的，整体主义侧重演绎式的、推断设计式的。还原主义注重客观基础，整体主义注重客观物质基础上的主观升华。

这里面来看，还原主要是一种方法，一种途径。还原的方法并不排他，所以也不构成某种本体论的终极答案。并不是说还原到某个脑区，美感就是什么，就是某个脑区的功能问题。还原的方法也要借助其他的方法，如哲学的、文化的等进行进一步追问。所以，由此看来还原的方法本身没有错误，把它定于一尊，认为其结论是终极真理常常会误入歧途。由此，我们自然而然地看到了还原主义和整体主义的方法将走向融合，互相借鉴。

前两章神经元和功能化脑区都属于还原主义研究，这些神经基底催生美感发生，是美感的具体物质基础。这些神经物质基底的联结方式，也是当前神经生物学探索的重要领域。从研究现状和研究成果看，功能脑区研

---

① 构造主义是由冯特和铁钦纳创立的心理学流派，注重心理现象的生理基础研究，强调人的心理现象都是由感觉、感情等基本要素构成的。如果说构造主义的心理要素思维方式和当代神经科学有相契合之处，那么就是追求心理现象的还原式的研究。构造主义还原到感觉和感情要素，现代神经科学则还原到神经元、神经递质和功能化专属脑区等。

② 机能主义是由美国的威廉·詹姆士和杜威等人创立的。该流派反对把意识分析为感觉、感情等元素，主张意识是一个连续的整体，反对把心理学只看作一门纯科学。机能主义是站在构造主义对立面提出其理论的。如果我们努力寻找机能主义和当代认知神经科学之间的相似之处，那就是两者都注重各种心理现象的相互联系。

究基础上的神经机制研究在西方神经美学研究中占据较大的比例。

随着认知神经科学的发展，特别是受到信息科学介入神经科学的传统影响，整体主义的神经机制建模在近些年逐渐升温。许多神经美学家在美感的神经发生机制方面作出了诸多努力。

在科学实证的基础上，神经美学家建立了许多美感的神经模型；在以往的艺术实践和审美欣赏经验中，哲学美学家们也总结出了诸多审美原则。这些原则虽然暂时没有实验作为支撑，但是它们普遍符合我们的美感规律，且已经指导了我们的艺术创作和审美欣赏。莱德尔的审美五阶段理论比较好地融合审美原则和神经模型研究，审美神经模型是符合传统审美经验中总结出的审美原则的；如果耐心思考和发掘，传统审美原则也都具有现代神经生物基础。

第四节　从审美的神经基础到审美原则

审美神经机制模型是基于有限的神经生物实验和创构性的神经信息流程建模而联合生成的，具有一定的生物还原性和一定的日常经验简化性。由此生发出新的问题，如神经机制模型无法完全复原审美的神经生物过程，再如神经生物模型无法将复杂而具体的社会文化因素纳入其中。在美学发展史上，经典哲学美学范畴已经描述出诸多基于现实审美经验的审美规律。这些审美规律与审美的神经生物机制具有互为表里的关系，前者为神经生物机制的运行提供了来自美学史、艺术史和人类文化史的支持。深入考察两者的关系，将对深化审美规律的原理探索和审美规律的实践应用具有促进作用。

一、神经模型的运行与审美原则的关系

在分析了神经元、神经信息、功能性脑区以及神经系统模型之后，美感的神经基础已经基本呈现出一个轮序清晰的神经生物体系。然而，我们还要继续追问，这个神经生物体系自身是否能以其自在、自为的方式，决定一切人类认知情感问题？我们认为，神经生物体系有其内部规律（即第三章介绍的神经反应机制及其模型），另外还存在着影响这个神经生物体系却又非这个体系的外部规律，我们可以称之为客观原则，或外部文化性因素塑造的认识原则。

客观事物的运行规律与人类对于客观事物及其运行规律的认知不完全

是一回事。两者关系微妙，总的来说，客观规律更加广博无垠，人类认识原则在不断追随和发现前者。有时候，既定认识原则又必然影响我们对于客观规律的把握方式。例如，进化论作为认识论原则不仅把握到了部分客观规律，也规定了我们未来认识客观规律的基本方式，以及客观规律在未来的发展前途。马克思主义辩证唯物主义、历史唯物主义原则亦然。当然，除了这些宏观文化性认知原则之外，还包括许多微观的认识原则。微观认识原则更加接近神经生物机制的客观原则，因而与客观事物的运行规律——神经生物规律联系更加紧密。

本节中的美感神经信息加工原则属于后者，是人们对于微观客观规律的总结，也是文化性因素的积淀。因而，美感的神经原则既把握了客观规律，又规定了对客观规律的把握方式，并且规定了客观规律的发展前途。所以，它对于美感的现象，特别是艺术问题，具有普遍的适用性和指导性。

二、经典审美原则及其神经基础初探

当我们打开任何一本美学著作时都会发现，作者在审美原则方面着墨较多。从美育的角度看，审美原则是美学的核心问题之一。通过艺术欣赏和审美感受培养欣赏者对于审美对象的审美原则的认知，以及主体审美原则的塑造；通过审美原则的培养与塑造，提高艺术和审美的创造力。前者是由外而内的内化过程，后者是由内而外的外化过程。

在总结以往的经验和研究成果的基础上，与美感相关的神经信息加工原则包括对比性（comparative）、流畅性（fluency）、新奇性（novelty）、含混性（ambiguity）、陌生化（alienation/defamiliarization）、恐怖性（horror）、典型性（model）、生态性（ecological）等。与美感相关的原则，除了信息加工的主要原则外，还包括社会文化方面的原则，如无功利的合功利性、适应性、共通性等。

博克、费希纳、贝里尼等每一位美学家都从各自的研究经验出发，总结出相应的审美原则，这些审美原则都是有效的概括。新批评、叙事学、结构主义、生态批评等方法在某种意义上都可以作为审美原则的一种概括，认知神经美学在未来有必要对各种批评流派归纳总结出的原则进行实证研究，以确认各种审美原则的神经生物机理。

第四章　神经递质——美感的神经信息基础

美感是社会文化传承与神经生物要素相互作用的产物。社会文化系统宏观地决定了美感的外在规则和传承历程，而美感的内部生成与神经信息传递过程息息相关。神经信息传递的化学介质是神经递质，它是美感生成的神经生物基础之一。从神经生物层面探索美感发生的基础看似脱离了传统的形而上哲学美学路径，而进入了形而下的科学物质基底。实际上，两者不可分离。传统形而上的美学概念，都有其形而下的物质基础；形而下的神经信息传递规律也揭示着传统美学概念科学性。

第一节　神经递质的功用、分类及其认知神经美学意义

神经元之间不是孤立的，而是通过神经信号而紧密联系在一起的。“神经信号的最终作用是实现神经元间或神经元与肌肉的信息交流。要实现这一作用，神经元必须要传递信号，被称为突触传递（synaptic transmission）。突触传递发生在突触（synapse）。”①

神经元信息传递发生在神经元的突触部位，传递信号的类型有电突触传递和化学突触传递（见图 4.1）。“神经元信息传递的一个重要元素是神经递质本身。”② 神经递质传递属于化学传递。释放神经递质的神经元叫作突触前细胞，接受神经递质的神经元叫作突触后细胞。电突触后细胞上的“连接子”接受突触前细胞上的电流，完成信号传递；化学突触后细胞上面的受体（receptor）接受神经递质，完成信号传递。无论是电信号传递还是化学信号传递，都存在兴奋型和抑制型信息连接两种方式。电信号

---

① [美]Michael S. Gazzaniga 等:《认知神经科学——关于心智的生物学》，周晓琳、高定国等译，北京，中国轻工业出版社，2015，第 41 页。

② [美]Michael S. Gazzaniga 等:《认知神经科学——关于心智的生物学》，周晓琳、高定国等译，北京，中国轻工业出版社，2015，第 42 页。

传递的速度快于化学信号传递，电信号传递一般出现在无脊椎动物和脊椎动物传递速度非常快速的突触之间，而化学信号传递主要出现在脊椎动物中枢和外周神经系统中。当前研究发现，脊椎动物的中枢神经系统中也普遍存在着电信号传递，但主要起的是辅助作用。

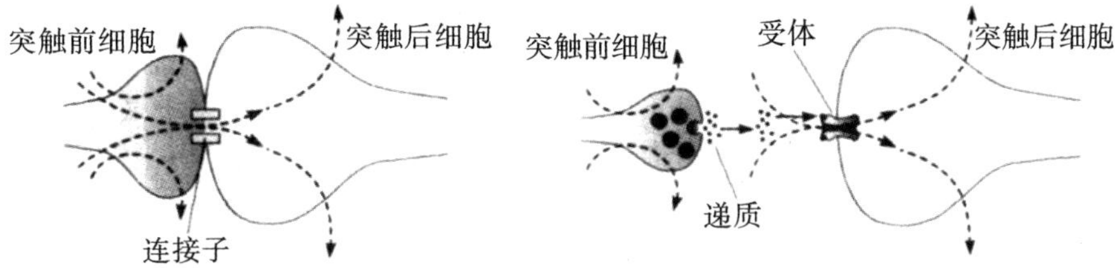

（A）电突触　　　　（B）化学突触

图 4.1　电突触和化学突触传递

（资料来源：［美］Michael S. Gazzaniga 等：《认知神经科学——关于心智的生物学》，周晓琳、高定国等译，北京，中国轻工业出版社，2015，第 176 页）

一、神经递质的功用与分类

直观来看，电突触信息传递速度较快，神经递质的化学传递存在突触延迟（synaptic delay）。因而，电突触信息传递与生物性的下意识反应联系紧密，神经递质的化学传递与高级的复杂情感反应联系更加密切。但是，“电突触和化学性突触常共存于一个突触”①，这让神经元之间的信息传递和交换变得更加复杂。我们可以先了解一下与人类情感联系比较紧密的神经化学传递要素——神经递质问题。现在发现并确定的神经递质有 100 多种（见表 4.1）。

表 4.1　神经递质的分类

胆碱类	乙酰胆碱（acetylcholine）
单胺类（monoamines）	儿茶酚胺类（catecholamines）：多巴胺（dopamine）、去甲肾上腺素（norepinephrine）、肾上腺素（epinephrine）、章鱼胺（octopamine）
	吲哚胺（indoamines）：5-羟色胺（serotonin）
氨基酸类（amino acids）	兴奋性神经递质：谷氨酸（glutamate）、门冬氨酸（aspartic acid）
	抑制性神经递质：甘氨酸（glycine）、γ-氨基丁酸（γ-aminobutyric acid，GABA）

① ［美］Michael S. Gazzaniga 等：《认知神经科学——关于心智的生物学》，周晓琳、高定国等译，北京，中国轻工业出版社，2015，第 232 页。

续表

胆碱类	乙酰胆碱（acetylcholine）
肽类（peptides）	阿片肽类（opioides）：脑啡肽（enkephalin）、p-内啡肽（p-endophin）、强啡肽（dynorphin）
	神经垂体激素类（neurohypophyseals）、血管加压素（vasopressin）、催产素（oxytocin）、垂体后叶运载蛋白（neurophysins）
	快速激肽类（tackykinins）：P物质（substance P）、K物质（substance K）、神经激肽B（neurokinin B）、章鱼唾腺精（eledoisin）
	肠激肽类（gastrins）：肠激肽（gastrin）、胆囊收缩素（ckolecytokinins，CCK）
	生长抑素（somatostatins）：生长抑素-14、生长抑素-28
	胰高血糖素相关物质（glucagon related）：血管活性肠肽（vasoactive intestinal peptides，VIP）
	胰岛相关物质（pancreatic related）：神经肽Y（neuropeptide Y）

作为神经元之间通信媒介的神经递质，影响认知与情感是毫无疑问的事情。那么神经递质如何影响美感的生成？其影响美感的哪些方面？我们如何掌握规律加以利用？这些问题摆在我们面前，神经生物学家会用还原主义的方法，不断进行细化研究、深入实验来探究其中的科学原理；从人文社会科学角度来看，我们有必要在一定层面的科学结论的基础上进行跨界式的思考，并以此为出发点，为着力解决人类复杂的认知情感问题而努力。

我们可以从两个层面入手，一是神经递质的普遍规律方面，对于认知与情感的影响；另一个是从特定种类神经递质的特殊规律出发，探究其认知神经美学价值。我们不能完全按照神经生物学的研究顺序来推演美学问题，因而我们从美学的基本问题出发，来反观神经递质的规律，似乎更加可行。

二、神经递质的认知神经美学意义

（一）神经递质的普遍规律与认知情感和审美情绪的联系

与认知情感发生有关的神经元细胞接收到来自感觉系统的信息传入之后，按照原有的固定神经通信线路产生认知情感判断，或者寻找新的神经连接方式。在这个过程中，存在电信号传递，电信号传递是直接的；还存在化学信号传递，而化学信号传递则需要以神经递质作为中介进行传递。

所以，化学信号传递首先要在突触前细胞生成神经递质，然后神经递质仿佛成团的泡沫，喷洒向突触后细胞的受体。当递质和受体结合以后，在神经元内可能保持原有信号类型，也可能产生新的信号类型。而审美反应过程中，相关神经元之间应当存在着信号类型的转化。这种信号一方面是原初感觉信息，还有认知判断信息，当联结到额叶情感区时，一定还包括情感信息。审美情感信息的生成与相互联结的神经元相关，也和信息媒介——神经递质相联系。所以，在神经递质层面上，审美发生是特定神经递质的生成及其与受体结合的过程，神经元和认知情感模块通过神经递质的联结，原初感觉信息最终转化为认知情感信息，形成了认知情感通路。

审美时产生的神经递质联结具有选择性和偶发性，因而审美存在个体差异性，每个人在进行认知情感判断时，神经递质联结方式和任何其他人都不完全相同。突触前细胞像淋浴头花洒一样，将生成的神经递质喷洒向突触后细胞的受体。因而，审美差异性可以理解为神经信息联结的差异性。这种审美个体差异性是在审美共同性的基础上形成的：审美刺激物相同的情况下，传递神经信息的神经通路大体一致，因而关于该审美刺激物的认知和情感在不同个体之间是共通的。具体细节连接上的差异，才体现出审美个体差异性。天才的欣赏者能够达到和创作者大致一致的信息传递，并且能够理解创作者最幽僻通微的信息传递，此时两个人可以成为知音。

突触传递的时间越短，美感发生的速度越快，所以审美刺激物的熟悉性（familiarity）在审美加工当中有重要地位。主要原因在于刺激物越熟悉，神经递质生成速度及其与受体结合速度越快，信息传递的流畅性越强，而突触延时越短，美感发生速度越快。

然而，也存在这样的情况："许多递质的受体均失敏，即重复或长期施加递质时受体的反应减小。"① 这就是审美疲劳产生的原因。当刺激物长期稳定地刺激接受主体，主体的神经元后突触受体对其递质"失敏"，受体对于递质反应减少，神经元间化学传递信息减少，主体对于该审美刺激物产生审美疲劳。因而，新的审美刺激、新的递质联结方式需要建立。陌生化的感觉刺激催生了新的递质和受体之间，以及不同突触之间的新的连接，此时，陌生的刺激物带来更加强烈的美感。审美对象的新奇性（novelty）、奇异性（curiosity）等属性都成为美感的生成机制。关于美感生成的概念机制，下文还将详细介绍。

更新近的研究表明，多巴胺不仅与回报本身相联系，也与对回报的期

① ［美］Michael S. Gazzaniga 等：《认知神经科学——关于心智的生物学》，周晓琳、高定国等译，北京，中国轻工业出版社，2015，第 196 页。

待有联系，比起快乐，它的释放与欲望连接更加紧密。[①] 在获得回报本身的时候，或许不会满足大脑中的综合概念，并且生物学已经确保了只要一达到高潮，它马上走向低谷。[②]

另外，某些神经递质的生成机制也表明了审美期待的神经基础。对于某种感觉信息的期待也可以导致神经递质的生成。这时，审美期待本身亦带来多巴胺的释放，因而期待本身也会带来某种愉悦感。由此可见，审美期待和审美动机本身也带来审美的愉悦感。需要稍作引申的是一般生物性的动机和欲望在实现之后，随即走向衰退；而审美动机在达成之后，大概会保持这种绵长的趣味，即所谓“余音绕梁，三日不绝”，或许这也是对审美情感和生理性快感进行区分的重要因素。

（二）神经递质的特殊规律与美感的联系

递质和受体间的组合，决定了神经系统在突触这一环节上调节的多样性，从而保证神经系统可以适应高等动物日常生活和精神活动的复杂调控的要求。本小节在介绍各种神经递质与基本情绪和脑区的关联之后，着重介绍与奖赏系统关系密切的神经递质——多巴胺对于愉悦性情感的作用，同时重点分析与“爱”这种人类基本情感相关联的主要神经递质。笔者根据各种神经递质在调节人类基本情感过程中发挥的作用，来思考神经递质与美感的基本关系。

作为神经信息主要媒介的神经递质，乍看起来，似乎不能直接影响美感的产生。其要么通过具有特定功能的神经元活动，要么通过神经元因信息联结而组合成的功能性脑区，或者通过整合几个脑区的神经反应机制，脑神经才与美感联系起来。因为神经元、功能性脑区或者神经反应机制都是大脑当中特定功能性表征的存在。而神经递质只传递神经信号，只是神经元联结的一个媒介，它能够作为一个独立环节影响美感吗？

我们先梳理几种主要神经递质的脑区分布状况，及其在不同脑区发挥的神经心理功能。通过表格进行直观地呈现，这将为我们理解不同神经递质的认知情感功能奠定基础。随后，我们再通过泽基的神经美学范式，了解一下神经递质与社会情感或审美情感联系起来的分析过程。

神经递质是一个循环通路，其分布脑区及基本功能如表 4.2 所示。

---

① K. C. Berridge, “The Debate over Dopamine's Role in Reward: The Case for Incentive Salience”, *Psychopharmacology*, Vol.191, 2007, pp.391-431.

② Semir Zeki, *Splendors and Miseries of the Brain: Love, Creativity, and the Quest for Human Happiness*, New York: Wiley-Blackwell Press, 2008, p.175.

表 4.2　神经递质的功能①

神经递质	生成部位	影响脑区	功能	相关病症
去甲肾上腺素	蓝斑	大脑皮质、下丘脑、小脑、脊髓、脑干核团、海马	注意力、警觉性、睡眠-觉醒周期	治疗抑郁、疼痛、高血压药物的靶点
	网状结构	脊髓、脑干、下丘脑、边缘系统	内分泌控制、内脏功能（体温调节，摄食摄水行为，生殖、自主神经调节）、情感调节	
5-羟色胺	中缝核及周边细胞群	大脑皮质、海马、杏仁体、基底节、部分下丘脑、丘脑区、脑干、小脑、脊髓等	情感、神经分泌、内脏运动、增强镇痛等	治疗抑郁、头痛、疼痛、认知情感行为药物的靶点
多巴胺	中脑黑质背侧	纹状体、苍白球、下丘脑	活动的计划和执行、运动系统	帕金森病
	腹侧被盖区、中脑网状结构	伏隔核、杏仁体、海马、额叶皮层	动机形成、奖赏、生物攻击和成瘾行为	精神分裂症、妄想强迫症、注意分散多动症等药物的靶点
		边缘结构	刻板和重复的行为	
	中脑皮质	前额叶皮层	计划、执行、注意机制	
中枢胆碱	基底核	大脑皮质	大脑活动，记忆，尤其是短期记忆	阿尔茨海默症
	隔核	海马		
	脑干背盖	丘脑、脑干和小脑	调节唤醒和睡眠觉醒周期	—
	纹状体	基底神经节	肌张力、姿势、运动发起或运动方式选择	

（资料来源：［美］费尔腾等：《奈特人体神经解剖彩色图谱》，崔益群译，北京，人民卫生出版社，2006，第 206～209 页）

通过表 4.2，我们可以清晰地了解到每种神经递质的生成与运行脑区、主要生理与心理功能及其对应的主要心理或精神症状。它们不是独立在特定脑区发挥特定功能，而常常是在同一脑区里，多种神经递质经过交互作用共同发挥生理心理功能。我们暂且无法对更加深入的神经递质间的交互作用进行索解。回到我们的主题，对于各种特定种类神经递质的生理心理机能的运行基础有一定的了解之后，我们需要进一步向前探索，与各

① 各类药物的靶点是指治疗该病症的药物主要作用于相对应的神经递质及其受体。

种生理心理机能相联系的神经递质与情感之间的关系是怎样的？宏观来看，去甲肾上腺素、多巴胺、5-羟色胺和乙酰胆碱等神经递质都直接或者间接地影响着人类情感。那么，具体来看，各种神经递质怎样影响情感，影响哪些种类的情感，或者说某种特定情感类型是由哪些神经递质联合作用的结果？1998 年，神经心理学家雅克·潘克塞普（Jaak Panksepp）总结了基本情绪与神经递质之间的关联（见表 4.3）。

表 4.3　基本情绪系统与关键神经递质

基本情绪系统	关键神经递质
一般寻找—期望动机	多巴胺（+）、谷氨酰胺（+）、多类神经肽（+）、阿片样物质（+）、神经降压肽（+）
大怒、怒	P 物质（+）、去甲肾上腺素（+）、谷氨酰胺（+）
恐惧、焦虑	谷氨酰胺（+）、多类神经肽，促肾上腺皮质激素释放因子(corticotropin releasing factor，CRF)
性欲、性行为	类脂醇（+）、升压素和催产素
抚育、养育	催产素（+）、催乳素（+）、多巴胺（DA）（+）、类阿片（+/−）
恐怖、分离	类阿片（−）、催产素（−）、催乳素（−）、促肾上腺皮质激素释放因子（CRF）（+）、谷氨酰胺（+）
游戏、快乐	类阿片（+/−）、谷氨酰胺（+）、乙酰胆碱（Ach）（+）、任何促进负性情绪剂均使游戏行为减少

（注：−表示抑制作用，+表示兴奋作用）

（资料来源：孟昭兰主编：《情绪心理学》，北京，北京大学出版社，2005，第 71～72 页）

根据新近研究，不同种类的神经递质潜在地对应着不同脑区和不同的审美体验加工阶段。[①] 通过了解神经递质与基本情绪系统的关联，我们尝试着探索其与美感的联系。美感作为特殊的情感系统，有没有对应的独特神经递质？从目前的神经生物学研究成果来看，我们还没有肯定的答案。这似乎表明美感与一般情感系统常常混淆在一起，进而给我们一种生物性快感与人类美感之间界限混淆的印象，同时也让我们觉得日常生活美感与艺术美感之间界限模糊。从人类文化的历史来看，快感与美感之间，自然

① Blanca T. M. Spee, Tomohiro Ishizu, Helmut Leder, et al.,"Neuropsychopharmacological Aesthetics: A Theoretical Consideration of Pharmacological Approaches to Causative Brain Study in Aesthetics and Art", *Progress in Brain Research*, Vol.237, 2018, pp.343-372.

美感、生活美感与艺术美感之间的关系虽然存在着生物进化性的内部衔接和融合状态，但是从经验事实来看，相互之间的区分还是比较明显的。这就要求我们在神经生理基础方面找到确凿的证据，而不让这种区分只是人类主观意愿的结果。这种证据将来自于一切可能的神经生物学原理。从神经元、神经递质到脑区及神经信息环路，都可能存在证据，我们需要时时留意，才可能接近事实的真相。寻找这种区分的价值在于精确地认识人类审美的内在原理，进而为人类审美能力培养和实践行为能力培养提供更多的科学技术支撑。

从当前国外神经美学发展的现实状况来看，主要从神经递质和神经元角度切入美感研究的论著并不多见。对众多神经美学资料进行浏览和梳理，我们只能在泽基和查特吉等学者的著述中偶见这方面的分析。西方神经美学的主流策略是从审美的功能性脑区或审美的宏观机制入手，分析脑神经原理与审美心理的基本关系。原因或许有以下几个方面。

一是神经元和神经递质是认知神经科学的基础性单位。关于神经元和神经递质的研究，仅仅是宏阔的脑科学研究的一个微小的侧面。打个比方，大脑如果可以看作浩渺的宇宙，那么神经元和神经递质仅是其中一颗星星，或者仅是一粒尘埃。因而，产生美感的生理基础好比宇宙中的一个星系，是一种整体化的构建状态。神经美学家们大多注重整体化的构建状态，而相对忽略了该星系内的具体物质及其关系。笔者认为，研究美感的神经生物基底时，不能忽略对这些基础性物质及其关系的考察。

二是神经元和神经递质与文化性要素的关系比较遥远，它们之间的关联线索比较模糊，以目前的技术手段很难追踪和建立它们之间的联系。因而，在考察审美的神经生物的微观世界时，具体到功能化脑区则足矣。笔者认为，随着神经科学的发展和我们对人文社会科学的物质基础的精确要求不断提高，对神经元和神经递质的研究势在必行，并且也是我们赶超世界先进水平的重要切入点。我国当前的研究手段已经可以通过钙染色法追踪果蝇的神经元联结过程①，加之单体神经元活动测量技术不断取得进展，我们可以期待在高级生物，乃至人类大脑中追踪神经元和神经递质的活跃过程，或许这并非遥不可及的事情。

通过现有的神经科学结论来看，我们还不能说某种具体神经递质的生成和信息传递是决定审美生成的充分条件。但是，神经递质作为审美心理要素的必要条件确凿无疑。作为一种审美心理要素的神经递质，应当部分

① 参见郭爱克：《大数据时代的大脑科学——绘制智力的蓝图》，《生物化学与生物物理进展》2014年第10期。

地决定美感的相关内容。

从与人类美感相近的情感系统（例如爱）入手，寻找神经递质与人类情感的关联是神经美学作出的一种尝试。爱是一种复合型人类情感，它包含了人类基本情感的各个方面：对于爱人的思念，会带来那种“终日思君不见君”，“一日不见，如隔三秋”的无限缱绻与惆怅；爱情会带来“求之不得，寤寐思服”的失望，以及“溯洄从之，道阻且长”的困苦迷离；爱情中也有“既见君子，云胡不喜”的欢欣；有爱屋及乌的延伸快乐，有交欢时的狂喜，还有背心负爱，失去爱情痛苦绝望，也有为爱情而进行的抗争，甚至不惜放弃生命以达成与爱人的结合。

多巴胺是人类快乐体验的必要化学信息载体。因而，当人们满足了食物、两性的快乐这些人类基本需求时，当人们处于“动机—期待”心理机制时，大脑的奖赏系统（reward system）会被激活，其中多巴胺会被大脑分泌出来；当人们处于意想不到的快乐体验时，多巴胺也会被大脑释放出来。① 当然，除了多巴胺，阿片肽类、大麻素等神经递质都和快乐情绪密切相关，这些神经递质的受体的数量则是调节情绪的有效杠杆。神经性疾病的药物都以这些神经递质的受体作为靶点。

关于爱情和神经递质之间的关联问题。英国的泽基教授在《大脑的辉煌与悲怆》一书中，探讨了“爱的神经关联”，提出浪漫之爱、母性之爱都与大脑特定区域化学物质的激活有关。其中，浪漫感情与多巴胺的关联特别密切：

> 爱的激情创造了欢欣和狂喜的情感，也创造了一种常常是难以承受的、不可描述的幸福感。浪漫感情激活的区域与多巴胺高度聚集的大脑区域基本相同，多巴胺是一种与回报、欲望、沉溺和狂喜状态相联系的神经调节素。
>
> 多巴胺的释放将人置于“感觉良好”的状态，并且多巴胺似乎不仅与关系形成也与性存在紧密联系，性因此被认为是一种回报性活动。②

同时，多巴胺和血清素（5-羟色胺）相伴发挥作用，导致了爱情中的

---

① 参见[美]安简·查特吉:《审美的脑——从演化角度阐释人类对美与艺术的追求》，林旭文译，杭州，浙江大学出版社，2016，第 77 页。

② Semir Zeki, *Splendors and Miseries of the Brain: Love, Creativity, and the Quest for Human Happiness*, New York: Wiley-Blackwell Press, 2008, p.138.

强迫观念和强迫行为：

> 多巴胺的增长与血清素的降低相伴而行，血清素（5-羟色胺）与视域和心境相联系。研究表明在浪漫之爱早期，血清素消耗殆尽，这种现象在有强迫观念与行为的病人中是常见的。毕竟爱是一种强迫性痴迷并在早期常常使思维停止，并且只朝向单一个体。①

另一种神经递质——神经成长素，也与爱情密切相关。

> 浪漫之爱的早期似乎也与另一种物质——神经成长素相联系，刚刚陷入爱河的人的大脑中比起无爱之人和保持长期稳定伴侣关系的人，这种物质数量明显增加。况且神经成长素的浓度看起来与浪漫感情的强度有重大关联。②

泽基通过山林田鼠和草原田鼠的神经成像实验发现，多巴胺、血清素、加压素、催产素等神经递质及其接收器的数量直接影响与爱相关的社会性情感。

> 这一探索的第一步是，观察浪漫之爱激活的大脑区域的化学物质，特别是催产素、加压素和多巴胺。包括下皮层在内的大部分脑区都包含催产素和加压素的接收器，都被浪漫之爱和母性之爱所激活。为了更好地了解这些化学物质在人际情感联结方面的作用，我们不得不依赖一个近期的草原田鼠实验。③

催产素和加压素除了在田鼠的爱情实验中，体现出情感联结作用外，这些神经递质还在人类的爱情中发挥重要作用。同时，它们还与人类的学习、记忆等多种脑机能相关联。

---

① D. Marazziti, H. S. Akiskal, A. Rossi, et al., "Alteration of the Platelet Serotonin Transporter in Romantic Love", *Psychol Med*, Vol.29, 1999, pp.741-745. 转引自：Semir Zeki, *Splendors and Miseries of the Brain: Love, Creativity, and the Quest for Human Happiness*, New York: Wiley-Blackwell Press, 2008, p.139.

② Semir Zeki, *Splendors and Miseries of the Brain: Love, Creativity, and the Quest for Human Happiness*, New York: Wiley-Blackwell Press, 2008, p.139.

③ Semir Zeki, *Splendors and Miseries of the Brain: Love, Creativity, and the Quest for Human Happiness*, New York: Wiley-Blackwell Press, 2008, p.145.

> 催产素和加压素是主要的神经调节素荷尔蒙，它们由后垂体腺分泌，包括九种氨基酸。它们有许多作用，从我们的观点来看，最相关的不仅是黏合两个个体间的情感，而且它们还在学习、记忆方面的高效作用也已被发现，但这只发生在一定的社会文化背景中。草原田鼠在性爱时释放这两种荷尔蒙。它们与多巴胺紧密联系，而多巴胺与奖赏系统相联系。尽管草原田鼠与人类相去甚远，但是包括人类在内的其他动物分泌的荷尔蒙，在相似情况下，使得具有相应分泌物的人类也强烈地卷入了与浪漫之爱和母性之爱的相关活动中。①

这个结论被至少两本比较重要的认知神经科学著作《神经生物学——从神经元到大脑》② 和《神经科学——探索脑》③ 引证。这看似简单的结论，对于心理学、美学和认知神经科学都有重要意义。这个研究结论把认知神经科学、神经生物学、心理学和美学紧密联结起来，简而言之，把从属于自然科学的生命科学与从属于社会科学的美学这原本距离遥远的两大领域联结起来。由此，审美心理的神经物质基底得到确认，而神经生物基底的功能在人类认知情感与价值体系当中发挥了作用。尽管把两大领域紧密缝合起来还有很多工作要做，但我们在此找到了起点，看到了希望。

虽然当前的证据有限，困难重重，但我们仍希望进一步寻找神经递质与美感之间的联系。神经美学家查特吉在《审美的脑》一书中提出："我们的脑部是否有一个专门处理审美体验的神经网络？"查特吉认为："对脑部的研究表明这样的神经网络是不存在的。如果将审美各要素分解开来，明显不存在专门处理审美感觉、情绪或意义的特定的神经网络。"但是他认为艺术和大脑都是一个"灵活的整体"，而"艺术与审美体验具有丰富性，甚至是不可预测的原因之一就是这种灵活性。依靠这种灵活性，审美的各要素才得以组合在一起"。④

"如果将审美各要素分解开来，明显不存在专门处理审美感觉、情绪

① Semir Zeki, *Splendors and Miseries of the Brain: Love, Creativity, and the Quest for Human Happiness*, New York: Wiley-Blackwell Press, 2008, p.146.

② ［美］John G. Nicholls 等：《神经生物学——从神经元到大脑》，杨雄里等译，北京，科学出版社，2003，第 335 页。原文为："确实，血管紧张素（加压素）和催乳素至少部分提供人类称之为爱的情绪的化学基础，这种基础是人们长期以来孜孜以求的。"

③ ［美］Mark F. Bear 等：《神经科学——探索脑》，王建军主译，北京，高等教育出版社，2004，第 534～535 页。原文为：当一对草原田鼠交配时，"加压素（在雄性）和催产素（在雌性）的水平显著上升……有一些从灵长类研究的证据表明：加压素和催产素的水平在性兴奋时会发生变化，催产素易化雌性的养育行为，促进部分雄性的性维持"。

④ Anjan Chatterjee, *The Aesthetic Brain*, New York: Oxford University Press, 2014, pp.183-185.

或意义的特定的神经网络”这句话似乎与“依靠这种灵活性，审美的各要素才组合在一起”互相矛盾。一方面说“审美各要素”分解开来之后，不存在特定的神经网络；另一方面又认为艺术和大脑中存在“灵活的整体”，而“这种灵活性”又可以使审美的要素组合起来。这个“灵活的整体”与“特定的神经网络”是什么关系？审美的各要素是通过什么关联在一起的？空泛地讨论概念问题，而不能直接抵达神经物质基础，似乎并不能给我们任何益处。这里，我们把审美的要素暂且指向审美的神经生物要素，如神经元、神经递质、审美脑区等。把“特定的神经网络”和“灵活的整体”理解为大脑联结的方式（当然，查特吉还把灵活的整体运用于艺术）或者联结的结果。那么，把“审美的各要素”联结在一起构成“灵活的整体”或“特定的神经网络”的关键联结件，应当同时是神经生物信息传递的主要载体，即神经细胞之间的电传递或神经递质性的化学传递。

因而，我们可以从两个角度来总结神经递质对于审美发生起到的主要作用。

一是作为神经信息本身，直接成为产生愉悦、崇高等情感的神经基底。也就是说，神经递质及其受体之间的信息传递过程，本身即是美感生成的重要环节。①

通过前文关于爱情和多巴胺、催产素、加压素、阿片肽类物质等神经递质的关联研究，我们实质上引入了神经递质和社会性情感关系的分析。在充分肯定神经递质对诸如爱这种自然—社会性情感的影响的基础上，我们认为美感作为一种复杂的社会性情感必然与神经递质存在着密切联系。联系的过程即是神经递质及其受体之间的联结过程。此时，我们还处于机能主义的思维层面，即在作出审美判断时，某种神经递质被分泌出来，同时被其受体接收，我们判定此种神经递质与该种审美判断存在关联。然而，即使是这种机能主义的研究套路，我们当前的研究也并没有驾轻就熟，甚至这种审美和神经递质关系的研究尚未充分展开。但是，我们可以预见，在未来的认知神经美学研究道路上，在审美发生时，神经递质的种类、数量、分布区域及与受体结合状况等问题将成为不可回避的必经关卡。这些被称为还原主义的方法和目标，将得出越来越多有益的结论，这些结论将为我们构建整体主义的认知情感模块和审美大脑专属区提供帮助。而通过这一道道关隘之后，我们的美学研究乃至于美学应用将展现出一个个柳暗花明的崭新世界。我们期待着审美的神经生物基础在包括神经

---

① 这里需要进行实验论证的是，美感与生物性快感在神经递质层面的量和质的实际区别。

递质的各个层面上都实现突破，这些不同层面的突破将为我们重新建构起一个崭新的审美的脑。

二是从刺激物接收感官到神经元再到认知情感判断，神经递质发挥着信息联结件的作用。在这个过程中，神经递质（与神经电传递、血液循环等相配合）传递基本感官信息、神经加工信息以及认知情感信息，从而把神经系统的感知觉加工和奖赏系统，乃至于运动系统等更多系统联结起来，构成了某种即时的、特定的审美神经网络。

沿着这条思路，我们将把神经递质的机能主义研究融入整个神经系统的整体化研究方案当中。当前认知神经美学的整体化研究方案中，似乎还没有给予神经递质重要的地位。凡是没有展开的细节，我们认为其中都有可能蕴藏着值得探索的奥秘。或许这些待解的奥秘，也是我们中国认知神经美学研究走向世界的突破点。

在本章的结束部分，笔者认为，美感没有具体的、具有功能性的审美脑区，但它是一种多源性的神经机制的结果。不同种类神经递质既与饮食男女等生理性快感之间紧密而直接地关联着，又与美感这样复杂的情感机制相联系。比起生物性快感，毫无疑问美感更加复杂。那么，生物性的快感和综合性的美感机制的关系需要在此进行澄清。在我们不能借助实验结果予以解释说明的时候，我们只好诉诸语言描述进行归纳和推断：

（1）简单性和复合性。生物性快感是简单直接的单一情绪反应，美感反应是一种需要经过认知情感判断的复合性情感机制。

（2）生理性与文化性。生物性快感体现为生理本能性；美感有其本能的成分，例如与颜色、形状、运动等简单视觉直接相关的情感判断，但更体现为依据文化记忆、文化图式而来的认知情感反应。

（3）瞬时性与永恒性。生物性快感根据生理需求瞬时生成，瞬间消失；美感机制体现为长期有效性，绵延为一种文化记忆和文化传承，长久地贮存于特定民族认知情感当中，贮存于共同的人类情感模式中，常常以艺术品为物质载体。

虽然我们仅仅是借助语言描述了生物性快感和美感之间的区别，但是我们期待有一天科学技术条件成熟，能够以实验结论的方式加以证明。我们相信，两者的区别和联系都与神经递质等神经生物性要素有着密切的关系。

在美感研究中，讨论神经递质问题或许会让许多美学研究者感到陌生，甚至拒斥。其实，翻开美学史，部分著名的美学家虽然还没有准确的神经生物学知识，但是已经猜到了许多神经生物学事实。例如，经验主义美学家博克认为：“崇高的对象和实际生命危险一样产生恐怖，但在情感调质上显得不同。”① 现在的认知神经科学一般认为，神经调质由神经元产生，它的主要功能是加强或者削弱神经递质的信息传递能力，它本身并不传递信息。它常常也就是神经递质，因而神经递质和神经调质两者无明确的区分，没有明确的界限。

或许在博克使用这个概念或者朱光潜先生翻译这个概念时，他们还没有注意到所谓的“神经调质”的神经生物学含义及其神经生物学功能。但是，他们已经认识到崇高带来的恐怖感和生命危险的恐怖感相似，但两者背后有不同的情感调质在调节，这难能可贵！即便不是在今天的神经生物学意义上准确使用这个概念，没有明确它的准确含义，即使他们使用的“情感调质”不是现代神经生物学意义上的神经调质或神经递质，但是提出“情感调质”这个概念显然已经包含了隐藏在情感因素背后的物质性生理要素。他们能够推测出不同情感背后的不同神经生物基底，实在让我们慨叹。叹服之余，我们在重新审视美感的神经物质基础时，就不会故步自封，自囿于当前的话语体系。

第二节　神经递质作为脑—心—身关联的中介

神经递质既具有信息传递功能，也是直接情绪体验的药理学根源。在此基础上，从脑与身的系统联系中，理解神经递质的审美功能；从神经递质的情绪功能来理解美感活动的身心一体化过程。

一、神经递质与人体的八大系统的关系及其认知神经美学意蕴

本章中，笔者在分析神经系统与身体的关系的基础上，探究了以认知神经要素为起点的，以身心一体化为整体的审美生理根源。神经系统与身体的关系其实就是神经系统与其他七大系统——呼吸系统、消化系统、血液循环系统、内分泌系统、泌尿系统、运动系统、生殖系统——的相互关系。本章把神经递质单独提出，似乎在分类层级上不大匹配，但是在科学事实上没有什么疑问。神经递质与各大系统都有紧密联系，下面两段文字分别说明了神经肽物质在中枢神经与周围神经联系中的作用，以及下丘脑同时调节和联结着神经系统和内分泌系统。

---

① 朱光潜:《西方美学史》,北京,人民文学出版社,2002,第231页。

> 许多神经肽物质显示了脑和内脏的关系，在中枢与外周过程之间提供多条“交谈”的通道。由于情绪的特点可为自主神经系统活动所表征，正是神经肽能极大地促进身体各种自主性改变，包括身体温度和心血管效应。因此神经肽物质在外周和中枢之间，在调节情绪性上提供许多潜在的联系。①
>
> 像催产素和加压素一样，多巴胺由下丘脑（hypothalamus）释放，下丘脑位于大脑深处，连接着神经系统和内分泌系统。②

神经递质与人体八大系统的关联是一个庞大的课题。当前认知神经美学研究通常只看到，神经递质的认知神经美学意义体现在其直接性的生理学功能方面。例如，多巴胺的分泌与接收直接与愉快情绪关联；催产素和加压素的分泌与接收直接与爱情关联。同时，我们也要注意到神经递质对情绪的调节并不仅限于中枢神经系统内部，也就是说，许多神经递质通过和包括神经系统在内的血液循环系统、内分泌系统等八大系统的关联来影响情绪，其中必然包括审美情绪。神经递质通过影响八大系统影响情绪，进而影响美感的身心体验。反之，这个影响过程也可能是逆向或多向度进行的。审美情绪影响身心感受，从而影响神经递质分泌；也有可能审美情绪影响神经递质，从而影响身心感受。在图 4.2 中，神经递质在右下角的“审美认知与审美情绪”一环中起作用。从全局来看，神经递质与人类的生活实践的各个方面都紧密联系在一起。

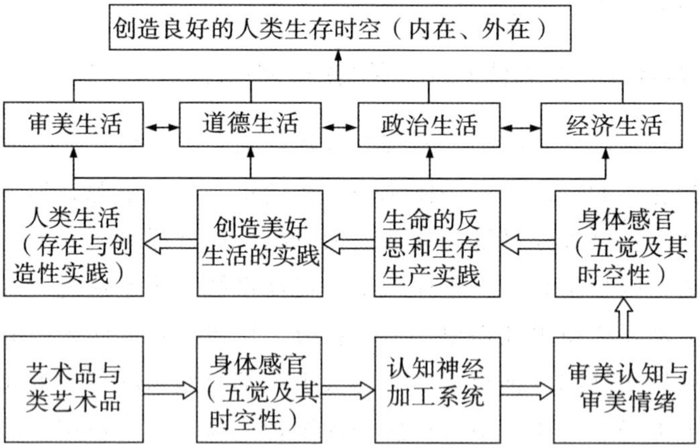

图 4.2　艺术欣赏与人类生活的关系

① 孟昭兰主编：《情绪心理学》，北京，北京大学出版社，2005，第 69 页。

② Semir Zeki, *Splendors and Miseries of the Brain: Love, Creativity, and the Quest for Human Happiness*, New York: Wiley-Blackwell Press, 2008, p.138.

神经递质从存在形态上来看，体现为液体的囊泡状。因而，历史上对于神经递质的认识与分析虽然不像今天这么精确，但是古代思想家、医学家对于体液的考察已经开始，并且取得一些重要认识。这些关于体液的认识启示了我们今天的美感分析。有的“体液”研究中，已经包含了对神经递质的分析，更多地指明了各种身体体液的情绪调节作用和美感调节作用。下面笔者先从历史的角度来考察诸种“体液说”对于审美情绪的探索。

二、作为一种“体液”的神经递质与审美情感的关联

神经递质和循环系统及内分泌系统等各系统联系紧密，这是生理学常识，当前西方神经美学研究却似乎还没有充分注意到这种联系对于美感的综合影响，或者说注意到但还没有开展深入的研究。从美学发展史来看，认真思考或者猜想到神经递质与美感关联的也不多见，这主要根源于生理学发展的局限，古代人没有发现神经递质。但是，在美学史、心理学或者医学史上，我们可以看到，虽然古代人没有发现神经递质这种物质，但是聪明的医学家或思想家已经推想出存在影响着人体生理和心理的“体液”。而从神经递质在其发挥功能时的形态来看，它也呈现为突触前细胞释放出的囊泡，类似液体状。

推想到“体液”存在的有古希腊医生希波克拉底，他提出了“四液说”。博克提出了情感调质，大概也直接受到了“四液说”的影响。到了西方近代，弗洛伊德提出“力比多”（libido），实际上其生理基础就是直接调节生理功能（主要是性功能）的性激素。在中国古代，关于体液的认识其实也是非常充分的，《黄帝内经》中多处论述人体内的津液运行情况。其中，《灵枢》的经水、海论、五癃津液别等几篇专门论述了体液的运行情况。海论当中单独提到了脑内的“髓海”[①]，大概就是脑内的以血液循环系统为主的各体液较集中的集合部，那么其中必然包含呈现为“囊泡”状态的化学物质——神经递质。

若是我们没有从认知神经科学的精细过程来考察神经递质功能实现的具体过程，而仅仅是从其一般性的认知情感功能与结果来看，神经递质与神经元的兴奋或抑制的联系虽然直接而紧密，但神经递质的生理功能更为直接地表现为情绪结果。这很容易让人们把神经递质和“四液说”联系起来。而实际上，神经递质也与各种体液存在着紧密的关联。

---

① 张登本、孙理军主编：《黄帝内经全注全译》，北京，新世界出版社，2008，第 193 页。原文：“脑为髓之海，其输上在于其盖，下在风府。”

古代哲人认为，除了人体内的血液以外，还存在其他种类的体液，这些体液影响人类的性格和行为模式。古代思想家、医学家略过了体液通过对人体组织、器官及系统发挥作用，从而影响人的情绪以及行为这个过程中的细节，直接经验性地把握到体液与性格气质和行为模式的关系。最典型的莫过于古希腊医生希波克拉底提出的“四液说”。“其中，黏液生于脑，是水根，有冷的性质；黄胆汁生于肝，是气根，有热的性质；黑胆汁生于胃，是土根，有渐温的性质；血液出于心脏，是火根，有干燥的性质。人们具有不同的体质和人格气质，四种体液在不同人体内分配比例的不同造成的。”① 他根据人的四种体液的浓度不同，提出四种气质类型说。胆汁质、多血质、黏液质和抑郁质的人格气质类型四分法至今仍有实用价值。② 但是，我们需要对于四种气质类型的成因作出分析：不仅仅是体液，还是不同神经类型所导致。我们不关注气质类型的神经机制的根由，而是体液与气质类型关联，气质类型与认知情感模式关联，而且与行为模式深切地关联。在下一章气质、人格与美感的关联分析时，笔者将逐步展开。

在此，四液说只是作为关于人类体液思考的一个引子。接下来的医学家、哲学家、生理学家逐步发现各种影响人类认知情感和行为模式的体液。

随着医学的发展，人们发现，循环系统与内分泌系统是与体液相关的人体两大系统，而这两个系统与神经递质联系最紧密。循环系统包括血液循环系统和淋巴循环系统以及组织液系统。血液循环系统把神经递质运送到有机体的各个器官，神经递质也可以影响心脏、血管运动，还可以影响淋巴系统运行。内分泌系统是由各个内分泌器官（甲状腺、垂体、肾上腺等）组成的激素生产与调节系统，内分泌系统与神经系统交互影响，共同构成一个整体，共同调节有机体的生理平衡。

弗洛伊德生活的年代，神经生理学已经发展起来。虽然他更偏爱神经病理学，其观点也常常包含着神经生理学的内容。例如，精神分析理论的核心概念“力比多”或多或少有一些神经生物学意味。在弗洛伊德最初提出这个概念的时候是这样论述的：

> 我想最好先请你们注意“力比多”（libido）这个名词。力比多和饥饿相同，是一种力量，本能——这里是性的本能，饥饿时则为营养

① 黄希庭、郑涌：《心理学十五讲》，北京，北京大学出版社，2005，第 367～368 页。

② 参见郭念锋主编：《心理咨询师》，北京，民族出版社，2005，第 77 页。

本能——即借这个力量以完成其目的。[①]

随后他又谈道：

也许性的历程有一些特殊的化学性质，但是这些性质也还未为人所发现。[②]

力比多在弗洛伊德看来是一种本能力量，是生的本能和性的本能。[③]弗洛伊德在精神分析心理学层面上提出力比多概念，其神经生物学含义已经昭然可见。如果弗洛伊德可以看到神经递质研究获得的突破，他一定会更加坚定地为他的所有理论找到更加牢固的神经生理基础，实际上他已经预见到“性的历程有一些特殊的化学性质”，这“化学性质”就是我们今天所说的神经递质等内分泌素。而难能可贵的是，他当时已经触及美感的神经生理问题。并且，“他的神经生物学洞见是非常深刻的”[④]。

弗洛伊德的哲学体系比较复杂，其核心内容为人格结构的三重划分和意识的三重划分。本我、自我和超我是人格结构三个组成部分，人格结构的影响因素主要在于生物性要素和文化性要素的比例关系。生物性要素和文化性要素也在更广阔的领域影响美感等各种社会心理现象。

---

① [瑞]弗洛伊德:《精神分析引论》,高觉敷译,北京,商务印书馆,2004,第247页。

② [瑞]弗洛伊德:《精神分析引论》,高觉敷译,北京,商务印书馆,2004,第253页。

③ 参见[美]Jerry M. Burger:《人格心理学》,陈会昌译,北京,中国轻工业出版社,2014,第48页;黄希庭、郑涌:《心理学导论》,北京,人民教育出版社,2017,第608页。

④ [英]泽基:《大脑的辉煌与悲怆:对于爱情、创造力以及人类幸福的求索》,孟凡君译,张旭东校,北京,人民出版社,2017,第220页。

上编小结　美感的神经生物基础的哲学化表述：类型与原则

一、美感神经生物基础的科学概括与哲学表述

上编通过对大脑的主要认知神经要素的考察，明确了神经元、功能脑区、神经机制、神经递质与美感的神经生物学关联，这为澄清美感的客观物质基底奠定了坚实的基础。现代认知神经科学的研究成果已经呈现出共同的人类脑结构。在共同的人类脑结构的基础上，我们寻找共通的审美情感具备了神经生物学上的可能性。

主动增强人文学科的科学自觉性，有利于我们拨云见日般地看清楚诸如美感等人类情感现象的客观本质。张世英先生曾提出，近代以来，我国人文社科研究缺乏客观科学精神，存在客观精神缺钙现象。① 对于美感的认知神经基底的探究，体现出人文学科既关注时代的科技发展，又反思科技成果与手段的一种尝试。多学科交叉是美学学科的基本特征，科学与哲学是美学的多学科交叉的基本骨架。② 将自然科学与人文科学相结合③可以更好地推动美学进步，可以为中国美学融入与对话世界美学寻到一个坚实的支撑点。

审美感性基底、审美内部感官、有意味的形式、审美认知模块作为概括审美的神经生物要素的基本概念群，都蕴含着对于美感物质基础的探寻与概括，在美学史上，内在精神传统是一致的。不同的概括方法体现了不同时代的探索成果，审美认知模块作为我国当代美学的基本概念，体现了

① 参见张世英：《天人之际》，北京，人民出版社，1995，第13、43、69、86、99页。

② 参见高建平：《美学：在哲学与科学之间漂移》，《学术月刊》2010年第1期。

③ Zhihong Li, Yanhui Wang and Fanjun Meng, "Aesthetic Cognitive Module Theory: A Core Structure", *The Journal of Aesthetic Education*, Vol.52, No.2, Summer 2018, pp.71-80.

这样一种努力，具有同等的有效性。

通过对审美的认知神经基础的考察，我们比较全面地掌握了影响审美情感内在各种神经生物要素。然而，这些神经生物要素作为生物学语言是难以直接进入美学体系的。我们可以描述其审美功能，介绍其审美关联，探索其审美潜能，但是，从语言文化和美学自身历史传统来看，暂时无法接受这些语言直接进入到美学体系当中，这也情有可原；然而从长远来看，人文主义的单纯拒绝无法抵御科学事实的雄辩和社会历史实践的洪流。只要不是出于敌意的或者认知情感的抵触，而是出于一种对认知神经科学保持客观冷静的态度①，都会逐渐接受这样一个事实——美感研究需要认知神经基础方面的探索来应对时代的挑战。在新科技时代保持对美学自身历史传统的衔接（新概念进入旧体系需要客观物理时间和恰切的表达方式），这样我们就需要寻找到那些合适的缓台，可供科学原理和美学概括同时栖息其上。

回顾过往的美学历史，存在着内部感官、超感性基底、有意味的形式、情感结构等概念，可以说这些概念都是哲学美学家们基于各自时代的美学和科学（主要是基于心理学和脑科学，也包括医学、生理学等学科的发展状况）作出的比较恰切的概括。然而，随着心理学，特别是认知神经科学不断发展，这些概念的深层含义将被不断挖掘，同时我们也可以结合当代科学实际提出符合当前发展规律的概括方式，如审美认知模块。

根据当前的神经生物学与科技、人文的融合，针对“内部感官”与“超感性基底”“情感结构”等美学史概念，有必要进一步将其限定为“审美内部感官”“审美感性基底”“审美认知模块”等。

通过以上分析，我们在哲学美学史和认知科学视域下，对“审美认知模块”进行双重确认，进一步廓清这个概念的时代性。

二、审美认知模块的提出与辨析

我国美学学者李志宏在《认知模块说：美学科学化阐释的可能路径》、《审美认知模块：一个核心结构》等文章中分析了审美认知模块的基本内涵、形成过程以及影响要素等方面的内容。

简言之，认知模块的形成过程是这样的：生活经验中，某一事物

① 认知神经科学内部仍然存在还原主义、联结主义等争论，因而，针对神经系统的术语体系本身仍不完善，许多科学推论有待推敲。认知神经科学内部仍保持着谨慎的态度，美学在应用认知神经科学成果方面更需清晰地看到其内部分歧和争论，择其善者而从之。

> 的外形刻画出知觉模式，该事物的内置功利价值引发出特定的情感反应方式。知觉模式与情感反映方式在大脑中连接在一起，就构成了相对于具体事物的认知模块。认知模块的建立使人形成了可以进行审美的主体结构。①

通过以上论述，我们可以看到认知模块包含了“知觉模式”和“情感反映方式”两个层面的内涵。比起《认知美学原理》一书中阐述的“审美形式知觉模式”，“认知模块”又增加了“情感反应方式”这一重要内容。“情感反应方式”以事物的“有利性”为基础，当主体处于非利害状态，且认知模块与事物外形切合时，人们就会产生美感。

由“审美形式知觉模式”脱胎而来的“审美认知模块”概念，其生成过程与前者具有相通的原理，既有先天遗传因素，也包含后天一般文化因素和特定社会因素的影响。

行为主义心理学之后，认知心理学兴起，研究者认为认知在人类知、情、意、行中发挥主导作用。认知美学承接发生认识论（皮亚杰等）与当代认知科学的基本观点，以信息科学为基础进行自我完善，信息科学的模块论在认知心理学中广泛运用。认知模块在认知心理学中是比较常识性的、不难理解的表达方式，模块本身常常与不同的功能性特征相联系。审美认知模块即是和审美相关联的内部认知系统或曰内部大脑机制。模块一方面与认知心理学的图式、模式等概念一脉相承，另一方面与当前认知神经科学的常用表达方式“默认模式”契同。

心理学界和认知神经科学领域比较容易接受审美认知模块概念。加德纳的比较有影响的多元智能理论即是基于模块化思维的认知心理学和智能与创造力联系的。“认知模块”可以看作是“内部感官”“超感性基底”在当代的具体化和精确化表达。西方主要哲学美学杂志的相关文章在探讨美感问题时，援引认知科学、神经科学以及神经美学观点。可以说，西方哲学美学界在分析美学之后，重新讨论美感经验，越来越重视认知神经科学的运用。虽然人文艺术与科学技术两种文化之间的隔阂仍然阻挡着人文研究者向科学取经的意识，但当更坚实有力的实证结果摆在面前时，正面的交锋与批判在所难免，这恰恰是当代美学向前发展的一个有效契机。

审美认知模块作为美学概念，其美学意涵仍然值得批判性的辨析。我们在上编第一、二、三、四章中，分析了神经元、功能脑区、神经模型和

① 李志宏：《认知模块说：美学科学化阐释的可能路径》，《中国社会科学评价》2015年第4期。

神经递质与美感的关系，这可以看作是为美感寻找科学物质基础的尝试。这些神经科学概念要怎样融入美学体系之中？如果审美认知模块被看作一个“神秘的魔方”，那么这个“神秘的魔方”里的秘密显然包含这些内容。在当前，美学向认知神经科学汲取养分，一方面需要尊重美学内在传统，另一方面也要兼收最新成果。

李泽厚先生在最近的研究文章中，对神经美学寄予厚望，认为这将是未来解决实践美学发展瓶颈的重要领域。同时，他也对“认知模块”概念提出了质疑。实际上，在张玉能教授的新实践美学与李志宏教授的认知美学论争的过程中，已经对“认知模块”概念有充分的辨析，即其科学基础与人文基础的问题。这给我们留下了至少两个有待解决的问题：科学上继续细化模块的神经事实，同时将其批判性地纳入美学史传统之中。新近认知神经科学成果带来了新思路，例如“审美默认网络”“审美融合体”等。从美学研究和更广阔的人文社会科学视野出发，以上新概念与“审美认知模块”是什么关系，与传统美学概念是什么关系？厘清这些内部关系，对于我们当代的美学理论建设、文化批评实践乃至于社会实践活动，都有建设性价值。

回到康德对词与物、客观世界与主观世界关系的认识，我们需要看到：世界本来的规律、世界显现出来的规律、我们对于客观规律的认识以及我们用语言把握的客观世界规律之间，并不是相互对等的。无论概念怎样变化，抑或我们对于客观规律的认识及语言表达方式怎样变化，我们想要捕捉的对象总是具有极大的稳定性。之于美学，我们要捕捉的这种稳定性，就是美感在人自身方面的决定性要素，认知神经系统是其核心部分。如果说上编我们探析了审美的“内部感官”规律，那么下编我们将进入到“外部感官”“延伸的感官”的探索。我们将一探感知觉、记忆、认知情感、身体等因素与美感的关系。

下编

美感的个体身心基础与审美情感融合体

第五章 个体的一般心理层：美感的神经生理基础与一般心理基础的关系

当我们打开一本美学教材或者著作，常常要面对着大量与美感相关联的基本概念。美感、审美心理、审美经验等基本概念之间的区别与联系是比较复杂的，如何定义、区分和使用这些概念是我们首要澄清的问题。本章尝试对不同的与美感有关的审美心理概念，在不同层面上加以界定和分析，然后在普通心理学的一般心理过程层面构建美感的基本体系。

首先，我们回顾一下“美感”这个美学基本问题的表述方式；其次，阐述它与其他审美心理活动的关系。

狭义来看，美感可以有以下几种基本表达方式：审美感受（aesthetic sensation）、审美情感（aesthetic feeling）、审美情绪（aesthetic emotion）。其中，审美感受侧重于感知觉，作为心理环节中的一环，其内容指向有些偏狭。所以美感常用的表达方式是审美情感和审美情绪。其中 emotion① 在现代心理学当中常常被译为“情绪”②，但实际上在日常用语中也可以译为“情感”。emotion 与 feeling 都可以译作“情感”，两者的区别在于，feeling 比较宽泛、日常化，emotion 比较正式，属于书面语。emotion 专指一般心理过程中的情感部分内容，feeling 有时候也包含感觉、感受、知觉、直觉等各方面的心理内容。

因而，审美情感用 aesthetic emotion 来表达比较合适。本书分析的美感指的是审美心理过程中以审美情感为核心的整体，用 aesthetic emotion 来表达。但是，受到一般心理学的影响，aesthetic emotion 又经常译作“审美情绪”。无论汉语怎样翻译 emotion，我们在使用美感的时候，其对

---

① Emotion：strong feeling of any kind. Feeling：power and capacity to feel；physical or mental awareness，emotion；pl，emotional side of a person's nature（contrast with the intellect）.参见［英］郝恩贝，《牛津现代高级英汉双解词典》，北京，商务印书馆，1995，第380～381、424～425页。

② 孟昭兰在《情绪心理学》一书中把情绪作为核心概念进行分析。

应词是 aesthetic emotion。

另外，“有时人们把同生物需要相联系而产生的感情反应，称为情绪，而把受社会规范制约的感情状态称为情感；另一些时候人们又在标示感情形式时采用情绪，而在标示感情内容时采用情感”①。这种精细化的划分，对于我们理解情感和情绪的本质是有必要的，但是如果在美学领域引入这种人为划界的方法，恐怕又局限了美感本身的丰富含义。

综上所述，相对于 aesthetic feeling，我们倾向于使用 aesthetic emotion 来表述美感；aesthetic emotion 可以翻译为“审美情感”或“审美情绪”；我们注意到情绪与情感的心理学区别，但更加倾向于美感同时包含“情绪”与“情感”两个层面的内容。

在心理学领域，与情感和情绪相对应的还有一个“感情”（affection）概念，孟昭兰对三者进行了区分②。相对于前两者，“审美感情”（aesthetic affection）这个概念在美学领域应用较少，我们不做进一步讨论。但需要特别注意，西方当代美学研究存在这样一种倾向和路径，即常常把审美者的感情的（affective）与认知的（cognitive）的反应和过程并列对举，分析两者的区别与联系。③

广义来看，美感包括和审美心理（psychology of aesthetics）相关的所有审美心理现象（aesthetic psychological phenomena）和审美经验（aesthetic experience）。例如，审美感觉（aesthetic sense）、审美知觉（aesthetic perception）、审美直觉（aesthetic intuition）、审美动机（aesthetic motive）、审美注意（aesthetic attention）、审美记忆（aesthetic memory）、审美想象（aesthetic imagination）、审美需要（aesthetic need）、审美趣味（aesthetic interest，aesthetic taste）、审美偏好（aesthetic preference）、审美认知（aesthetic cognition）、审美态度（aesthetic attitude）、审美期待（aesthetic

① 孟昭兰主编:《情绪心理学》,北京,北京大学出版社,2005,第 7 页。

② 参见孟昭兰主编:《情绪心理学》,北京,北京大学出版社,2005,第 7 页。原文大意为:把区别于认识活动、有特定主观体验和外显表现,并同人的特定需要相联系的感性反应统称为感情(affect);感情是表示这一感情性状态和反应的普遍的概念。它包括情绪和情感的综合。affect 应为 affection。

③ 石津智大(T. Ishizu)和泽基认为“审美的”(aesthetic)等同于“感情的”(affective)判断,“知觉的”(perceptual)等同于“认知的”(cognitive)判断,参见 T. Ishizu and S. Zeki,“The Brain's Specialized Systems for Aesthetic and Perceptual Judgment”, *European Journal of Neuroscience*, No.37, 2013, pp.1413-1420。有研究者把脑内知觉的(perceptual)、认知的(cognitive)和感情的(affective)分析过程看作对外输出审美判断(aesthetic judgment)、审美情感(aesthetic emotion)和审美意识(aesthetic consciousness)的内部动因,参见 S. Nieminen, E. Isto, E. Brattico, et al.,“The Development of Aesthetic Responses to Music and Their Underlying Neural and Psychological Mechanisms”, *Cortex*, No.47, 2011, pp.1138-1146。

expectation）、审美理解（aesthetic understanding）、审美体验（aesthetic experience）、审美欲望（aesthetic desire）、审美愉悦（aesthetic pleasure）、审美满足（aesthetic satisfaction）、审美心智（aesthetic mind）、审美理念（aesthetic ideal）、审美认同（aesthetic identification）、审美能力（aesthetic ability）、审美行为（aesthetic action）、审美实践（aesthetic practice）等。在广义层面上，我们可以把美感研究作为心理学美学研究的全部内容。

对上面庞大的审美心理学术语体系，我国已有学者从一般心理学角度进行了阶段和层次上的分析。李泽厚、滕守尧对美感的一般心理过程进行了三阶段划分，他们把审美经验划分为准备阶段、高潮阶段和效应阶段（见图 5.1）。

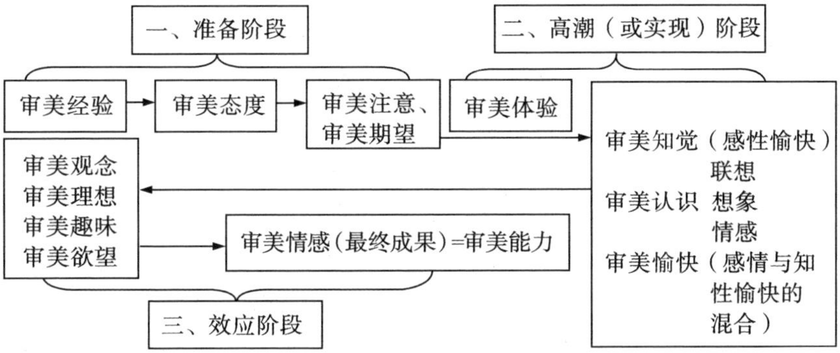

图 5.1　审美心理过程流程图

（资料来源：滕守尧：《审美心理学描述》，北京，中国社会科学出版社，1985，第 81 页；李泽厚：《美学三书》，合肥，安徽文艺出版社 1999，第 502 页）

该审美心理过程流程图是 20 世纪我国心理学美学研究对于审美心理过程描述中最有代表性的一个。然而，随着认知神经科学的高速发展，普通心理学也获得了一系列崭新的成果，这些成果刷新了我们原来对感知觉、注意、记忆、情绪、学习等一般心理过程的理解。因而，建立在一般心理学基础上的审美心理描述，有必要随着认知神经科学的深入发展，来更新原有的认知。认知神经科学的发展让我们认识到，审美心理过程流程图的环节中存在进一步分析和探索的可能，在环节构成上也存在进一步延展的可能。接下来的章节，我们将在认知神经科学提供的新知识的引导下，力求将审美心理过程细化到神经层面，并且结合认知神经科学、人格心理学以及社会心理学进一步延展审美心理域。

第一节 感知觉与美感激活

感知觉是美感生成的基本生理心理要素。我们在对基本感觉的认知神经机理探索的基础上，着重分析感觉整合原理——联觉（synaesthetics）与美感的关系。其中，在各种感知觉中，空间与时间坐标也是其参考系，因而联觉成为整合感知觉的一种大脑运行机制，其和美感相联系的部分，大体相当于认知美学的审美认知模块在神经生物具化过程中的一个重要阶段。

在一般心理学教材中，我们可以找到关于感觉和知觉的如下定义："感觉是人脑对直接作用于感觉器官的客观事物个别属性的反映。""知觉是直接作用于感觉器官的客观物体的整体在人脑中的反映。"[①] 一般来说，感觉对应着事物的个别属性，而知觉对应着事物的整体状貌。

传统的审美感知觉研究一般以普通心理学成果为基础，辅之以皮亚杰的发生认识论的图式概念和格式塔心理学的心理场、完形等概念。这些研究在当时达到了"科学客观"的尺度，发现了审美心理的局部客观规律。然而，在认知神经科学推动心理学飞速发展的当代，认知神经科学研究成果已经更新了诸多心理研究的传统观念，进而把审美感知觉的客观基础更进一步推向了神经层面。我们已经从神经元、神经信息传递、脑区及神经机制层面探讨了美感的生成及规律问题，下面将在认知神经视野下的一般心理过程层面对审美感知觉进行重新探索，这些新阐释对于我们理解许多传统美学观念也是大有裨益的。

随着认知心理学的发展和神经生物学的不断深入，我们对人类感知觉的研究也在不断前进。每一种感觉器官获得客观事物的基本信息之后，都通过独特的信息加工通路，把基本信息传输到大脑初级皮层，在大脑的初级皮层中进行加工。加工过程中，客观事物的特定属性都会被大脑所认知，同时大脑也会唤醒关于该客观事物的主要记忆，从而形成关于它的整体反映，这就形成了各种感官的次级加工皮层。在次级加工皮层中，各种感觉之间存在多层次信息通道，这些信息通道之间的通信导致了感觉之间相互诱发效果，这一感觉被混合的现象一般称为"联觉"。[②]

---

① 郭念锋主编:《心理咨询师》,北京,民族出版社,2005,第22、31页。

② 参见[美]Michael S. Gazzaniga 等:《认知神经科学——关于心智的生物学》,周晓琳、高定国等译,北京,中国轻工业出版社,2015,第171页。

在当代认知心理学或认知神经科学的视域中，感觉和知觉是不可截然分开的，两者常常可以整合为一个统一的过程。在大部分心理学、认知神经科学教材中，感觉和知觉都被放到一个章节中一起分析。因而，我们在讨论时，感觉和知觉的整合是必要的。认知神经科学在探索每种具体感觉的神经机理时也都伴随着整体研究，认知神经美学的基本特征也在于局部功能分析基础上的整体意识和整体方法。认知诗学倡导者、美国米瑞菲尔德艺术与认知学院（Myrifield Institute for Cognition and the Arts）院长弗里曼（Margaret H. Freeman）曾经有过这样的表述："我们的感观（sensory perceptions）、感觉（feelings）、情感（emotions）① 以及我们的思想，是一个整体，而不是彼此隔离的单一系统。由于人类的经验和行为又是独一无二的，为了解释这一整体，我们不得不做到开放包容。"②

在接下来的感觉分析中，我们将主要关注以特定感觉为主的感知联觉分析。

一、听觉与审美

声音可以引发人们的审美情感。听觉审美以音乐为主要形式和载体。在西方神经美学领域，音乐方面的研究取得了丰厚的成果，其数量仅次于视觉研究。国内学界已经比较系统地梳理和引介了西方认知神经方面的音乐美学研究，并且独立地运用 ERP、EEG、fMRI 等认知神经方法取得了一些研究成果。

陈丽君分析了在四种基本音乐风格和状态（喜剧、悲剧、壮美、优美）下，被试生理反应（心率 HR，皮肤电 GSR）的差别及其与情绪状态（愉悦度、唤醒度、优势度）的关系。吴珍的博士学位论文《音乐意义形成的脑机制——基于音乐、语言、语义学的事件相关电位研究》系统地梳理了中西方哲学音乐学、神经音乐学研究史，并且使用 ERP 方法，测验出音乐专业被试和非音乐专业被试在接受音乐材料和文字材料（《溪山琴况》）时都能够启动大脑的语义加工功能；然而，非音乐专业被试的语义加工主要集中在对于音高、音强等方面的音乐分类的表层意义判断，音乐专业被试则可以对音乐刺激进行深层语义加工。卢竞的博士学位论文《音

① sensory perceptions、feelings、emotions 依次被译为"感观""感觉""情感"。按照心理学知识，sensory perceptions 译为"感知"更为确切，这也体现出感觉、知觉整体化和一体化的表述。feelings 也可以译为"感受、情感"。

② 赵秀凤、徐方斌：《认知诗学・认知美学・多模态文学——玛格丽特・弗里曼访谈录之一》，熊木清：《认知诗学》，北京，外文出版社，2014，第 23～33 页。

乐创作的脑机制研究》使用了ERP和fMRI两种测量方法，根据声音属性和大脑测量值之间的对应关系得到脑波音乐；通过测量，实证地揭示了音乐创作过程当中包含了情感、工作记忆和运动功能的调用和整合。

在众多听觉审美研究中，音乐的神经生理基础（脑区和神经信息通路）占比较大。在此，我们主要讨论听觉审美的联觉效应。帕莱森（K. J. Pallesen）发现了大调、小调和不协和音程引发的情绪反应脑区。①

长期以来，人们认为音乐中的24个调性与颜色以及情绪紧密联系：

> 1. C大调：纯白色的；象征纯净、初始。
> 2. c小调：纯黑色的；象征着抗争、奋斗。
> ……
> 11. F大调：淡红色的；象征着暖和、温馨的情感氛围。
> 12. f小调：深红色的；象征着悲愁、哀伤的情绪。
> ……
> 21. bB大调：淡粉色的；象征着活泼、轻盈、愉快的情绪。
> 22. bb小调：棕黄色的；象征着庄严、虔诚、忏悔的情思。
> 23. B大调：银白色的；象征着高雅、明丽、端庄、从容的精神状态。
> 24. b小调：暗灰色的；象征着悲怆、断肠、冷峻、极度痛苦的情绪。②

以上内容体现了音乐、颜色之间的联觉对应关系，同时两者又都与特定种类的情绪关联。或许音乐、颜色和情绪之间的对应关系并非如上面陈列的那样可以画等号，但是根据经验和直觉，这些联觉对应关系是存在的。今后的实证研究有必要对此进行证实。

印象派大师高更（Paul Gauguin）说过，色彩就像音乐的振动一样，我们用纯熟的和声来创造和象征，从而获得最暧昧和最普遍的东西——自然界最深奥的力量。③ 可见伟大的画家在创作时，在运用色彩时心中是饱含着音乐的节奏和激情的。此时，怎会没有声音和色彩的联觉呢！

---

① 参见崔宁、丁峻：《音乐审美的认知神经机制》，朱志荣主编：《中国美学研究》第6辑，北京，商务印书馆，2015，第9～31页。K. J. Pallesen etc. "Emotion Processing of Major, Minor, and Dissonant Chords," *Annals of New York Academy of Sciences*, Vol.1060, 2005, pp.450-453.

② 崔宁、丁峻：《音乐审美的认知神经机制》，朱志荣主编：《中国美学研究》第6辑，北京，商务印书馆，2015，第9～31页。

③ 参见丁峻：《艺术教育的认知原理》，北京，科学出版社，2012，第179页。

周海宏的博士论文《音乐与其表现的世界——对音乐音响与其表现对象之间关系的心理学与美学研究》探索了音乐各种基本属性的联觉神经机制，这给我们很多启发。

听觉审美的联觉特性取决于大脑的基本属性。通过听觉计算，“听知觉不仅是能够辨认声音刺激的内容。听觉的第二个重要功能是在空间中定位声音”①。根据声音的空间定位和传播速度，计算声音源与听者之间的距离，这就保障了听觉的时间与空间特性。

传统艺术理论认为：音乐是流动的建筑，建筑是流动的音乐；诗在本质上是音乐的，音乐本质上是诗。当然，还有许多各个艺术门类相互联通的论述，从联觉的角度看，这些观点都是符合神经生物原理的。

如果在分析听觉音乐审美这个最抽象的人类审美感知觉系统时引入脑神经机制，那么我们便会拨云见日。关于声音及其情感和意义属性的关系，关于音乐是否有情感的争论，都变得明朗起来（见图 5.2）。

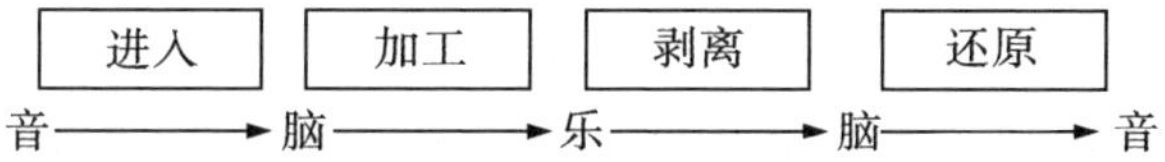

图 5.2　音—脑—乐关系

音—脑—乐关系图简单地概括了声音从无意义的声响成为有意义的乐音，又从富有情感和意义的乐音还原为单纯的声响的过程。经过大脑的加工，声音成为乐音，剥除乐音的情感和意义的脑关联，乐音又恢复为单纯的声音。

二、味觉、嗅觉、肤觉与审美

关于味觉、嗅觉、肤觉和美感的关系，我们首先要从美感和快感的关系谈起。围绕着快感和美感，美学家对味觉、嗅觉、肤觉和美感的关系主要存在几种观点：（1）美感不是快感，两者应当划清界限，味觉、嗅觉和肤觉属于低级感觉器官，不能成为美感器官；（2）美感混同于快感，两者等同，味觉、嗅觉和肤觉就是美感器官；（3）美感区别于快感，但两者存在千丝万缕的联系，味觉、嗅觉和肤觉“获得的快感，有时也可以渗透到美感当中，有时可以转化为美感或加强美感”②。

① ［美］Michael S. Gazzaniga 等：《认知神经科学——关于心智的生物学》，周晓琳、高定国等译，北京，中国轻工业出版社，2015，第 145 页。

② 叶朗：《美学原理》，北京，北京大学出版社，2009，第 114 页。

持第一种观点的我国当代美学家主要有朱光潜、李泽厚等。

> 美感与实用活动无关，而快感则起于实际要求的满足。[①]
>
> 为什么味觉、嗅觉、触觉不能成为主要的审美器官，因为它与个体需要和享受直接关联得太紧密，带有直接功利性质，动物性的因素仍然很强。为什么视觉和听觉能成为主要的审美器官（包括在文学领域，也是与视觉、听觉相关的想象、表象最为发达），就是因为它失去了个体利己主义的性质，更多地是人化了的感觉，在这种感性中，充满了社会性的东西，它们已经成为社会人的主要器官。[②]

朱光潜、李泽厚先生认为：味觉、嗅觉、肤觉不属于审美器官，快感与美感截然不同。他们的观点代表了当前我国美学界的主流观点。

持第二种观点的主要有达尔文、弗洛伊德等。

达尔文及进化论美学学者认为，所有快感与快目、中听在心理过程和心理等级上均没有本质差别。[③] 进化论学者普遍认为，人类和动物类似，在选择、争取以及获得饮食、配偶、栖息地的过程中，获得了回报性的愉悦感，这种愉悦感和美感是没有本质区别的。

以弗洛伊德为首的精神分析学派认为，力比多是人们一切行为的原动力。力比多也就是性和生命欲望的原始驱动剂。因而，诸如艺术行为等人类基本活动都源自生命本能的压抑和释放的过程。例如，俄狄浦斯恋母情结和厄勒克特拉恋父情结是许多艺术家创作动机的来源。以此为核心观点的精神分析学派自然而然地将美感与快感画上了等号。

第三种观点的主要代表有叶朗、刘骁纯等。

> 人的美感是由动物的快感进化而来的，审美尺度是由审愉快尺度进化来的，事物使主体以为美的那种属性是由事物使主体愉快的属性进化来的。[④]
>
> 在这种精神愉悦和生理快感的复合体中，占主要地位的是精神愉悦。[⑤]

---

① 朱光潜：《谈美》，桂林，漓江出版社，2013，第 27 页。

② 李泽厚：《美学三书》，合肥，安徽文艺出版社，1999，第 514 页。

③ 参见刘骁纯：《从动物的快感到人的美感》，济南，山东文艺出版社，1986，第 65 页。

④ 刘骁纯：《从动物的快感到人的美感》，济南，山东文艺出版社，1986，第 32 页。

⑤ 叶朗：《美学原理》，北京，北京大学出版社，2009，第 114 页。

三种观点都持之有据，各有道理。考虑到历史和时代的影响因素，我们在这里并不一定要在三者当中择其善者，给出结论式的孰优孰劣、孰是孰非的判断。我们应该注意到每一种立场背后的合理性因素，在现有的成果上，继续推进美学向前发展。在第一种观点当中，我们应该看到在哲学美学传统中，美感对于生物本能的升华作用，美学和艺术用人类文化中的理性和情感引导生物本能的倾向；在第二种观点中，我们应当着重注意其寻找美感和快感的生理物质基础的执着精神；在第三种观点中，我们实际上是在寻找美感、快感和感知觉的协调阐释途径，其实在某种意义上，是在寻找神经生物科学和社会科学的对接点。第一种观点代表着社会科学传统中，达成哲学和社会文化的价值规约性；第二种观点来自生物学，追求精神文化现象的生理基础；第三种观点具有某种寻求和解前两者相互对立状态的倾向，在文化中看到生物性要素的作用，同时在人类本能中探寻人类文化影响的痕迹，接纳生物性要素和文化要素之间的交融互渗关系。

大多数当代认知神经美学学者注重美感和快感的区分，也注重两者的联系。过往，两者的区分主要是在语言概念层面和社会文化传统层面，这是观点和意见层面的事情；当前，寻找两者在神经生物基础方面的显著区别和联系，才是研究者的主要任务，这是科学事实方面的事情。两者在神经生物基础方面，很难给美感和快感作出截然的划分，从当前的研究来看还存在着诸多难以清晰区分的模糊地带，“明显不存在专门处理审美感觉、情绪或意义的特定的神经网络”①。例如，人类的前扣带皮层（anterior cingulate）、眶额叶皮层（orbitofrontal cortex）、伏隔核（nucleus accumbens）等区域作为价值回报中心，在文化性回报和生物性回报中都被激活。②

一般来说，快感相当于生物性情绪，而美感是一种高级社会性情绪，两者都是情绪的某种状态。西方当代情绪研究者引入了生物性情绪或曰非社会性情绪（biological emotion/nonsocial emotion）和社会性情绪（social emotion）两个维度，研究社会性情绪和非社会性情绪的生物基底的区别和联系，对于我们认识快感和美感具有借鉴意义。

---

① [美]安简·查特吉：《审美的脑——从演化角度阐释人类对美与艺术的追求》，林旭文译，杭州，浙江大学出版社，2016，第5页。

② Jennifer C. Britton etc, “Neural Correlates of Social and Nonsocial Emotions: An fMRI Study”, *NeuroImage*, No.31, 2006, pp.397-409.

> 所有的状况[①]都激活了丘脑。食欲和恶心的感觉激活了后脑岛和视皮层，而社会性的快乐/娱乐和悲伤激活了泛杏仁体结构、颞上回、海马体和后扣带皮层。前扣带皮层、伏隔核、眶额叶皮层和杏仁体内的活动受到社会性和生物性两种维度的调节。总而言之，研究结果高度强调了社会性要素在加工情感效价方面具有重要的作用，这一发现或许对于有社会性情感缺陷的病患群体具有一定的意义。[②]
>
> 眶额皮质的后内侧部分在巧克力有高度奖赏价值和被试的想吃动机强烈时被激活。相反地，眶额皮质的后外侧部分在吃饱状态，也就是巧克力并无奖赏价值和想吃动机很低时被激活这样，眶额皮质似乎是高度特化的味觉加工区域，包含分离的区域，分别加工食物奖赏价值谱的相反两极。[③]

通过第一段研究结果，我们发现非社会性情感和社会性情感具有共同的神经生物基础——丘脑部分。生物性情感激活了大脑中古老的区域——后脑岛和视皮层；社会性情感则激活了泛杏仁体结构、颞上回、海马体和后扣带皮层。生物性和社会性要素都可能调节大脑中晚近发育出的高级区域——眶额叶皮层、伏隔核、前扣带皮层等。由此，我们就不再特别纠结于美感和快感的语义层差别，而更加在乎其神经生物层面的联系和区别。

在第二段文字材料当中，我们发现味觉引发食欲的自然需求动机和动机被满足时，也在高级皮层区眶额叶皮层（分别对应后内侧、后外侧）发生明确的激活反应。这个区域“分别加工食物奖赏价值谱的相反两极”。此时，我们务必注意到此处的低级感觉（想吃和吃饱）是一般生物性的感受，但它却和社会性情绪一样关联着大脑内部的奖励（回报）系统。一般

---

① 所有的状况指的是，实验设计中的非社会性情绪和社会性情绪的刺激物。

② Jennifer C. Britton etc, “Neural Correlates of Social and Nonsocial Emotions: An fMRI Study”, *NeuroImage*, No.31, 2006, pp.397-409. “All conditions activated the thalamus. Appetite and disgust activated posterior insula and visual cortex, whereas joy/amusement and sadness activated extended amygdala, superior temporal gyrus, hippocampus, and posterior cingulate. Activations within the anterior cingulate, nucleus accumbens, orbitofrontal cortex, and amygdala were modulated by both social and valence dimensions. Overall, these findings highlight that sociality has a key role in processing emotional valence, which may have implications for patient populations with social and emotional deficits.”

③ [美]Michael S. Gazzaniga 等：《认知神经科学——关于心智的生物学》，周晓琳、高定国等译，北京，中国轻工业出版社，2015，第 151 页。

认为，眶额叶皮层主要包含了社会性认知情感判断的加工过程。通过现有的认知神经科学证据来看，美感与快感在脑内的奖励系统（眶额叶皮层）是混融在一起的。能否在眶额叶皮层内进行细分来区分美感和快感反应区，有待进一步研究。

另外，还有研究发现：脑内有两套奖励系统，即喜欢系统与想要系统。两套系统距离很近，常常一起活动。但也存在分开活动的情况，即喜欢却不想要，或者想要却不喜欢。喜欢却不想要属于社会性无功利性的美感，想要却不喜欢则属于纯粹生理快感。吸毒者对于毒品就是这种渴望远远超过喜欢的快感状态。[①] 这种对于“喜欢的”和“想要的”进行的经验性区分，能否找到神经科学证据，也值得期待。

就现在所掌握的认知神经科学材料来看，味觉、嗅觉和肤觉方面的满足都能带来神经回报系统的激活。但是，不可忽视这种生物性回报与社会性情感回报之间确实存在巨大的差异。后者操控的区域对于人们的日常生活具有更大的影响。我们不禁会想，低级感官是怎样渗透进入高级感官，影响高级情感的呢？高级感官又有怎样的信息通道来影响反作用于低级感官呢？学习和记忆机制在这里起到关键作用。事件性关联是众多记忆信息通路当中重要的一条。[②] 嗅觉与味觉常常组合在一起，肤觉是躯体感觉的一种，他们都具有非常强大的事件性关联作用。那么，传统认为的低级感官味觉、嗅觉和肤觉完全可以通过事件关联性记忆与高级感官引导下的社会性情绪紧密结合起来。

除了生物性情绪可以激活和文化性情绪相类似的回报中心，而可能获得奖励性的愉悦之外，事件性关联使得低级感官和高级感官联结起来，使得生物性快感和社会性美感存在建立联系的可能性。此时，神经信息通路当中存在着初级加工和次级加工两个层级。以嗅觉为例，存在嗅觉初级加工皮层和嗅觉次级加工皮层，次级加工皮层即存在于高级情绪中枢——眶额叶皮层当中（见图 5.3）。

---

① 参见[美]安简·查特吉：《审美的脑——从演化角度阐释人类对美与艺术的追求》，林旭文译，杭州，浙江大学出版社，2016，第 4 页。

② 见后文记忆机制神经通路。

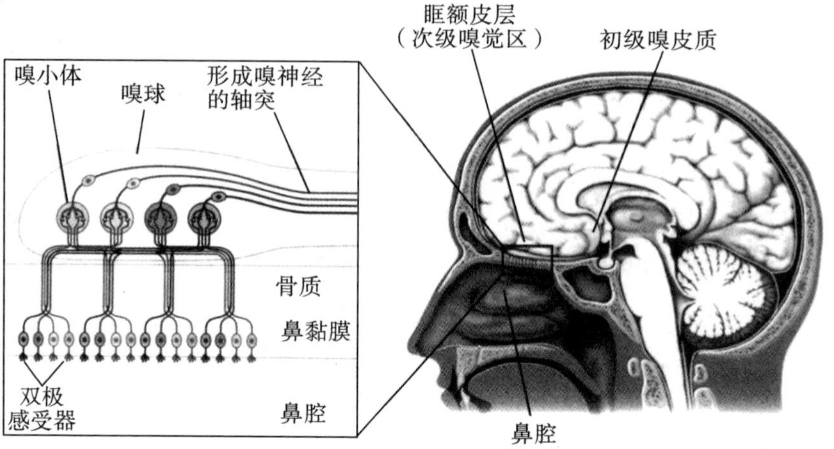

图 5.3　鼻腔嗅觉感受器与初级嗅皮质的联系

（资料来源：［美］Michael S. Gazzaniga 等：《认知神经科学——关于心智的生物学》，周晓琳、高定国等译，北京，中国轻工业出版社，2015，第 147 页）

另外，认知神经科学家还对气味与记忆之间紧密联系的原因进行了如下分析：

> 为什么气味会与记忆如此紧密相关？一些科学家相信原因在于嗅皮质与边缘皮质的直接连接，边缘皮质是记忆和情绪主要涉及的一个区域。通过 fMRI，Rachel Herz 发现当刺激被用来触发有意义的个人记忆时，气味比相关的视觉刺激更加稳定地激活了边缘系统（2004）。更进一步的研究证实了气味和记忆之间的联系，海马损伤病人的气味识别能力受到严重损害（Levy 等，2004）。①

气味与记忆紧密联系，气味也就易于与美感建立稳定的关联。

在文学艺术作品和日常生活中，味觉等低级感官与审美紧密联系的事例数不胜数。作家马尔克斯（Gabriel García Márquez）在《百年孤独》（*One Hundred Years of Solitude*）中描写何塞·阿尔卡迪亚·布恩迪亚冒险穿越原始丛林时综合地运用了各种感官，其中嗅觉、味觉和肤觉的描写让人拍案叫绝。这些感官感受连同视听感受，一齐冲击着读者的感官，

① ［美］Michael S. Gazzaniga 等：《认知神经科学——关于心智的生物学》，周晓琳、高定国等译，北京，中国轻工业出版社，2015，第 149 页。

形成了主人公、作者和读者之间的共鸣。精彩的描写甚至让人们追忆起那些远古的记忆：

> 他们沿着乱石遍布的河岸下到数年前找到盔甲的地方，从那里经野生橘林中的一条小径进入森林。走了快一个星期的时候，他们打了一头鹿来烤熟，决定只吃一半，把另一半腌好留待后日，希望借此尽量推迟拿金刚鹦鹉充饥的日子，因为那蓝色的鸟肉有股浓烈的麝香味。此后的十多天，他们从未见到太阳。地面变得柔软潮湿如火山灰，林莽日益险恶，鸟儿的啼叫和猿猴的喧闹渐行渐远，天地间一片永恒的幽暗。在这潮湿寂静、远在原罪之先就已存在的天堂里，远征队的人们被最古老的回忆压得喘不过气来，他们的靴子陷入雾气腾腾的油窟，砍刀斩碎猩红的百合与金黄的蝾螈。整整一个星期，他们几乎没有说话，只借着某些昆虫发出的微弱光亮，像梦游人一般穿过阴惨的世界，肺叶间满溢令人窒息的鲜血味道。他们无法返回，因为辟出的道路转瞬就被新生的植物再次封闭，其生长速度几乎肉眼可见。“不要紧”，何塞·阿尔卡迪亚·布恩迪亚说，“重要的是别迷失方向。”他始终拿着罗盘，带着队伍走向看不见的北方，直到走出这片着了魔的土地。①

这一段描写综合地调动了人们的五官感受，仿佛一部感官与情绪的交响乐，把读者带到那神秘阴暗、具有远古气息的南美洲“魔区”，身临其境。嗅、味觉描写有：强烈的麝香味儿；油气腾腾；血腥气味。躯体感觉有：脚下土地变得潮湿、松软起来，好像火山灰；鞋子陷进深坑；往看不见的北方前进。听觉描写有：飞禽的啼鸣和猴子的尖叫越来越远。视觉描写有：肉是蓝色的；血红色的；金黄色的；没有阳光；萤火虫闪烁的微光；新的野草。通过这部感官与情绪的交响乐，读者感受到了压抑、惨淡、凄凉，仿佛置身于原罪以前的蛮荒世界，勾起了“远古的回忆”。这些感官与冒险这件事件关联起来，产生了强烈的审美效果。

另外，从中国美学史的实际情况来看，味觉对美感形成也具有巨大的贡献。《说文解字》曰：“美，甘也，从羊从大，在六畜主给膳也。”②

---

① ［哥］加西亚·马尔克斯：《百年孤独》，范晔译，海口，南海出版公司，2020，第10页。

② （汉）许慎：《说文解字》，北京，中华书局，2007，第78页。

“味”之美，在中国美学史上具有独特的地位，趣味、兴味、品味、韵味、滋味、味道等诗学概念都有极大的影响。中国古代“味”之美，体现了从低级感官到高级情感之间的引渡和关联，即生物性感官欣快和情绪与高级社会情绪之间的历史对接过程。①

综上，虽然嗅觉、味觉和肤觉与生存功利需求联系非常紧密，在事件关联记忆方面具有独特的优势，且从美感的哲学美学传统定义来看，三者并非美感的主要构成器官，但是，作为整合之脑的组成部分，味觉脑、嗅觉脑和躯体感觉脑的激活会引起以该感知觉为主的联觉反应，必然服务于审美感受的生成、审美记忆的形成以及审美期待的塑形。

嗅觉、味觉和肤觉与高级审美情感的关联也再次证明了联觉是一种感觉的混合，同时联觉也随时调动着情绪反应，成为美感的混合运算法则。“触发联觉的刺激是诱发物，联觉的反应是并发物。”② 事物可以激发生物性感受和情绪的属性属于联觉的诱发物，高级审美情感则属于联觉的并发物。

三、躯体感觉与审美

躯体感觉的联觉体验也是显而易见的。躯体感觉与美感的关联问题我们将在下一章中详细分析。此处，我们结合《毛诗序》中诗、乐、舞同源来简要介绍躯体动觉与语言审美、音乐审美的联系。

躯体感觉包括诸多方面，如压力觉、温度觉、运动觉等。其中，运动觉表现最广泛，与美感联系也最紧密。

> 诗者，志之所之也，在心为志，发言为诗。情动于中，而形于言。言之不足，故嗟叹之；嗟叹之不足，故永歌之；永歌之不足，不知手之舞之，足之蹈之也。③

《毛诗序》中的这段论述主要揭示了诗歌的起源、性质等方面的内容。

---

① 这方面的研究论文有：方红梅：《梁启超趣味论研究》，武汉大学博士学位论文，2008；邵鸿雁：《中国美学“味”范畴新论》，吉林大学博士学位论文，2011；贡南华：《中国早期思想史中的感官与认知》，《中国社会科学》2016 年第 3 期；等等。

② ［美］Michael S. Gazzaniga 等：《认知神经科学——关于心智的生物学》，周晓琳、高定国等译，北京，中国轻工业出版社，2015，第 176 页。

③ 王运熙、顾易生主编：《中国文学批评史新编》上册，上海，上海古籍出版社，2001，第 46 页。

我们在论述中可以看出诗歌、音乐和舞蹈三者之间的内在联系。有些情感，语言不足以表达，则要借助歌曲来抒发；歌曲不足以表达，则要借助舞蹈来传达。诗、乐、舞同源于内心的情志，情志是三种艺术形式内在联结的线索。我们在这里主要应该看到的是，三者是可以关联起来的，也就是内在感觉和情绪上，三者是相通的。通过《毛诗序》的这段论述，我们可以从文论的角度，看出不同的感觉形式、情绪感受、艺术表达方式之间在神经生物基础上是联通的。舞蹈作为躯体感觉运动的主要艺术表达形式，与音乐和诗歌也是密切联通的。诗、乐、舞联通的主要神经基础就在于联觉。联觉打通了各种感觉、知觉通道，在审美的情绪体验与表达方面实现了三者的统一。

四、视觉与审美

视觉被称为艺术之王，研究著作斗量车载。我们在此不做深入展开，不能面面俱到，只介绍一下当前颜色联觉研究方面取得的最新成果。事物的不同属性之间存在联觉，颜色联觉最为明显。在西方，字母和数字通常与颜色紧密联系。

在颜色—字母、颜色—数字联觉实验中，研究者发现至少五个区域在这个联觉反应过程中被激活。(1) 枕颞叶皮层的双侧激活。(2) 顶叶皮层的集群激活，包括后顶叶皮层的左顶上小叶、右顶上小叶、顶下小叶、右下顶叶。其中，后顶叶皮层在视觉特征捆绑中发挥主要作用。(3) 双侧脑岛和岛盖，该区域与联觉的情绪体验有关。(4) 中央前回，该区域被激活说明更广泛的大脑网络区域被牵连进来。(5) 额叶，该区域说明联觉与认知控制有关。由以上实验数据，研究者推论，联觉体验不仅涉及相关脑区，也牵涉所有相关大脑网络区域；同时还有感觉加工、捆绑加工和认知控制加工三个不同的认知加工过程。①

颜色—字母、颜色—数字联觉只是千千万万种联觉大脑通路中的两种，由于相对稳定和普遍，易于进行实验操作，所以西方联觉研究大多以此作为起点。我们还要看到，除此之外，各种感觉通道之间都存在联通的现实性与可能性，这在艺术作品中表现得尤为突出。通感、博喻等修辞手法的神经生理基础即是认知神经科学基础上的联觉现象。

① 参见陈丽君、赵伶俐等：《审美的身心基础》，北京，北京师范大学出版社，2016，第 159～163 页。

总体来看，对事物个别属性的感觉、微知觉[①]一起构成了知觉。知觉整合过程，实际上是各种感觉内部不同属性之间的共鸣，也是不同感觉共同激活的效果。联觉是感觉、微知觉整合的过程。人们通过各种基本感觉接受世界知识，借助联觉（感知觉的整合过程）得以生成认知判断和各种审美情绪。

五、联觉与美感

“感觉被混合的现象，或者叫做‘联觉’（synesthesia，或 synaesthesia），来自于希腊单词‘syn’（‘联合’或‘一起’）以及‘aesthesis’（感觉）。联觉的特征是由感觉通道之间（或之内）一个特殊的联合来刻画的。”[②]

联觉现象早已经存在于日常生活和各种审美现象当中，在认知神经科学教材中它被作为一种病灶进行描述，现在已经被广泛研究的有字母—颜色、数字—颜色、声音—颜色等。这种神经生理性病症不会给我们的日常生活带来妨碍，恰恰相反，它给我们带来了更加丰富的审美感受。

在现代汉语中，联觉常常作为一种修辞手法被广泛地使用。如果我们打开文学史当中的经典作品或者艺术家的创作谈，联觉现象俯拾即是。它是艺术创作中不可或缺的一种感觉思维方法。

认知神经科学与认知神经美学已经开始探讨联觉现象。近年来，西方联觉研究更是呈现井喷之势，我们在了解几种联觉的神经生物基础之后，更多地关注其对我们的审美情感的影响。在结合具体作品分析的过程中，放大联觉的审美心理功能，进一步讨论联觉的更广阔的认知神经基础及其与审美情感的关系。

如果说相对单调的神经成像实验过程和结果仅仅提供了些许最基础的客观论证，仅仅从细枝末节提供了微观证明，不足以让我们感受到联觉之于审美的巨大贡献，那么当我们打开海伦·凯勒（Helen Keller）的《假如给我三天光明》（*Three Days to See*），我们就会知道联觉对于一位失去视觉能力的人来说是多么重要，联觉对于人们审美地、艺术化地理解世界是多么重要。在通常情况下，我们都被赋予了超级强大的视觉能力，其他感知觉能力在某种程度上渐渐退化。唤醒和培养多感觉通道联合的能力可

---

① 德国唯心主义哲学家莱布尼茨用语，指不清楚的、不自觉的知觉。他认为微知觉同清楚的知觉或统觉只有程度上的差别，而无性质上的不同；清楚的知觉由微知觉发展而成。参见辞海编辑委员会：《辞海》哲学分册，上海，上海辞书出版社，1980，第 274 页。

② [美]Michael S. Gazzaniga 等：《认知神经科学——关于心智的生物学》，周晓琳、高定国等译，北京，中国轻工业出版社，2015，第 171 页。

以培养我们的审美鉴赏力和艺术创造力。

联觉的脑神经基础获得越来越深入的探索。研究者发现，“当蒙着眼睛的联觉者听到一个单词时，负责听觉和色觉的大脑区域的活动同时发生”①，而无联觉者却只能发现听觉脑区的活动响应。最新研究表明：不同联觉理论基于不同的联觉产生原因（见表 5.1），不同的联觉类型具有不同的响应热度（见表 5.2）。在这个重要而迅速发展的领域，研究者也追寻到了最基础的神经元层面。

表 5.1　基于脑功能的联觉理论

理论	联觉因
联觉作为非正常的脑功能：	
“错接”	脑感觉区之间的错接
“渗漏”	相近脑区之间的信息渗漏
“错误反馈”	脑中反馈的错误运行
联觉作为正常的脑功能：	
“边缘系统”	脑边缘系统中的情绪结构
“新生儿剪裁”	新生儿神经连接“剪裁”
“脑可塑性”	脑区的功能性重组
“神经抑制解除”	原神经连接抑制的永久激活

（资料来源：Cretien van Campen，*The Hidden Sense*：*Synesthesia in Art and Science*，Cambridge：The MIT Press，2007，p. 123）

表 5.2　联觉者报告的联觉类型

联觉类型	百分比	联觉类型	百分比
字素→颜色	64.9	气味→滋味	0.1
时间单位→颜色	23.1	气味→温度	0.1
音乐声音→颜色	19.5	气味→触觉	0.6
一般声音→颜色	14.9	声音→动觉	0.5
音素→颜色	9.2	声音→气味	1.6
音符→颜色	9.0	声音→滋味	6.1
气味→颜色	6.8	声音→温度	0.6

① Cretien van Campen，*The Hidden Sense*：*Synesthesia in Art and Science*，Cambridge：The MIT Press，2007，p.5.

续表

联觉类型	百分比	联觉类型	百分比
滋味→颜色	6.3	声音→触觉	3.9
疼痛→颜色	5.5	滋味→声音	0.1
个性→颜色	5.4	滋味→温度	0.1
触觉→颜色	4.0	滋味→触觉	0.6
温度→颜色	2.5	温度→声音	0.1
性高潮→颜色	2.1	触觉→气味	0.3
情绪→颜色	1.6	触觉→声音	0.3
情绪→气味	0.1	触觉→滋味	1.1
情绪→滋味	0.1	触觉→温度	0.1
动态→声音	0.3	视觉→气味	1.1
词位→滋味	0.6	视觉→声音	2.6
音符→滋味	0.2	视觉→滋味	2.8
个性→气味	0.3	视觉→温度	0.2
个性→触觉	0.1	视觉→触觉	1.5
气味→声音	0.5		

注：871 份案例报告中的联觉类型。

（资料来源：Cretien van Campen，*The Hidden Sense*：*Synesthesia in Art and Science*，Cambridge：The MIT Press，2007，p. 131）

上丘神经元（SC neuron）在联觉发生中发挥着基础性的作用，视觉、听觉和躯体感觉空间的地图状再现（maplike representation）很好地体现了它的功能作用。这些单独的地形图（视觉的、听觉的、躯体感觉空间的）彼此处于一个空间寄存器中，并且具有相应的运动图的空间寄存器。因此，通过任何单个线索或任何一致线索的交叉模态组合激活任何 SC 位点，代表潜在的感官目标，并且可以启动转弯所需的运动（见图 5.4）。在上丘脑神经元的基础上，研究者将其视作一个联觉系统。这个优雅的系统已被用作一个模型，以了解在单个神经元水平上控制多感官整合的原则以及多感官变换本身。① 同时，研究者在猫被试实验中发现，外侧前沟（AES）及

① K. Sathian，V.S. Ramachandran，eds.，*Multisensory Perception*：*From Laboratory to Clinic*，Oxford：Academic Press，2020，pp.58-60.

其相关区外侧上沟喙侧（rLS）在联觉信息输入中发挥着作用。[①]

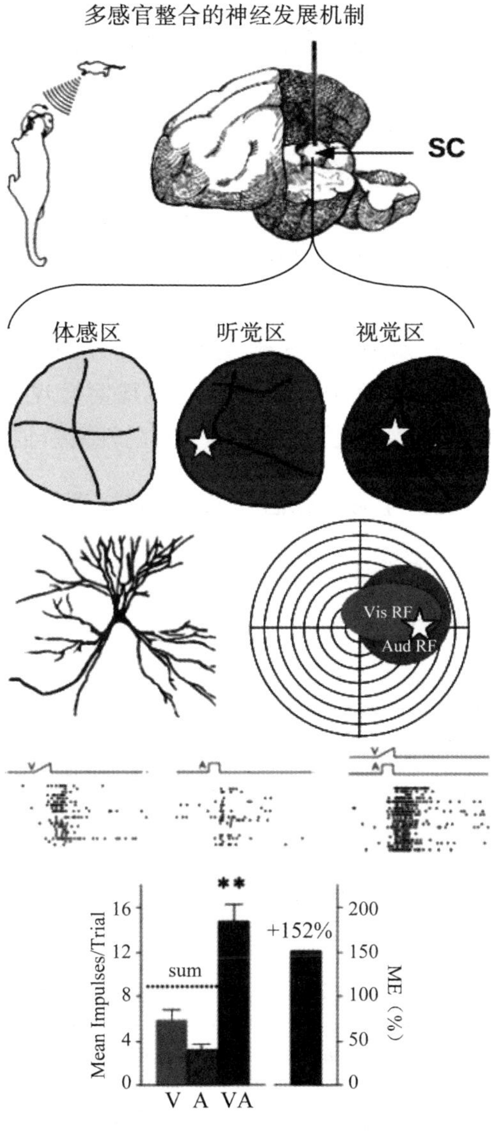

图 5.4　上丘脑的多感觉整合

（资料来源：K. Sathian, V. S. Ramachandran, eds., *Multisensory Perception*: *From Laboratory to Clinic*, Oxford: Academic Press, 2020, p. 60）

① K. Sathian, V.S. Ramachandran, eds., *Multisensory Perception*: *From Laboratory to Clinic*, Oxford: Academic Press, 2020, p.67.

第二节　学习、记忆与美感传承

“学习是获取新信息的过程，其结果便是记忆。”① 我们探讨美学问题时，广义的学习指的是一切外在事物属性，通过感官以信息的形式内化为审美记忆的过程。那么，美感都是由学习而获得的。在人类的童年时代，本能的先天生物性要素（饮食、男女、安全）是人类情感发生的功利性基础，成为美感学习的前提条件；人类走向成年时代，精神文化性动机（爱、尊严、自我实现）则越来越多地主导学习的内容，此时，人类似乎可以超越生存功利性需求，而注意到那些无规律而合规律性的真理之美、无功利而合功利性的形式之美、无目的而合目的性的价值之美。

一、学习、记忆的美感关联概说

行为主义和认知主义关于学习理论存在明显的差别（见表 5.3），两种学习理论都对美感研究有一定启示作用。

表 5.3　行为主义和认知主义的学习理论的比较分析

	行为主义学习理论	认知学习理论
学习的定义	通过练习、强化建立 S-R 联结	通过顿悟、理解形成认知结构
学习的内容	强调习惯的形成	强调认知结构和期待的改变
学习的测量	以行为速率的改变来测量	以行为模式和类型来平衡
学习模式	渐进过程	突变过程
学习的决定因素	强调环境的决定作用	强调遗传和环境的交互作用

（资料来源：孟昭兰主编：《普通心理学》，北京，北京大学出版社，2000，第 267 页）

此外，皮亚杰的“图式论”（见图 5.5）也从学习论的角度，启发着我们对于美感现象的认知。

① ［美］Michael S. Gazzaniga 等：《认知神经科学——关于心智的生物学》，周晓琳、高定国等译，北京，中国轻工业出版社，2015，第 272 页。

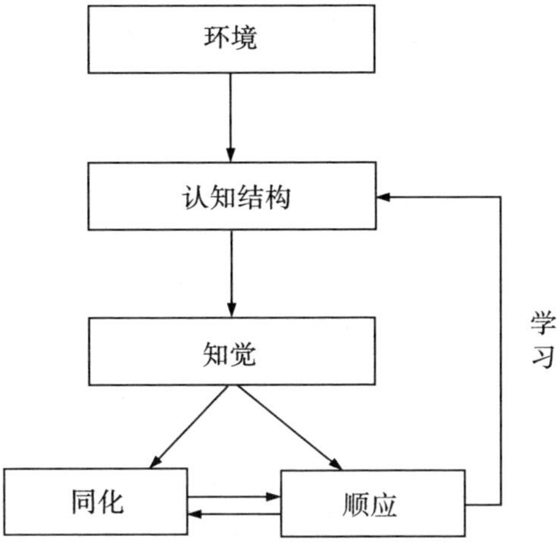

图 5.5　皮亚杰认知图式

（资料来源：孟昭兰主编：《普通心理学》，北京，北京大学出版社，2000，第 263 页）

人脑的运行仿佛一部生物性的机器，加工着我们外部感官获得的世界信息。人脑信息加工包括生物性内容和文化性内容，随着人类深入地参与社会生活和生产实践，人类感官获取这两种信息内容能力不断增强。在生活和生产实践当中，神经元细胞高速增长，分类不断清晰，神经元之间的通信联系不断加强，逐渐形成了功能化脑区。这个过程就是人类抽象能力不断建立和完善的过程。抽象能力使得大脑功能空前增强，摆脱了物质世界的混沌状态。因而，认知神经美学认为抽象能力是智能的前提，而“人类智能的高度发展直接造成审美发生”①。

“信息化”的大脑的实际运行状态实则遵循着生物化原则。“大部分有关记忆的细胞基础的模型认为记忆是在神经网络中的神经元间的突触接触强度变化的结果。Hebb 指出，如果突触在突触后神经元被激活时激活，突触将被加强；这一现象被称为 Hebbian 学习（Hebbian Learning）。”② 审美记忆在细胞层面即是这种神经元突触联结强化的结果，这种强化使得美感信息环路得以形成。从感觉信息到奖励中枢，从奖励中枢到躯体行为，构成了美感运行的神经环路和个体日常行为环路。

① 李志宏主编：《认知美学教程》，长春，吉林大学出版社，2012，第 84 页。

② ［美］Michael S. Gazzaniga 等：《认知神经科学——关于心智的生物学》，周晓琳、高定国等译，北京，中国轻工业出版社，2015，第 309 页。

二、记忆环路的美感关联

认知神经科学关于记忆进行了以下分类和概括（见图 5.6）。

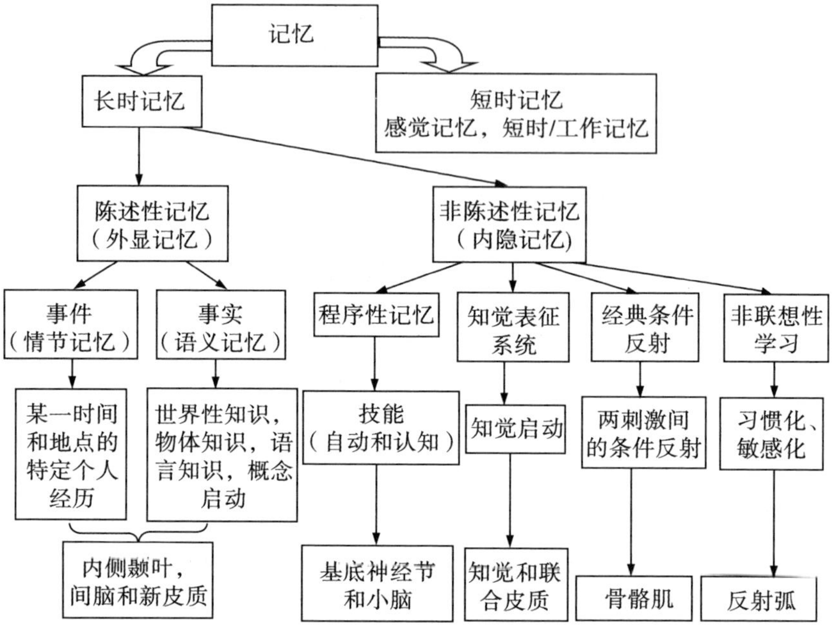

图 5.6　广义的长时记忆与不同脑区之间的关系图

（资料来源：［美］Michael S. Gazzaniga 等：《认知神经科学——关于心智的生物学》，周晓琳、高定国等译，北京，中国轻工业出版社，2015，第 312 页）

其中，长时记忆中的事件、事实、知觉表征系统和非联想性学习与美感的关系最为密切。我们需要注意，长时记忆中的陈述性记忆（外显记忆）和非陈述性记忆（内隐记忆）是互为表里的两套程序，但是两者之间并非时间上的并列关系，而是在记忆过程中相互渗透的关系。陈述性记忆需要非陈述性记忆作为神经生物性支撑，内隐记忆的过程表达出来即成为陈述性记忆，没表达出来的部分依然在“无声无息地”发生着。① 陈述性记忆和非陈述性记忆的神经环路之间是交叉混合的，还是每种不同类型的记忆是“由不同的神经环路和脑系统支持的”②，这两种设想都需要进一

① “陈述性记忆(declarative memory)是我们可以通过有意识的过程而接触的知识，包括个人和世界知识。相对的，非陈述性记忆(nondeclarative memory)是那些我们无法通过有意识的过程而接触的知识。”“非陈述性记忆包括多种记忆形式，它们在外显记忆不存在的情况下，也可以被学习并保存下来。”([美]Michael S. Gazzaniga 等:《认知神经科学——关于心智的生物学》，周晓琳、高定国等译，北京，中国轻工业出版社，2015，第 278、280 页)

② [美]Michael S. Gazzaniga 等:《认知神经科学——关于心智的生物学》，周晓琳、高定国等译，北京，中国轻工业出版社，2015，第 281 页。

步的神经科学证据。

两种记忆类型无论是否存在神经机制的交叉，记忆机制一定是与感知觉加工联系在一起的。联觉处在感知觉信息加工中的次级皮层区，其中也必然包括了记忆的过程。“我们无需认为知觉加工和对该加工的记忆有不同的神经机制。”① 因而，知觉一边加工知识信息，一边把知觉信息转化为记忆。那么，审美知觉与审美记忆的关系和知觉与记忆的关系是类似的。

如果我们把联觉作为认知模块的感知觉部分的话，记忆也是认知模块中不可或缺的基本内容。记忆发挥着参考系的作用，它对新输入的感知觉信息进行加工，把新信息存入记忆库，同时调动过往的记忆系统，形成事物的表象（representation）。在认知神经学界出现了知觉与表象是否相同的问题。“知觉分类只解决了部分识别问题。要使关键信息发挥作用，必须把现有加工内容与我们贮存的有关视觉物体的知识相联系。”② 这也就是说，知觉对象经过记忆加工之后才成为表象。物何以美？要解答这个问题，必然不能绕开感知觉加工，以及之后进行的记忆加工和认知情感加工（见图 5.7）。表象形成之后，我们形成了对外物的日常认识，再经过认知情感加工，才能形成具有审美价值的意象或者艺象③。

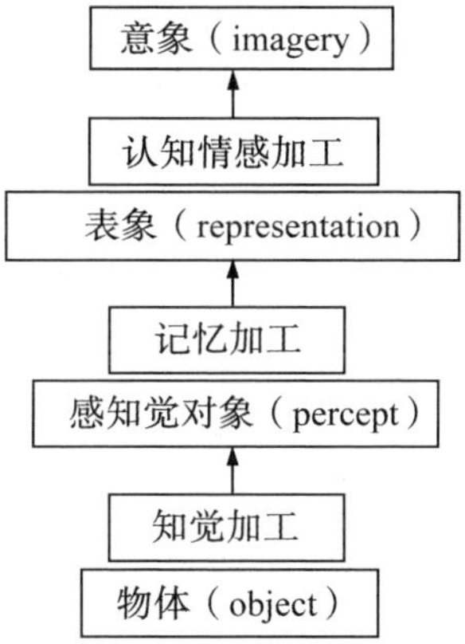

图 5.7　“物体—知觉对象—表象—意象”与心理加工过程的关系

图 5.7 所对应的记忆机制主要指的是非陈述性记忆中的知觉表征系统（perceptual representation system）。不同种类的记忆类型在进行脑信息加工时，引发不同的神经兴奋类型。我国认知神经科学家将记忆及其神经兴奋模式分为三类，“即程序性神经兴奋模式，未进入意识（无意识）的陈述性神经兴奋模式和有意识的陈述性神经兴奋模式”④。记忆及其神经兴奋模式的分类启示我们，不同类型的“审美对象”引发不同类型的记忆模式，进而激发美感。在图 5.7 中，情节性记忆、语义记忆、程序记忆都在不同层面激发着美感，为我们获

① ［美］Michael S. Gazzaniga 等：《认知神经科学——关于心智的生物学》，周晓琳、高定国等译，北京，中国轻工业出版社，2015，第 217 页。

② ［美］Michael S. Gazzaniga 等：《认知神经科学——关于心智的生物学》，周晓琳、高定国等译，北京，中国轻工业出版社，2015，第 220 页。

③ 艺象是在意象基础上经过艺术技法加工之后的新形式，它也是大脑信息加工的一个阶段，经过艺术家表达出来，则成为艺术作品。

④ 黄秉宪：《脑的高级功能与神经网络》，北京，科学出版社，2000，第 219～223 页，转引自李志宏主编：《认知美学教程》，长春，吉林大学出版社，2012，第 141 页。

得审美愉悦作出贡献。它们分别对应着叙事性艺术类型（小说、戏剧等）、描述性艺术类型（诗歌等）、技能操作性艺术类型（舞蹈、绘画、音乐等）。

学习和记忆作为审美信息加工和美感生成的重要环节，常常对人的美感起着决定性的影响。记忆是一个标尺，可以测量新信息的美感程度。我们常说，世界上并不缺少美，只是缺少发现美的眼睛。这双发现美的眼睛就必然包含能够测量事物之美的内心尺度——记忆。美育的重要作用就在于通过审美教育增加美的记忆，扩充美的容积，培养美的标准，善于在日常事物中发现美，也善于在日常的美的事物中甄别具有更高艺术美感的造物和作品。

第三节　认知、情绪与美感生成

情绪作为一般心理过程的一个重要环节，实际上与美感关系最为紧密，甚至可以说美感研究的核心内容全在情绪部分。然而，从当前的研究来看，这也是最为棘手的一部分。虽然棘手，我们还得啃下这块硬骨头，非此不能说清美感的本质。首先我们要了解一下何为情绪？当前认知神经科学、心理学领域已经获得哪些研究成果？

在本章开头的部分，我们已经介绍过情绪和情感的基本差别。在心理学词汇的含义中，相对于情感，情绪具有瞬时性、生物性和变化性；相对于情绪，情感则具有长时性、社会性和稳定性。在汉语词汇中，两者含义差异明显。在普通心理学中，情绪一般作为心理过程的主要研究对象之一，是一种复杂的心理现象，包含情绪体验、情绪行为、情绪唤醒等复杂成分。[①] 在英语语境中，学者们通常“把区别于认识活动、并同人的特定需要相联系的感情性反应统称为感情（affection）。它一般地包容着情绪和情感的综合过程。由此看来，无论情绪或情感，指的乃是同一过程和同一现象”[②]。因而，从宏观来看，美感的心理层面包含着情感和情绪两个

① 参见黄希庭、郑涌：《心理学导论》，北京，人民教育出版社，2017，第 484 页。

② 孟昭兰主编：《普通心理学》，北京，北京大学出版社，2000，第 389 页。书中有关于情绪的进一步解释：情绪这一术语按照蒙纳（Murray，1888）字典，来自拉丁文 e（外）和 move（动），表示从一处向外移到另一处。例如，“雷……引起空气的流动”（1708），“冰在山洞里流……是由于震动”（1758），“群众的扰动是由于……所引起（1709）”。这里无论是在物理学或社会学上以及在不同时代所使用“流动”“震动”“扰动”，都是 emotion 这个词。后来，这个词用于表示人的精神状态，例如，“快乐的满足一般称之为 emotion”（1762）。由此可见，情绪一词在词源上是用来描述一种“动”的过程。现在它已不再在物理学和社会学范畴上使用，而限定标示精神的活动。因此，把情绪一词限定标示感情的活动过程，就严格地规定了它的内涵。

方面内容，而狭义层面专指审美情绪。

认知即知觉和认识的过程（也就是那些产生意识、感知和推理的东西）。① 认知心理学是在行为主义心理学退潮过程中，逐渐成为当代心理学主流的心理学流派。认知心理学强调对心智的神经心理研究，特别在和神经科学携手以后，获得了更加广阔的发展空间，在人类神经心理规律方面取得了一系列的研究成果。

认知和情绪两者之间存在着千丝万缕的联系，两者都对美感有重要的影响。对于两者关系的把握方式，决定着美学研究的基本态度，自然也决定着美感的基本内涵。本节我们结合情绪和认知的基本规律以及两者之间的关联，探究美感的内在心理机制。

一、情绪和美感

情绪和美感的关系是一个尚待澄清的美学基本问题，本节重点讨论这组关系。情绪是一个心理学概念，美感是美学的基本问题。将两个学科领域的问题进行对比是否有必要，有价值？答案是肯定的。我们需认识到，探讨这组关系不仅有必要，而且势在必行，唯有梳理清楚两者的关系，我们才能让美感在科学的心理学领域找到合理的定位，才能给哲学化的美感问题以科学的解答；唯有解释清楚两者的关系，我们才能在以美感为代表的复杂情绪问题的理解方面获得进一步的推进。在讨论情绪和美感关系之前，我们先从心理学角度简单介绍情绪理论的主要流派和观点。

（一）关于情绪的理论和层次问题

当前主要情绪理论有詹姆士—兰格理论、坎农的丘脑理论、沙赫特情绪的认知—激活理论、情绪的不协调理论与信息加工理论以及情绪的动机分化理论、情绪的关键脑区理论、情绪的神经环路理论②等。综合来看，情绪理论主要围绕着环境、身体和大脑的关系，大脑的情绪功能区和大脑的情绪神经环路等方面开展了诸多研究，形成了不同的理论学派。

从情绪的复杂程度来看，一般分为基本情绪和复合情绪。情绪的多成

---

① 参见[美]Michael S. Gazzaniga 等：《认知神经科学——关于心智的生物学》，周晓琳、高定国等译，北京，中国轻工业出版社，2015，第 3 页。

② 参见沈政、方方、杨炯等：《认知神经科学导论》，北京，北京大学出版社，2010，第 133 页。四条回路以额叶地理和功能分区进行区分：(1)额叶认知和运动回路，由脑岛叶、纹状体和眶额叶皮层区所组成；(2)内侧前额叶回路，包括皮层下结构、初级视皮层、枕颞顶联络区、颞上沟、后扣带回和小脑，这个回路可能具有情绪调节、知觉、注意等多种认知功能；(3)背内侧前额叶与中脑部分区域进行双重调节，这个环路在外界环境对自己和他人的利害关系评价中发挥作用，在人们知觉和情绪体验过程中，这个功能回路也具有十分重要意义；(4)另外三个前额叶区：右侧额盖区、前扣带回背区和前下区，都与杏仁核有密切的共激活关系。

分复合过程，包括内在体验、外显表情和生理激活。情绪的多维结构，包括快乐度、紧张度、冲动度及确信度等。情绪的多水平整合，生理层级包括脑皮质、自主神经系统调节的内脏系统、内分泌系统等；情绪的心理层级包括感觉、知觉、意识、人格等多个层级，此时情绪即是广义的情感。①

（二）情绪的神经基础问题

情绪的神经化学基础在神经信息传递一章已经介绍过，情绪的神经脑区基础在前面的介绍中也提及较多。

当前，情绪的神经机制（神经环路）是神经科学的主要课题。比较重要的情绪神经环路理论有以下三种。

（1）Papez 回路（见图 5.8）。1937 年，詹姆斯·帕佩兹（James Papez）认为情绪脑区应该主要包括扣带皮层、海马、下丘脑和丘脑前核，这些脑区相互联系形成了情绪脑的神经环路，这成为情绪脑的早期理论。后来，保罗·麦克林（Paul MacLean）把帕佩兹的研究理论命名为 Papez 回路。

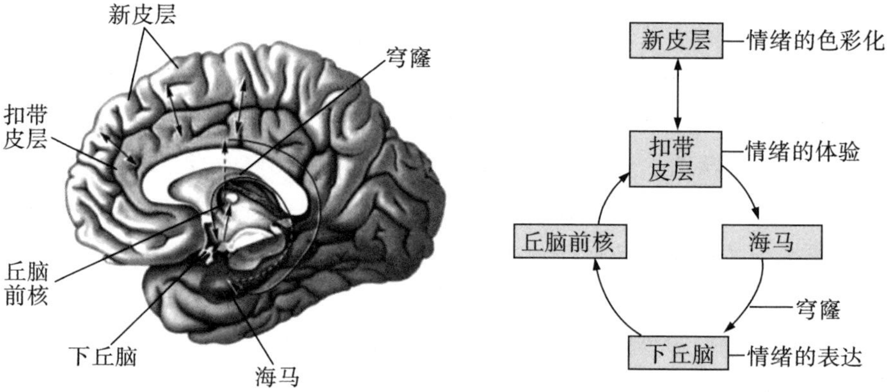

图 5.8　Papez 回路

（资料来源：Mark F. Bear，Barry W. Connors and Michael A. Paradiso，*Neuroscience*：*Exploring the Brain*，Philadelphia：Lippincott Williams & Wilkins，2005，p. 569）

（2）边缘系统（见图 5.9）。边缘系统在 Papez 回路的基础上加入了杏仁核、眶额叶皮层和基底神经节，这个扩展的神经回路被他称为边缘系统。Papez 回路主要以下丘脑为核心，边缘系统主要以海马为核心。

① 孟昭兰主编：《普通心理学》，北京，北京大学出版社，2000，第 4～6 页。

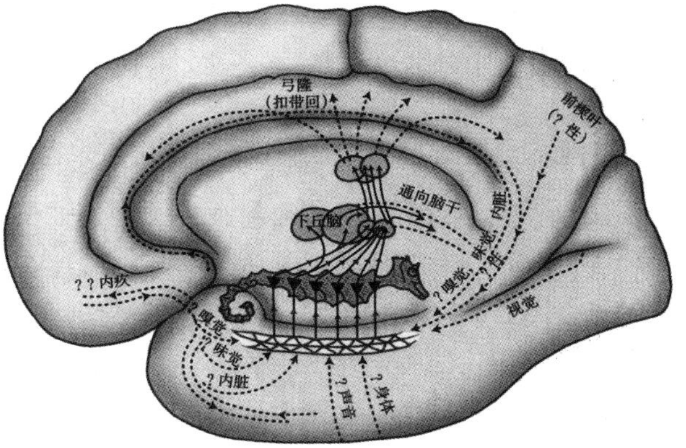

图 5.9　边缘系统

（资料来源：［美］Michael S. Gazzaniga 等：《认知神经科学——关于心智的生物学》，周晓琳、高定国等译，北京，中国轻工业出版社，2015，第 319 页）

（3）杏仁体神经通路（见图 5.10）。边缘系统在 Papez 回路的基础上加上杏仁核，接收来自大脑皮质的多层级神经信息。随着行为主义心理学研究的深入开展，对恐惧情绪和行为激活发挥主要作用的杏仁体越来越被重视，以杏仁体为中心的情绪神经环路模型建立起来，包括感觉丘脑、初级感觉区、单觉联结区、多觉联结、海马等神经相关区域。

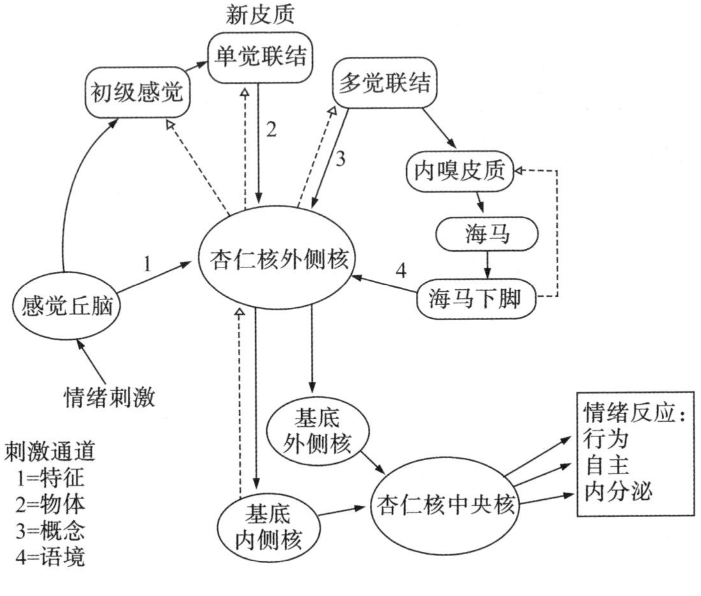

图 5.10　杏仁体神经通路

（资料来源：［美］Michael S. Gazzaniga 等：《认知神经科学——关于心智的生物学》，周晓琳、高定国等译，北京，中国轻工业出版社，2015，第 322 页）

杏仁核神经通路的明显特点在于，比起 Papez 回路和边缘系统，它不仅揭示了情绪的内隐神经通路，还牵连起了诸如行为、内分泌等方面的情绪外显表达。

杏仁核神经通路模型突出了杏仁体在情绪反应中的中心作用。从情感和认知判断角度看，这个模型可以清晰地解释说明利害性作为认知判断和情绪表达首要条件的原因。当综合感知觉信息和记忆抵达杏仁体时，杏仁体作出有利或有害的判定，紧接着产生恐惧或非恐惧情绪，恐惧情绪反作用于其他神经系统产生相关的神经信息（电传递、神经递质传递等），进而产生退却和逃避的行为，如看到蛇后产生逃跑行为。也有可能产生无恐惧的情绪，这样无害的认知判断和情绪体验将会交由更高级脑区——额叶皮层进行深加工；或者如图 5.10 的虚线箭头所示，反馈给感知觉系统，感知觉系统在实时交互中反复评估其利害性，做出恐惧或者非恐惧的基本情绪反应，然后进行高级认知情感判断，作出高级情绪反应。基于高阶认知判断和情绪反应，神经系统将会释放高级情绪信息，如审美的、宗教的，神经信息凭借神经递质等载体，传递到神经系统的相关部位，从而做出相关的行为动作。

当前，眶额叶皮层和杏仁核（见图 5.11）"已经成为情绪的神经基础的研究焦点"①。杏仁核与眶额叶皮层联合发挥作用影响情绪更加明显地体现在杏仁体神经通路的情绪信息通路上。

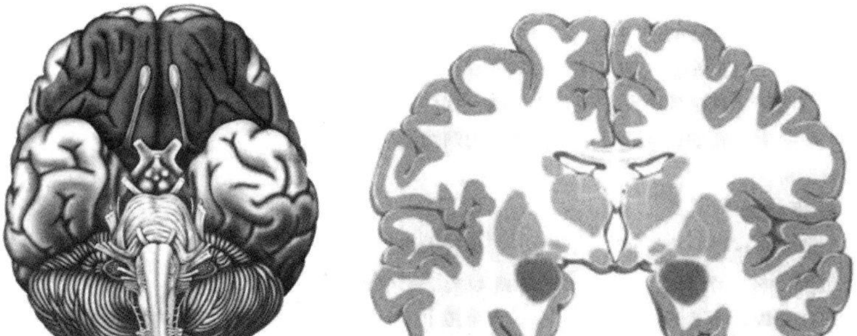

（a）眶额叶皮层（上端颜色加黑部分）　（b）杏仁核（中内侧颜色加深部分）

图 5.11　情绪加工的核心神经区域

（资料来源：[美] Michael S. Gazzaniga 等：《认知神经科学——关于心智的生物学》，周晓琳、高定国等译，北京，中国轻工业出版社，2015，第 320 页）

① [美]Michael S. Gazzaniga 等:《认知神经科学——关于心智的生物学》,周晓琳、高定国等译,北京,中国轻工业出版社,2015,第 318 页。

人类情绪理论经历了丘脑中心、海马中心、杏仁体中心和额叶—杏仁体中心论（边缘系统理论的拓展）的理论模型的探索。每种模型背后隐含着一种基本的理论指向，丘脑中心解释说明了情绪的原始生物性部分；海马中心探究了文化记忆在情绪发生中的作用；杏仁体中心论认为，在认知判断和行为动作之间，情绪起着中介衔接作用；额叶—杏仁体皮层理论指出认知判断和情绪交互融合发挥作用，做出两者共同发生于额叶—杏仁体皮层之中的判断。额叶—杏仁体皮层理论为我们解释说明美感的认知与情绪交融过程、情理通融特征提供了实证判断。

二、一般情绪、日常审美情绪和艺术审美情绪之间关系的辨析

（一）一般情绪和审美情绪的区别

一般情绪中，生物性要素占主导地位。审美情绪即文化性要素驱动下的生物性情绪。美感即生物性与文化性的统一。快感即生物性的快乐。

从隶属关系看，审美情绪属于一般情绪，一般情绪包括审美情绪。

从构成成分看，一般情绪包括单一型和复合型，审美情绪大体是复合型情绪。

从情绪属性看，一般情绪包括正性情绪、中性情绪和负性情绪，审美情绪则主要是正性情绪。

从情绪的生发角度看，一般情绪起源于任何感觉刺激和认知判断，审美情绪主要源自抽象化的形式刺激和认知判断。

从表现形式看，情绪的外显形式范围更加宽广，因而杂糅无序；审美情绪范围小于一般情绪，主要集中在愉悦感、崇高感等正性情绪。如果负性情绪获得了艺术加工，获得了其自身的形式化表达，那么它也成为可能激发审美情绪的某种形式。

从进化论功能来看，情绪属于人类生存与发展的必要条件，审美情绪则是充分条件。

（二）一般情绪、日常审美情绪和艺术审美情绪之间的联系

一般情绪、日常审美情绪和艺术审美情绪三者之间存在演化关系，也就是说日常审美情绪由一般情绪发展演化而来，艺术审美情绪由日常审美情绪演化而来。三者之间的界限并非泾渭分明，而是存在着模糊地带。一般情绪经由形式化的呈现，在时空距离中再现，通过熟悉化、陌生化等原则，也可以呈现为日常审美情绪。许多先锋艺术的功能就在于把日常审美情绪的一般形式升华为艺术审美情绪，在日常审美情绪形式中，艺术创作者寻找新的艺术化形式和艺术原则。一般情绪向上升华为日常审美情绪，

日常审美情绪向上升华为艺术审美情绪；艺术审美情绪向下作用和引导日常审美情绪，日常审美情绪向下引导和改善一般情绪（见图 5.12）。

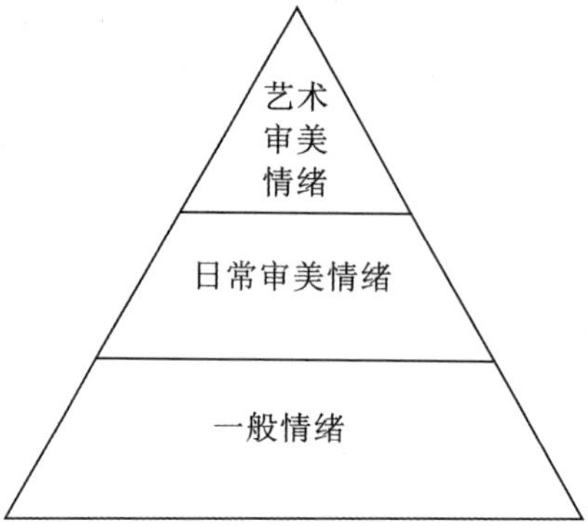

图 5.12　一般情绪、日常审美情绪和艺术审美情绪关系

一般情绪是后两者的基础，艺术审美情绪是人类情绪的极致状态（此时艺术情绪包括宗教情绪）。日常审美情绪是一般情绪和艺术审美情绪之间的中介和过渡地带，比较普泛化。一般情绪承载了人类和他人、自然交流时的喜怒哀乐，作为生物性反馈，调节和改善人类行为；日常审美情绪借助优美的形式、优雅的态度，提升了这种喜怒哀乐的质量，从而获得了生活的喜悦感；艺术审美情绪则以高度严谨的艺术形式、娴熟的艺术技巧来传达最真诚、最深沉和最富有震撼人心力量的情绪状态，在净化心灵、提纯情感、改善行为和促进人类进化方面具有最强烈的推动力，艺术审美情绪冲破固有的、阻碍社会发展的道德律令，培育自由的心灵，为塑造新的道德形式开辟道路。

一般情绪是人类情感的自然的、不加任何修饰的、没有任何时空距离的、当下生存体验的流露。日常审美情绪是普泛化的人类情感的形式化表达和体验的过程，也比较侧重当下，而且与日常生活不拉开时空距离。艺术审美情绪则是人类情感的极致化的表达，一般表现为抽象形式和具体形象的完美融合，它跨越了时空距离而获得了永恒的表达形式和存在状态。

以上我们对一般情绪、日常审美情绪和艺术审美情绪进行了划分。三者之间是否如我们所描述的一样，在语义和文化层面以下也有神经生物基础？这还需要进一步对大脑进行开发，特别是对高级脑区——社会情感脑区进行探索。虽然事物本来的规律并没有完全呈现出来，但是借助已经呈现的部分，我们可以归纳现有的规律，逆料事物本来的规律。

艺术审美情绪之上是否还有高级的情绪类型？有的学者认为是宗教情绪。宗教情绪包含着理智认知和信仰意志的双重要素，信仰意志略强一些，理智认知稍弱一些。因而，美育代宗教理论的根本意义在于用审美的感性形式自由和理性认知判断来矫正宗教的绝对信仰意志，在认知与情绪的矛盾运动中实现情感的进化，促进人类意识和人类行为向前发展。而不能只凭借宗教意志向着未知的客观神的盲目信仰前行，那样势必会折损认知之真和自由之美，从而影响人类健康地发展和进化。

三、情绪与认知的关系及其美感研究意义

情绪心理学家与认知心理学家曾经进行了激烈的辩论。“这一现象反映了情绪与认知两个过程不可分离的事实，认识到把情绪与认知联系起来进行研究势在必行……不少情绪心理学家已经在理论探讨和实际研究中涉及情绪与认知相互关系研究。”①

就情绪与认知的关系问题，在各种哲学和美学观点中存在以下几种倾向。A. 情绪完全区别于认知，这意味着情绪和认知有着完全不同的神经通路，两者完全对立：A1 人类仅有认知，A2 人类仅有情绪。B. 两者互相区分又互相联系：B1 认知包含情绪（情绪的认知理论），B2 情绪包含认知（泽基），B3 情绪和认知相互独立，却有重叠部分，互相依存。

A1 倾向导致了绝对的理性主义，理性统摄万物，以黑格尔的绝对精神、康德的纯粹理性、儒家的实践理性为代表。

A2 倾向导致感伤主义泛滥，情绪主导人类的思想和行为，以浪漫诗人、瓦格纳为代表。叔本华的生活意志、海德格尔的存在主义哲学、屈原的楚辞之美也在某种程度上存在这种倾向。

B1 倾向避免了 A1 的极端观点，趋向两者中和。

B2 倾向避免了 A2 的极端观点，趋向两者中和。

B3 倾向是哲学大综合时代的产物，是艺术与科学、人文社会与自然科学齐头并进的时代的产物，以文艺复兴为代表。情理通融、通情达理的审美状态的最完美代表作品为《蒙娜丽莎》。当代思想的趋向在于 B3 情理通融，通情达理。

随着有关情绪的神经科学研究的发展，科学家们越来越清晰地认识到，情绪不能被视为独立于其他“认知”的能力，反之亦然。情绪和其他认知功能的神经系统是相互依存、相互作用的。虽然情绪像其他行为那样，也拥有其独特和定义性的特征，但是最近的研究强烈反对简单地把情绪和认知割裂开来。②

认知判断的过程中或者认知判断结束之后，必然伴随着情绪的发生；情绪体验的过程中，或者情绪体验发生之前必然伴随着认知判断。两者是拧在一起的两条麻绳，是一枚硬币的两面；两者是美感的双翼，也可以理

---

① 孟昭兰主编：《情绪心理学》，北京，北京大学出版社，2005，第 93 页。

② 参见[美]Michael S. Gazzaniga 等：《认知神经科学——关于心智的生物学》，周晓琳、高定国等译，北京，中国轻工业出版社，2015，第 333 页。

解为美感的左膀右臂。总之，两者在日常生活中或者在神经生物事实上都是扭结在一起的。两者在实时的交互作用中决定着人类的意识生成，决定着人类行为，当然也决定着美感体验的发生、发展和终结。没有情绪，只有认知判断，那是最理想的人工智能状态，阿尔法狗（AlphaGo）能够达到这个境界，因而它所向披靡，无所不胜。没有认知判断[①]，只有情绪，只有生物性行为，那是前人类的生物阶段。人类已经超越了这个阶段，摆脱了没有反思的阶段，摆脱了没有认知判断的盲目生物行为阶段的自在之在，而进入了自为之在。在人类的自为阶段，认知判断提升人类行为的合理性，情绪体验确保人类行为的合情性，认知判断和情绪体验在交互作用中推动个体的发展和人类的进化。

情绪与认知的关系就是情与理的关系。美学思想史的脉络常常体现出在情与理两极之间摇摆向前的发展过程，而美学大繁荣时代一般出现在两者中和与平衡的发展阶段。我们当前正在趋近于这个历史阶段。

> Lweis 和 Todd（2007）提出了情感与认知过程相互作用，进行自我调节的发展，并总结出这一过程的脑功能基础。他们认为应该打破认知和情感过程的分界……是相互作用自我调节的发展过程。首先是皮层与皮层下之间实现这垂直的上下信息流之间的相互调节。大脑皮层自上而下地发出信息流启动杏仁核对自下而来的知觉信息和所期望的结果作出适度反应；而杏仁核使大脑皮层的活动按着刺激的情感意义装配。传统神经生理学强调，高级脑中枢对下级脑结构进行抑制性调节；却忽略了下一级脑结构的激活和所提供的能动作用，例如，脑干释放神经递质沿上行通路传输到皮层发挥作用。事实上，因为皮层—皮层下的联系总是双向的，神经信息的传递是双向性的。如图，大脑皮层、边缘系统、间脑和脑干之间的联系都是双向性的。[②]

上面的论述充分说明大脑高级认知情感皮层和初级生物性皮层之间是双向联系的。由此，我们容易得出生物性情绪和高级认知情感是交互影响，混融在一起的结论。这也为B3观点认知与情感既相互独立又相互依存提供了论据。这个神经生物学现象及其原理支撑了我们提倡的“情理通融，通情达理”的美感观念。

---

① 认知判断在这里不仅指对于事物物理属性的简单成像，而且包括包含记忆在内的反思判断。前者并不是人与动物的区别，只有后者才能区分两者。

② 沈政、方方、杨炯等：《认知神经科学导论》，北京，北京大学出版社，2010，第128页。

四、情绪与行为决策的关系

决策是大脑信息加工的综合和总结。决策本身属于信息加工的输出阶段，思维决策基本等同于行为的起点。情绪对行为决策的影响作用无疑是巨大的。决策的过程有神经高通路和低通路之别，高通路要经过额叶皮层的高级信息加工过程，低通路则直接本能地产生生理和行为反应。高通路时间较长，产生了比较丰富的情绪，低通路则简单直接，瞬时作出反应，甚至在无情绪反应的情况下产生了动作行为（见图 5.13）。

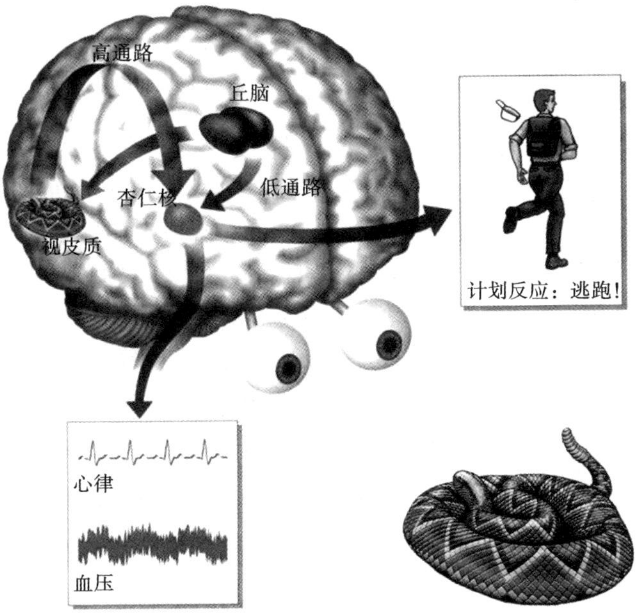

图 5.13　情绪与行为决策的高通路和低通路

（资料来源：［美］Michael S. Gazzaniga 等：《认知神经科学——关于心智的生物学》，周晓琳、高定国等译，北京，中国轻工业出版社，2015，第 323 页）

五、美感的情绪研究之后：语言和社会心理问题

在介绍了情绪和美感的神经生物机理之后，我们还应该重温康德的训诫，明确事物本来的规律、事物呈现出来的规律、我们认识到的事物的规律、我们概括的事物的规律之间不完全等同。因而，我们要审慎地看待每种研究成果，并且在历史文化当中反思和评估每种“我们概括的事物的规律”的信度和价值。

情绪的运行规律和美感之间是什么关系？美感是否有独立的脑区，有独立的神经机制，有独立的运行原则，有独立的心理过程体系？从神经生物学事实来看，我们除了愉悦感带来脑区的生物性激活、神经信息环路之外，并不能作出更多其他实证性的判断。因而，美感分析要引入认知系统，认知系统中包含了过去一切哲学美学的基本成果。虽然这些成果可能不完全是“事物本来的规律”，而只是“我们认识到的规律”或者“我们概括的规律”，但是后者并非一无是处，它恰恰在人类意识和人类观念体系当中起着主导作用，决定着个体行为方向乃至社会运动的潮流。

美感是在文化建构中生成与发展的人类高级情绪，美感具备各种基本情绪的基本要素，是一种复杂的复合型情绪。同时，广义的美感是一般心理过程的综合，感知觉在美感发生中发挥着基础作用，学习和记忆发挥着整合与生发作用，情绪是美感的直接现实。在纯粹自然形式中，富有生存功利性的表象是美感的前提，语义在美感发生中发挥着稳固传承和凝练升华的作用。在语义层以下，运行着美感的神经生理机制和个体心理生理机制；在语义层以上，运行着美感的社会心理机制和社会文化机制。美感诞生于这些个体生理心理和社会文化心理机制，亦可以弥散于这些机制，最终推动着这些机制，助推着人类的发展与进步。人类不能没有情感，美感则是提拉人类情感上行发展的要素，失去美感，人类将陷入无序的动物情绪带来的混乱状态；失去美感，人类将走向覆亡的道路。

可以说，我们对美感的认知神经基础和美感的个体心理基础的探索，大都是在语义层面以下进行，主要探究美感的神经生理心理事实。基于我们当前已经获得的实验结论，我们大致上可以得出美感心脑一体、身心一体、情理通融、知行合一的结论。在美感的社会基础方面，我们今后更多在语义层面以上，探究美感的社会心理方面的规律。我们尝试着寻找到一条有知、有情、有意、有行的实践路径。美感的实践之路才是美感存在的社会基础，这也是美感独属于人类并且可以促进人类社会发展进步的理由。

第四节　语言与美感的关系

语言作为一种心理现象和心理过程，与美感的关联是直接而具体的。语言本身可以成为审美的对象，也可以作为审美发生的中介，还有可能语言发生的机制直接触发了美感本身。

语言是一种信息符号，可以保持和传递信息，使人们打破彼此封闭的状态，在交流中达成理解、实现进步；它打破了人类信息的时间和空间限制，使人类文化薪火传承。

语言也可以直接激发情绪，成为情绪的内隐过程和外显表达。有些情绪无关语言，仅一种是内部神经生理变化。大部分情绪，特别是日常审美情绪大多要借助语言进行描述和表达。而艺术审美情绪则完全离不开艺术语言和艺术符号，即艺术作品得以表达的物质媒介实体形式。

一、语言的音、形作为审美的对象，语义作为美感的中介

语言本身成为审美对象，这不难理解。当我们听到播音员优美而动听的朗诵时，当我们听到学生朗朗上口地诵读诗歌时，当我们听到一篇激情澎湃感人至深的演讲时，当我们听到老人慈祥而简洁的教诲时，美感都会油然而生。语言本身的声音特质就会带来听觉愉悦，这种听觉愉悦就是语言激发的审美感受。语言文字带来的美感，可以直接在书法艺术中感受到。

作家用文字讲述动人的故事，描绘优美的风景，阐发深刻的道理时，读者进行了有声或者无声的阅读（更多是无声阅读），语言的声音属性可能没有直接发挥作用，而此时语言文字的描绘功能、意义属性则塑造了审美的形象，阐述了通达的道理。作为符号的语言文字成为美感的中介。

另外，我们在使用“优美”“和谐”“善良”等与美感有关的词语时，语义激发的脑区是否也同样会带来美感，能否同样直接引发神经递质的信息传递？这可能不像上两种情况那样鲜明清晰，只是或多或少引发相关意象的生成。此时，我们可否认为与美感有关的语言发生机制本身就会带来美感呢？我想，答案是肯定的。

二、语言哲学为深入认识美感提供了有效的工具和思辨的武器

语言作为一种现象伴随着人类社会已经有数万年的历史，然而，作为社会科学研究对象才仅有百年的历史。在现代语言学诞生之前，克罗齐(Benedetto Croce）在《美学原理》（*Theory of Aesthetic*）中说道：“世间并没有一门特别的语言学。人们所孜孜寻求的语言的科学，普通语言学，就它的内容可化为哲学而言，其实就是美学。”① 克罗齐的论述足以说明语言学和美学的紧密联系。然而，现代语言学诞生以后，这种关系得到了进一步的加强。我们在此尝试着分析各语言学流派给美学以及美感问题带来的启示。

索绪尔（Ferdinand de Saussure）被认为是当代语言学的开创者，同

① 徐岱：《美学基础》，杭州，浙江大学出版社，2015，第 284 页。

时也开创了结构主义哲学流派。他的语言学和哲学思想与后来的语言分析学派一起推动了现代哲学的语言学转向。索绪尔区分了语言和言语、语言的能指和所指、历时语言学和共时语言学，这些语言学研究的成就推动了哲学的发展，对于美感研究也有借鉴意义。索绪尔的语言学兼顾了语言的自然声音属性和社会文化属性，特别是后者直接引发了结构主义哲学的兴起。结构主义与人类学研究对于美感研究的贡献已经蔚为大观，此处不全面展开。具体来说，语言的能指声音层属于语言的形式外表，可以直接带来美感；语言的所指意义层属于语言的内质核心，可以带来语义文化审美。言语可以打造出隶属于个体风格的审美特征，语言则包含了某种语言体系的文化审美特征。

维特根斯坦（Ludwig Wittgenstein）分析了哲学思想中的神秘主义观点，认为"'真'和'善''美'是两个不同领域；前者属于现实世界，后者是神秘境界……归根到底是可说与不可说的对立。伦理学的原则、审美的情感和宗教的信仰等都是不可言说的……表述这些题材的命题也应该是无意义的"①。由此，分析哲学几乎取消了美学研究的价值，"美学与艺术自身脱离，美学与其他（与艺术和文化相关的）学科也是疏远的"②。分析美学认为美属于神秘境界，但并没有就"美的存在"问题予以更加深入的说明。

分析美学家卡特（Curtis L. Carter）认为，"更全面地看，分析哲学的有些贡献得到了前几代美学家们的关注，他们的失败之处就在于失去了对知识综合性、与各种文化领域的连贯性的需求"③。经历了困境之后，当前的分析美学"非常普遍的方法是在一种或者更多的艺术媒介的深度知识当中去探求分析哲学：比如古德曼、沃尔海姆与丹托之于视觉艺术，卡罗尔之于电影和媒体艺术，抑或列文森之于音乐"④。

针对美的存在问题，中国认知美学学派进行了更加深入而彻底的探究，并予以更加准确的解答："分析美学只是否定了对'美'概念加以定义的可能性，还不是否定了'美'的存在。"⑤ 中国认知美学在此前进一步，经过论证，提出"美是什么"是一个伪命题，"美"作为名词概念没有对应物，因而是不存在的，无实体存在物的"美"无本质可言，进而提

① 赵敦华：《现代西方哲学新编》，北京，北京大学出版社，2001，第 81～82 页。

② ［美］科提斯·卡特：《序言》，刘悦笛：《分析美学史》，北京，北京大学出版社，2009，第 3 页。

③ ［美］科提斯·卡特：《序言》，刘悦笛：《分析美学史》，北京，北京大学出版社，2009，第 4 页。

④ ［美］科提斯·卡特：《序言》，刘悦笛：《分析美学史》，北京，北京大学出版社，2009，第 3 页。

⑤ 李志宏：《认知美学原理教程》，长春，吉林大学出版社，2012，第 14 页。

出“美的本质”也是不可回答的伪问题。在此，美学研究的重心转入美感科学机理及其生成与发展方面。[①]

以分析哲学为契机，中国认知美学与西方神经美学一道开辟了新的美学研究路径——认知神经美学。中西认知神经美学根源各不相同，却秉持了相近的精神旨归，共同为新世纪美学的发展作出了贡献。我们在前章已经论述过，在西方分析美学发展过程中，以蒯因为起点，分析哲学的经验主义者开始重返经验性的人类心理、神经生理等要素，部分分析美学家也开始探讨认知神经问题；分析美学内部分化和转型与实证美学逐渐合流形成了神经美学。我国的认知美学则继承了五四时期的科学主义传统，兼收并蓄语言学、文化人类学、马克思主义实践美学等学科和流派的精华，成为当代美学的主要流派之一。随着中西美学的交流与互渗，认知神经美学已经逐渐展露出中西方美学发展的一个新的世界性潮流的端倪。

乔姆斯基（A. N. Chomsky）的认知语言学理论中的“先天语法”概念实际上对认知美学的认知模块和形式知觉模式等概念是有启发意义的，在历史研究序列中，我们虽然没有看到这种直接的影响存在，但是认知语言学与认知美学的理论描述着实有着异曲同工之妙。

萨丕尔（Edward Sapir）的文化语言学主要从言语（speech）的节奏、语调、语速、发音（pronunciation）、词汇、风格和问题方面进行了讨论，这些要素都与个体的、社会群体的特征相联系，因而透过语言可以观察个体人格和社会群体特征。但是，萨丕尔同时也认为，这方面的研究资料庞杂，难以获得有效的结论。[②] 或许这方面的研究与文化人类学研究互相补充会取得更大的研究成果。

总的来说，语言的声音、字形层面在认知神经系统中引发的大脑区域和语言的意义层面在大脑中引发的区域不同。美感的过程则不会做出具体的区分，可能是其中一种引发了美感，也可能是三者一起引发了美感。在本节的开头，我们已经介绍了语言的自然属性、社会属性与美感的关系，以及语言哲学对于美感研究的启示意义。下一章将进一步探讨语言的社会属性与美感的关系。

与其他一般心理过程和美感的关系研究的状况不同，在语言研究中，认知神经科学、心理学的研究和语言学美学本身的研究融合得比较充分。德国美学家施莱尔马赫（Friedrich Schleiermacher）指出：“语言有

---

① 参见李志宏：《认知美学原理》，北京，光明日报出版社，2011，第1～29页。

② 参见[美]爱德华·萨丕尔：《论语言、文化与人格》，高一虹译，北京，商务印书馆，2017，第337～350页。

两个要素，音乐和逻辑的。”① 我国美学学者徐岱进一步指出：“语言不仅得天独厚地博得了科学与艺术的双重青睐，而且还可以自由地切入时间与空间之中，去与音乐和绘画相媲美……语言的这两大审美因素不能归之于‘语言’，而必须归之于‘言语’……具体来看，语言的这种审美功能变体在个别词语里，主要是通过语义（所指）的表象化和语音（能指）的表现化两条途径实现的。”② 因而，在语言研究领域，语言学和认知神经科学基本是同步推进的，认知语言学在西方和我国都取得了较多的研究成果。语言学的学科特点就在于适宜社会科学和自然科学同步推进，且在兼容并蓄中向前发展。我们在此介绍一下语言的认知神经基础，以便于我们理解语言和神经脑区的基本关系。

词汇、声音、句法、语篇、口语表达以及语言障碍等方面的研究都在实证层面获得了支撑。在语言的神经生理基础方面，语言理解的神经模型综合了以往的研究成果，对于我们认知语言现象、思考美感问题具有借鉴意义。

彼特·哈古特（Peter Hagoort）提出的语言神经模型综合了语言加工的三种功能性成分（记忆、整合、控制），以及它们在大脑中的表征（见图 5.14）。

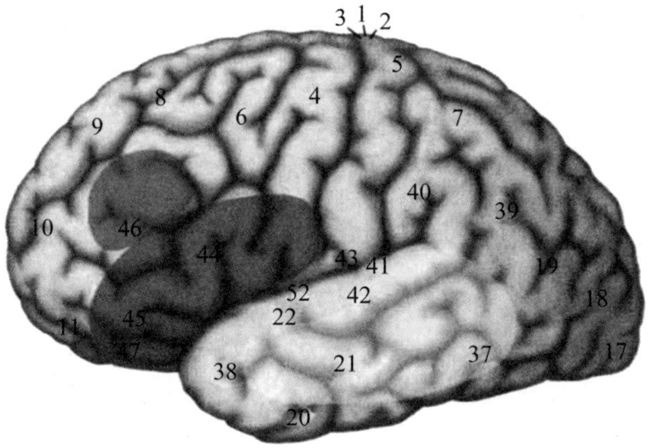

图 5.14 布罗德曼脑区中语言的记忆—整合—控制模型

（资料来源：[美] Michael S. Gazzaniga 等：《认知神经科学——关于心智的生物学》，周晓琳、高定国等译，北京，中国轻工业出版社，2015，第 379～381 页）

记忆成分在左侧颞叶，为 BA21、37 区；整合成分在左侧额上回，为

① [意]克罗齐：《美学的历史》，王天清译，北京，中国社会科学出版社，1984，第 162 页。

② 徐岱：《美学基础》，杭州，浙江大学出版社，2015，第 285～286 页。

BA44、45、47 区；控制成分在外侧额叶皮质，为 BA46 区。

我们可以看到左侧额上回的 BA46 区与外侧额叶皮质的 BA44、45、47 区分别承担了语言的整合作用和控制作用。[①] BA44、45、46、47 这几个区域都与前额叶皮层地理位置接近，因而语言的认知控制和情绪感应功能在脑区地理位置上也具有近水楼台的便利条件。加扎尼加（Michael S. Gazzaniga）也指出："关于语言理解中认知控制的研究并不是很多，但那些在其他任务中涉及认知控制的脑区，如扣带前回和背外侧前额叶皮质（即 BA46/9）对语言理解中的认知控制也同样起作用。"[②] 通过上述模型，我们不难看出语言（音、形、义以及作为哲学思维工具层面）与认知情感在脑区位置上是接近或者交叠的。这也为语言的美感机制奠定了神经生理基础。

---

① 参见[美]Michael S. Gazzaniga 等：《认知神经科学——关于心智的生物学》，周晓琳、高定国等译，北京，中国轻工业出版社，2015，第 380 页。记忆：储存和提取词汇信息。整合：将提取的语言、语义和局发信息整合成一个整体性输出表征。安吉拉・弗里德里希（Angela Friederici）给出了一个更加模块化的语言加工神经模型。控制：将语言和行动关联起来。

② [美]Michael S. Gazzaniga 等：《认知神经科学——关于心智的生物学》，周晓琳、高定国等译，北京，中国轻工业出版社，2015，第 382 页。

第六章　个体的审美存在层：身体、人格、行为与美感的认知神经关联

美感的认知神经基础和一般心理过程研究都属于美感科学机理的共性问题，适用于不同个体、不同群体。不同个体和群体除了遵循这些共性的科学机理之外，还有富于个性的自然个体特征，这些具有鲜明个性特征的自然个体是否也有共同规律？当代人格心理学和社会心理学在进行个体研究和群体研究时，也总结出了个体和群体的心理规律，这些个体心理规律随着认知神经科学的推进而不断取得新成果，因而从个体心理规律出发来讨论个体与美感的关联，借助人格心理学、社会心理学的理论对美感进行研究也有一定价值。

讨论美感的个体特征首先得从个体的身体生理机制开始。《美感的结构与功能》与《系统进化论美学观》① 这两本书比较系统地梳理了美感的身体生理因素。这些因素和认知神经因素紧密关联，成为认知神经要素在人体贯彻其运行法则的主要载体。限于当时脑神经科学发展的状态，汪济生在“中枢部”，即脑神经机制方面所做的介绍，与今天认知神经科学揭示的大脑原理相去甚远。其笔墨主要用在躯体神经系统和生理系统方面。

神经系统包括中枢神经系统（central nervous system）和周围神经系统（peripheral nervous system），中枢神经系统包括脑（brain）和脊髓（spinal cord），周围神经系统又分为躯体神经系统（somatic nervous system）和内脏神经系统（visceral nervous system）。在充分认识中枢神经系统对于美感研究的基础作用的同时，我们不能忽略周围神经系统的作用，特别是躯体神经系统的基本功能。

关于中枢神经系统和周围神经系统的关系，关于心、脑和身体的关系，儒学经典《大学》中的论述给了我们些许启示：“物格而后知至，知至而后意诚，意诚而后心正，心正而后身修，身修而后家齐，家齐而后国

① 参见汪济生：《系统进化论美学观》，北京，北京大学出版社，1987，第 123～289 页。

治，国治而后天下平。”[①] 格物、致知、诚意、正心、修身、齐家、治国、平天下构成古代谦谦君子教育的基本步骤，体现了古典教育的基本目标。在这个轮序当中，我们获得了身与心、知与意，其中也包括心与脑等几个方面的基本关系。“格物致知”在于培养科学的认知水平，“诚意正心”在于孕育崇高的精神情操，“修身”在于养成良好的行为准则和行为习惯，“治国平天下”则是在个人成材的基础上实现社会价值。

这里，我们详细地分析一下致知、诚意、正心和修身四者的基本关系。“致知”的过程发生在人类的大脑；“诚意”中的“意”是情感、精神和意志，也要完成于大脑之中；“正心”超越思维和情感水平，指的是树立和培塑起一个人的精神目标和使命；而知、意、心都要通过“修身”来实现。“身”是行动的身体，实践的身体，“身”是情感、意志和心灵的感受者和传达者，因而修身与致知、诚意、正心统一不可分割。对于谦谦君子来说，修身既是途径，也是目的；修身既是起点，也是根基，“自天子以至于庶人，壹是皆以修身为本，其本乱而末治者，否矣”（《大学》），是之谓也。致知、诚意、正心与修身关系紧密，其神经生物学基础在于中枢神经系统与躯体神经系统紧密联结，神经系统和循环系统、骨骼肌肉系统等人体所有系统紧密联结，知、意、心与身是连接在一起的整体，不可割裂。

认知神经美学并不忽视躯体神经系统，因而不会忽视作为一体化存在的自然躯体要素。人类自然躯体要素对于美感的影响包括很多方面，我们根据以往的经验划分为三个层次：自然躯体层、人格气质层、实践行为层。

第一节　自然躯体层：身体及其神经生理层面

关于美感的自然躯体层，我们首先简述艺术史上的经典身体审美作品，然后分析身体审美的生理基础和神经基础。

一、身体作为审美对象

人类的自然躯体可以成为独立的审美对象，自古而然。诗人们讴歌充满生机的人类躯体之美，雕塑家、画家塑造着完美的合乎比例的身材之美，舞蹈家则直接用跃动的身体传达着人类躯体的运动之美。所有这些都属于人类躯体的整体之美、自然之美，人类通过自己的躯体进行自我发

① 《大学》，周奉真注析，北京，人民文学出版社，2022 年，第 2 页。

现、自我认知和自我发展。人类在自然躯体的自我确认中，获得自我肯定。人类追求健硕优美的躯体，向着健康优美的方向发展，在个体和社会文化的交互作用中实现人类的进化。

有利于生存和繁衍是自然躯体层面审美的主要内容。进化过程中，合乎比例的优美的身躯总是成为选择配偶时优先考虑的对象。长寿的老人虽然已经没有姣好的面容和匀称的身材，却可以在生存本身中获得愉悦感或者沧桑感。人类的躯体为了更好地生息和繁衍而存在，为了健康而安宁的生活而存在。自然躯体本身成为审美对象，这方面的例子不胜枚举，如波提切利的画作《维纳斯的诞生》（见图 6.1）、席罗姆的画作《法庭上的芙丽涅》、米开朗琪罗的雕塑作品《大卫》都表现了完全符合比例的身材之美；《边城》中的翠翠，仿佛一只小兽，长养在湘西安静的自然山水中，则体现了一种自然存在状态之美。

图 6.1　《维纳斯的诞生》

黑格尔说："人体到处都显出人是一种受到生气灌注的能感觉的整体。他的皮肤不像植物那样被一层无生命的外壳遮盖住，血脉流行在全部皮肤表面都可以看出，跳动的有生命的心好像无处不在，显现为人所特有的生气活跃，生命的扩张。就连皮肤也到处显得是敏感的，显现出温柔细腻的肉与血脉的色泽，使画家束手无策。"① 这是对自然生命躯体之美的较好的概括。

除了那些生机勃勃的青春生命形象之外，枯萎的、老迈的生命又给了我们另一种关于生命的理解，其中也蕴含着自然躯体的生命之美。罗丹的雕塑作品《欧米埃尔》（见图 6.2）或许已经超出了人们审美的范畴，使人

① ［美］黑格尔：《美学》第 1 卷，朱光潜译，北京，商务印书馆，1982，第 188 页。

们进入审丑的状态。我们不妨试着换个角度思考这幅作品，饱经岁月的蹂躏和摧残之后，这些老迈躯体的存在本身是不是也值得我们尊重？同样还有《百年孤独》中的女主人公乌日苏拉，在她行将就木的时候，她的青春风华已经不再，身躯干瘪蜷缩着，像个初生的婴儿，甚至身上已经覆盖了苔藓。她的身上已经没有任何优美的影子，但是这样的生存本身是否也引起了我们对每一位行将就木的老人的生存之思？那带着岁月沧桑的躯体岂不唤起我们另一种关于生命的震撼与反思?!

图 6.2　《欧米埃尔》

除了身体的整体美，面容、体格、皮肤、手指、头发、体香、眼睛等身体的各个器官都具有审美属性。其中与人类生殖繁衍联系最紧密因而也是艺术家最钟情于表现的莫过于对女性面孔的审美。倾国倾城的迷人面孔引发了多少次“冲冠一怒为红颜”的历史劫难？从特洛伊战争，到烽火戏诸侯，古今中外，不可胜数。有多少次为美丽面孔而发动的战争，就有多少次因美丽面孔而熄灭的战事，诺贝尔和平奖的多位女性获得者的故事都可以诠释这一点。美丽的女性面孔究竟有怎样的魅力？一方面可以引发个体和群体的战争，让人为之付出生命；另一方面，又让人们愿意熄灭战火去拥抱爱与宽容。普桑的《抢劫萨宾妇女》（见图 6.3）和大卫的《萨宾妇女的调停》（见图 6.4）恰好同时诠释了两个方面的内容：女性引发战争，又熄灭战火带来和平。因而，“抢劫萨宾妇女”成为许多著名画家、雕塑家反复创作的经典题材。女性面孔以及身体的神经生理层面对审美的影响不可忽视，且起到决定作用。

图 6.3　《抢劫萨宾妇女》

图 6.4　《萨宾妇女的调停》

我们看到了自然躯体的生机之美和存在之美，不能忽略了其成为审美对象的历史文化条件。“人体美离不开形体、比例、线条、色彩等形式因素，但最终显现为人物感性生命的意象世界，它是在特定历史条件下的审美活动中生成的，所以它带有历史的、文化的内涵。”古代宗教社会，无论中国还是西方，都体现出对女性躯体的排斥，“在欧洲中世纪的基督教思想家那里，女人的身体是‘恶’的根源，人体美是被否定的”。[①] 儒家思想对于女性也同样排斥：“唯女子与小人难养也。”（《论语·阳货》）进入消费社会，随处可见的商业广告都以女性的妖娆、男性的性感作为宣传点，服装、箱包、化妆品、保健品、健身场馆、运动器材等都把身体当成吸引消费者眼球的宣传工具。当前，城市生活取代了农耕生活，商业包装下的身体取代了自然审美的躯体。人的躯体本身没有发生太大变化，但人们认识身体的环境氛围发生了变化。在不同的氛围中，身体获得不同的审美效果，商业社会创造出人体审美幻象。这中间商业文化发挥着塑形的作用，但我们略有些遗憾地感觉到，这些作为审美对象的人体越来越成为标志性的商业标签和媒介符号，距离自然生命越来越远。

另外，脸模、手模、腿模都是现代商业社会创造出的职业，在这些身体局部的审美中，合乎比例的模特符合社会公众认可的审美标准，并且以更加精密的外表呈献给大众。这是人体自然本体和商业文化结合的产物，也是历史文化造就人体审美对象的典型例证。

二、身体审美的生理基础和神经基础

身体审美的神经生理基础是什么？这个问题可以一分为二：一是身体审美的生理基础；二是身体审美的神经基础。

（一）身体审美的生理基础

达尔文的进化论在当代依然影响深远。植物、动物的美丽外表都不是为人类的审美而存在，而是为了自身的生存和繁衍而保留美丽的样貌。因而，其本身无所谓美丑，人们认为它们美完全是出于人的主观心境。如达尔文所述：

> 卫矛的华丽颜色的果实和冬青树的赤红色浆果，都很艳丽，这是任何人都承认的。但是这种美，只供招引鸟兽的吞食，以便种子借粪便排出而得散布。

① 叶朗：《美学原理》，北京，北京大学出版社，2009，第207页。

> 我要承认有大量的雄性动物，是为了美观的缘故而长得美的，如一切色彩鲜艳的鸟类，若干鱼类，爬行类及哺乳类，以及各种华丽彩色的蝴蝶等；但只是通过性的选择所获得的结果，就是说，由于比较美的雄体，曾继续被雌体所选取，而不是为了取悦于人类。[①]

动物的美丽外表是经过长期自然选择而获得的，进一步说，植物和动物是为了繁衍生息而美丽的。同样美观的色彩、声音、形状是怎样在人类和动物心理中发展的？不同气味为什么会带来快感或者不快？达尔文认为这些问题难以回答，于是揣测道："每个物种的神经系构造里面，必定还有某种基本的原因存在。"[②] 达尔文对动植物的判断同样适用于人类，他的疑惑也是我们今天神经科学正在和将要索解的问题。

我们不能把人体审美与自然界的动植物直接等同。在自然界中，雄性一般比雌性更华丽炫美（如孔雀）；而在人类社会中，女性比男性拥有更加艳丽、惹人注意的外表。这是因为，"对人的发展和状态来说，社会因素的作用已经大大超过了自然进化因素……男性直接掌握着生活资料，而女性要依靠男性来获取生活资料"[③]。男性更注重获取生活资料的能力，也就不大注重外表美，女性则更加注重身材和体形。久而久之，女性比男性更加妖娆艳丽。

虽然人类和动植物不同，雄性和雌性的美丽程度形成了反向对比，但是，这种反向对比并不妨碍所有生物的形体之美都是以自然选择和繁衍生息为主要目的的。所以，从生理层面来看，人体美以生存繁衍为功利性目的，这是可以肯定的。有一些病态的人体形象和人物形象，看起来并不美，恰好成为生存繁衍进化的反面典型，我们应该如何看待呢？这或许可以理解为病态形象唤醒了人之所以为人的同情心和怜悯心，这种同情心和怜悯心恰是人与动物的区别，恰是人类作为族群具有共通情感、共同命运，不轻易放弃同类的一种象征。此时，躯体审美已经进入了道德和社会文化层面。

（二）身体审美的神经基础

比起身体审美的生理方面的研究，身体之美的神经基础伴随着认知神经美学才刚刚起步。瑞士学者艾莎（A. Ishai）在面孔审美方面做了集中研究，梅里诺（Beatriz Calvo-Merino）在舞蹈—身体动觉审美方面取得了一定的成

① ［英］达尔文：《物种起源》，谢蕴贞译，伍献文、陈世骧校，北京，中华书局，2012，第226页。

② ［英］达尔文：《物种起源》，谢蕴贞译，伍献文、陈世骧校，北京，中华书局，2012，第226页。

③ 李志宏主编：《认知美学原理教程》，长春，吉林大学出版社，2012，第163页。

果。研究发现，视觉皮层的梭形脸部区、侧枕叶复合区、奖赏系统的伏隔核与眶额叶皮层这些区域会在面孔特征判断和吸引力判断中被激活。总的来说，研究表明我们的大脑天生具备面孔审美能力。①

对于身体审美的神经基础的研究，现在并没有深入开展。查特吉根据面孔审美的区域推断，“身体的吸引力越大，脑部纹外体区及邻近区域的活动就越强烈……顶叶、额叶及扣带皮层也会更加活跃。美的身体还会使情绪区域与奖赏区域（杏仁核、伏隔核、眶额叶皮层）的神经元发放信号”②。身体审美不会像面孔审美那样具有精确的脑区反应。躯体审美本身是一个整体印象，我们一眼看到某个自然躯体，会被他或她的美所打动，但是在一瞬间对于不同的欣赏者，这个躯体会被分解成无数个具体属性，如身高、身材比例、肤色、发型、骨骼、皮肤、面孔、眼睛、胖瘦、肩背、颈项、手臂、手指等。每个观察者在无数种关系中，获得无数种观察兴奋点。这些兴奋点又会引发诸如亲子之爱、浪漫之爱等社会性情感。即使进行神经成像实验也很难获得预期的结论，即固定的身体审美脑区。除非把所有与身体有关的细节组成集合且这些集合属性引发了共同的奖励系统，产生共同的神经递质信息，这样的话，恐怕将占有一大块脑区范围。需要注意的是，身体审美脑区不等同于处于后中央回的体感皮层区。我们期待身体审美在神经基础上可以获得一些突破。

论述至此，我们仿佛已经到达了当前神经科学所能抵达的最远边界。我们一方面寄希望于未来，另一方面则可以借助哲学美学和认知心理学的方法继续前行。神经美学家泽基也看到了神经美学在实验研究领域暂时不能完全解答所有的困惑，因而借助哲学美学的论述方法，引入了“概念”“含混”“本质”“完美”等基本表述，来探讨神经科学所不能穷尽的美学问题。在身体审美方面，他举了巴尔扎克、左拉的小说作为例证。两位作家的小说《未名的大师之作》和《杰作》都讲述了画家企图表达意念中最完美的身体形象却终告失败的故事。左拉的小说《杰作》的主人公是一位名叫岚恬的画家，据说塞尚是这个主人公的原型。岚恬想在画布上表现出完美的女性身体，开始他把自己的爱人克莉斯汀当作模特。后来，他原本以为完美的爱人克莉斯汀不能满足他对女性完美身体的要求，于是他更换了其他的几个模特，甚至一周就换了好几个。然而，他却陷入了更加深沉

① Anjan Chatterjee, *The Aesthetic Brain: How We Evolved to Desire Beauty and Enjoy Art*, New York: Oxford University Press, 2013, p.34.

② Anjan Chatterjee, *The Aesthetic Brain: How We Evolved to Desire Beauty and Enjoy Art*, New York: Oxford University Press, 2013, p.34.

的苦恼当中，他发现越努力想创造性感妖娆又符合自己完美概念的胴体，自己笔下的形象离大脑中的完美形象就越远。直到有一天，克莉斯汀无法忍受这个冰冷的陌生的画中女人，无法忍受她的形象“刺破”自己的面孔，在她和岚恬之间架起了冰冷的藩篱。画作以克莉斯汀为蓝本，随着岚恬的修改，已经变得不像克莉斯汀，也不像任何一位模特，那只是岚恬心中的完美概念。岚恬抓狂般地想表达这个概念，然而却徒劳无功，无能为力。克莉斯汀被彻底激怒了，她无法忍受画中的陌生的女人带走他的爱人。她唤醒他，让他看看现实生活中的自己，这个有血有肉的愿意为他奉献一切的鲜活的女人。这时，岚恬猛然醒来，震惊地发现自己在创造一个“无名教的偶像”。在深深的绝望中，他在画作前自缢身亡，他的爱人克莉斯汀也深深地感觉到被艺术和完美的力量所碾碎。

这个故事说明了对身体审美的追求在艺术家那里是一个完美的却不可实现的整体概念，这个综合概念在艺术家表现它的时候不断变形。因为，它综合了身体的所有美的特质，总体概括可以称之为性感，然而它是不可穷尽的。身体的完美概念兼具了美感的生理基础和神经基础，同时激发了艺术家的认知判断基础和情绪情欲反应。

概括来说，自然躯体审美具备生理心理和神经生物基础，其过程包含着抽象的局部身体属性认知，包含着关于完美身体综合概念的认知判断，亦包含着身体原初生命力量的情欲冲动。自然躯体审美侧重于人体的自然属性，但也不可避免地受到社会历史因素的影响。下两节我们将介绍身体审美中的人格气质层和实践行为层，这两个层面更多地侧重于社会文化属性在身体审美中的建构作用。

第二节　人格气质层：神经生理和社会文化的结合

人们的情绪、认知等基本心理过程，与一个人的人格、气质和行为方式相比是短暂的、即时的，稳定性不强。情绪、认知等心理现象主要存在于神经生理和一般心理层面，自然躯体、人格、气质、性格等概念则相对前一组内容稳定一些，体现出个性特征。因而，在梳理了美感的神经生理基础和一般心理过程之后，我们针对这组具有稳定个性的心理现象进行考察，这对于我们认识美感现象亦有启发。

人格、气质、性格都是心理学界常用的基本概念，也是我们日常生活中常常用到的词语。三者有哪些异同，三者与美感又有怎样的联系？本小节将简略地阐述这些问题。

我们看一下当前心理学界对人格、气质和性格作出的区分：

> 性格不同于气质，它受社会历史文化影响，有明显的社会道德评价的意义，直接反映了一个人的道德风貌。所以，气质更多的体现了人格的生物属性，性格则更多体现了人格的社会属性，个体之间的人格差异的核心是性格的差异。苏联心理学界习惯于区分气质和性格，强调它们之间的性质不同；西方心理学界则更多地看到它们在行为中的融合，即强调它们之间的共同性。尽管如此，大家都把气质和性格看做是人格的组成部分。①
>
> 美国心理学界不常用性格一词，欧洲心理学文献中性格一词常等同于人格。不过西方心理学文献中的人格概念与我国文献中“个性”或“个性心理特征”的概念也不尽相同。大多数西方心理学家的人格概念一般仅指“气质”和“性格”，而不包含能力。②

通过心理学界的概念划分，我们倾向于把人格、气质作为个体审美的主要参考指标，性格作为个体人格的基本方面不再单独讨论，只在本节最后简单地叙述集体心理的共性方面——民族性格或群体性格与美感的联系。

一、人格与美感

根据心理学知识，人格并不仅指富有道德魅力的个体所表现出的精神吸引力。人格作为一个一般的中性概念在心理学体系中占据重要的位置。杰瑞·伯格（Jerry M. Burger）在其《人格心理学》中对人格作出如下定义：源于个体自身的稳定行为方式和内部过程。③ 人格的定义主要包含两个方面的内容，首先人格决定了稳定的个体行为方式，即根据某个人的人格，我们可以预期其行为方式，认为“这就是他”。文学史中每一个人格饱满的人物形象，都会按照自身的人格结构去说话和做事。《荷马史诗》塑造了一批崇高的西方古典英雄形象，这些英雄按照其人格说话行事，人格成为叙事演进的基本推动力，人格成为其命运归宿的原点。例如，阿喀琉斯绝不会像赫克托耳那样注重礼仪修养和自身风度，那种来自原始蛮荒

① 郭念锋：《心理咨询师》，北京，民族出版社，2005，第80页。

② 黄希庭：《心理学导论》，北京，人民教育出版社，2001，第666页。

③ 参见[美]Jerry M. Burger：《人格心理学》，陈会昌译，北京，中国轻工业出版社，2014，第4页。

的内在自然力成为其人格的主要方面，他只用对抗与征服去理解世界，因而处处表现出雄性的阳刚威猛，他的行为方式就是用拳头和武力说话，勿言其余。再如，奥德修斯在《伊利亚特》中不是主角，但是短短的几次出场，其心思缜密、睿智英武、善思能辩、文武双全的人格特征显露无遗。

其次，内部过程和发生在人与人之间的人际交往过程不同，它指的是在人内心发生的、影响着人怎样行动的、怎样感觉的所有情绪、动机和认知过程。这样，人格就将个体的情绪、动机和认知过程与心理过程和行为方式紧密联结起来。哈姆雷特是比较恰当的例子。生存还是毁灭？他优柔多疑的人格特质决定了他行为之前的内部过程比任何其他人要复杂得多，那么他的情绪、动机和认知过程以及行为方式也是复杂犹疑的，他的内部过程几乎占据了全部时间，在思考和选择中难以作出决断，且内部过程充满矛盾和痛苦，几乎让他失去了行动的动力。

决定情绪和认知的认知神经联结方式与决定行为的大脑运动皮层之间的内部衔接过程和外部行为表现，在社会文化背景中体现为个体的人格。人格既属于个体内部，也与外部环境息息相关。人格在外部环境的碰撞下发生调整和变化，但是一般发生在出生以后成年以前，成年后人格结构比较稳定，不会轻易改变。

人格心理学有六个主要流派：精神分析流派认为，无意识心理对人们的行为影响较大，人格的三个层次为本我、自我和超我，三个“我”在竞争碰撞中，产生各种情绪和情结（complex）；特质流派确信，人处在各种人格特征连续体的某个节点上，卡特尔编制了“16种人格因素调查表”；生物学流派相信，遗传素质和生理过程是造成人格差异的主要原因，艾森克提出人格主要由生物性决定，他在内外倾、神经质和精神质三个维度上建立了人格三维度模型；人本主义流派声称，人的责任感和自我接纳感导致了人格差异；行为主义和学习流派认为，条件反射和期望决定了人们具有稳定的行为方式；认知流派则把行为方式的差异解释为信息加工方式的差别。①

无论人格心理学各个流派有着怎样不同的观点，其主要目标和追求都是一致的，也就是寻找到人们行为模式背后的内部生理、心理基础。无论哪个流派寻到了线索，对于我们认识人格和美感之间的关系都是有巨大帮助的。人类的行为过程中总是伴随着这样或者那样的认知判断和情绪体验，了解了行为方式的内部生理心理原因也就意味着找到了内部认知判断

---

① 参见[美]Jerry M. Burger:《人格心理学》,陈会昌译,北京,中国轻工业出版社,2014,第4页。

和情绪体验本身，或者是找到了内部认知判断和情绪体验的生理、心理基础。

当前人格心理学的研究方向和实践应用主要在心理咨询领域，因而通过心理咨询进行不良人格矫正和认知与情绪调节，是其发挥作用的主要方面。美感研究中的人格形象，一般都是积极的正面的英雄形象、典型形象，这些形象都可以成为人们的正面向导；当然也存在一些负面的典型形象，这些形象都是在社会转型期的悲剧，悲剧形象身上蕴含的人格力量具有更加强大的震撼力。后一种负面人格形象在我国现代文学史上特别多，我们可以把这些负面人格形象看成是精神疗救的猛药，比如鲁迅先生笔下的阿 Q、狂人，郁达夫《沉沦》中的留日学生，老舍笔下的骆驼祥子，巴金笔下的大哥，曹禺笔下的繁漪，等等。这些人物形象的人格结构都存在这样那样的缺陷，我们进行人格剖析时，就是在进行一种自我精神治疗。鲁迅先生写作的初衷即是治疗精神上的孱弱人格。负面人格形象本身是转型期社会的产物，同时也是新社会到来时的参照系；负面人格形象的原型是社会历史文化积弊造成的恶果，这些恶果被伟大的作家、艺术家做成有效的良药。形象逾丑逾悲，药效越猛越好。猛药治痾，当代我国国民的精神文化人格结构乃是在一次一次吞服这些猛药之后形成的。我们可以说，当前的国民人格文化结构相比百年之前有所改善，但在走向世界成为世界文化强国的时候，我们还需要艺术的疗救与美育的滋养和培塑。

艺术形象中的正面人格可以在美育和艺术教育中熏陶接受者，将积极正面的能量传递给接受者。艺术形象中的负面人格形象则反向地治疗接受者。在日常生活中出现的各种人物的人格也有同样的功能。见人善，即思齐，纵去远，已渐跻。见人恶，即内省，有则改，无加警。艺术形象的人格的美感功能更加直接而具体地影响着我们的道德认知和实践行为方式。

人格的神经基础是什么？神经反应类型、信息加工模式、形式认知模式、认知模块、行为模式等共同决定了人格的生成和变易。除了神经生理基础之外，人格还受社会文化因素影响。因而，比起自然躯体要素，人格审美体现了自然生理要素和社会文化要素的融合。

二、气质与美感

气质是人生来就具有的心理活动的动力特征。① 气质是由生理尤其是神经结构和机能决定的心理活动的动力属性，表现为行为的能量和时间方

① 参见黄希庭:《心理学导论》,北京,人民教育出版社,2001,第 642 页。

面的特点。①

气质与人格有着密切的联系。有的学者认为气质是人格的组成部分，是人格的生理基础部分。气质具有先天稳定性，人格可以在后天环境中不断塑造。气质侧重于精神属性，人格对于人的行为具有更加稳定而深刻的影响。除了作为心理学基本概念之外，人格和气质在现代汉语语境中都属于褒义词，说一个人有人格或有气质，都是指这个人的精神方面值得敬佩，具有审美和道德价值；人格侧重于人的道德品格，气质则侧重一个人具有某种审美的精神意象。

在汉语词汇中，气质除了先天的生物稳定性特征之外，还包括风姿、神韵等方面的积极精神内容。因而，在汉语语境当中，气质本身常常就是具有审美价值的。如《世说新语》中表现出的精神气象，不是身体审美，而是通过身体传达出的精神气质之美，却又离不开身体。透过身体形象，氤氲着一种精神气象和风姿神韵。形象、气象、风姿、神韵融合在一起的人物精神之美，用今天的词语就可以概括为气质，这种人物气质之美是我国传统文化中人物审美的重要内容。“世目李元礼，谡谡如劲松下风。”“时人目王右军，飘如游云，矫若惊龙。”“有人叹王恭形貌者，云：‘濯濯如春月柳。’”“海西时，诸公每朝，朝堂犹暗。唯会稽王来，轩轩如朝霞举。”“时人目夏侯太初，朗朗如日月之入怀；李安国，颓唐如玉山之将崩。”“渊既神姿峰颖，虽处鄙事，神气犹异。”这些关于人物精神气质的描写在《世说新语》中俯拾即是。名士身体和精神气质的譬喻，在当时是一种人物品藻的风气，在我国美学史上则留下了精神气质审美的宝贵财富。首先，把人物身体审美化，如劲松、游云、惊龙、春柳月、朝霞、玉山等，在此基础上进一步放大身体的精神气象，运用各种比喻化的动态意象如飘、矫、举、崩等，彰显其超凡脱俗的精神气质。这些气质是每位名士所独有的精神气象，体现出了强烈的个性特征。这些气质也决定着人的行为模式。我国传统文化中的精神气质审美被赋予了自然风物的品质，但文化性因素比较强，高于我们心理学所使用的气质概念。

回到人格心理学的气质层面，比较有代表性的是西方古代的四种气质类型学说。各个不同的心理学流派也都给气质赋予了不同的内涵，进行了不同层面的探索。巴甫洛夫把高级神经活动类型与气质类型联系起来，把前者当作后者的生理基础。巴甫洛夫气质类型理论与人格、行为以及认知情感类型的关联如下：

① 参见孟昭兰：《普通心理学》，北京，北京大学出版社，2000，第 477 页。

胆汁质：攻击性强，易兴奋，不易约束，不可抑制。

多血质：活泼好动，反应灵活，好交际。

黏液质：安静，坚定，迟缓，有节制，不好交际。

抑郁质：胆小畏缩，消极防御反应强。

巴甫洛夫的研究已经被心理学界普遍接受，其气质类型划分对我们进行人物精神审美是有帮助的，同时我们也了解到每种气质类型背后的神经过程和神经活动类型（见表 6.1）。

表 6.1　气质类型与神经活动类型的关系

神经过程的基本特征			神经活动类型	气质类型
强度	平衡性	灵活性		
强	不平衡		兴奋型	胆汁质
强	平衡	灵活	活泼型	多血质
强	平衡	不灵活	安静型	黏液质
弱			抑制性	抑郁质

（资料来源：郭念锋：《心理咨询师》，北京，民族出版社，2005，第 77 页；黄希庭、郑涌：《心理学导论》，北京，人民教育出版社，2017，第 601 页）

三、性格与美感

在讨论人格的过程中，我们已经把社会性因素对人格的影响纳入考量的范围，所以性格作为人格的社会属性不再额外讨论。另外，当前的普通心理学教程一般也倾向于用人格概念代替性格和气质；或者保存人格和气质概念，把性格概念纳入人格概念当中。在此，我们简单扩展一下。

性格作为个体人格的社会层面内容，我们没做讨论，但是群体的性格特征却是与美感密切关联的。比如，一个公司有企业文化，一所高校有校训，一个家庭有家训，这些具有价值引导性的训诫，对于该群体的整体性格特征是有深刻影响的。再扩大一下范围，一个民族的性格特征在另一个民族看起来更为鲜明一些，少数民族的民族性格特征表现尤其明显。这些与主流群体不同的小众群体性格和少数民族性格，都是具有审美属性的。

笔者近年来在边疆少数民族地区工作，长期和朝鲜族朋友接触和交流，深刻地感觉到朝鲜族人民的性格与汉族的不同之处。这些与众不同的、非常可爱的民族性格本身就是具有美感属性的。比如，朝鲜族朋友非常乐观，能歌善舞，很少想过去与未来的烦恼，处于一种活在当下的乐观状态；再如，朝鲜族朋友爱憎分明，对朋友热情帮助，对不友好的人冷若冰霜。这些群体性格特征都可以作为美感的触发要素，值得深入探究。

经过本节的分析，人格、气质和性格都与美感存在千丝万缕的联系，人格、气质和性格在神经基础上形成了稳定的鲜明个体特征，又可以以群体范围为界限进行归类研究，如民族性格等。这些个体或者群体所表现出的整体精神状态影响着他们的个体行为状态和群体心理状态。

通过对人格的一般生物属性和社会文化属性的分析，我们对美感的探讨也逐渐从认知神经和一般心理层面转向社会心理和社会文化层面。我们针对个体审美存在层的自然躯体和人格气质方面的讨论，都属于静态的，因而生理和生物性比重较大。转入实践行为层面，我们主要从动态的角度来考察个体审美存在层中美感的生成，此时社会文化因素对于美感的影响作用更大一些。

第三节　实践行为层：从个体向社会文化层面转换

认知神经美学的美感研究并不仅仅是搜罗数据，引证科学事实，串联实证结论来证明美感本来的、应然的真实面貌。认知神经美学视域下的美感研究还包括：科学之真难以囊括的叙事之真，也就是亚里士多德在《诗学》中阐述的合乎必然律的、应然发生的事情；在已然发生的事情背景下按照必然律推断应然发生的事情，以及人物作为行动元怎样去履行一个完整的情节过程。情节要模仿一个完整的行动，且要有足够的长度来容纳一个人的命运的变化。这个叙事之真对美感的影响十分深远。

文学艺术的叙事中蕴含着自然生命个体在社会生活中展开的过程。从自然生命到社会生活，人的社会情感、社会行为、社会关系在总体的社会实践中一一呈现出来。因而，人类社会实践活动构成了文学艺术表现的重要内容，主体的社会实践行为无疑成为美感的来源和载体。在一般社会实践行为、审美实践行为和艺术实践行为三者之间，我们参照日常生活情感、日常审美情感、艺术审美情感之间的关系，根据知、情、意、行的互动方式，讨论了审美实践行为在人类生活中的重要价值及其神经生物基础。

一、行动的个体与实践中的人

人物的性格（我们之前分析的人格问题）是情节的内因，命运和社会环境是情节的外因。通过情节的铺陈和展开，悲剧展现了叙事之真。

在分析了人的自然躯体和人格气质等要素对于美感的影响之后，我们进一步探讨人在社会环境中的实践行为及其所构成的情节对于美感的影响，这中间存在一个自然而然的内部逻辑。人的认知神经和一般心理过程决定人的自然躯体和人格气质，而所有这些都是一个人行为方式的决定性要素。人的行为在社会环境的影响下又确定了个体命运的归宿。

一个人血肉丰满地、血气丰盛地在某个家庭诞生，在适当的年龄走向社会，和其他人及整个社会环境产生了经济的、政治的、文化的联系，这个过程具有生命盛放之美。那么一切叙事性作品讲述一个完整故事的过程，实际上都是在讲述生命的延展、盛放和凋零。这个生命的实践行为过程本身实际上就是一种生命之美，其基础在于叙事之真。

个体生命的实践行为必然伴随着理性的认知之真和感性的情绪之美，必然体现着生物性之美和社会文化之美。个体生命就是这美感的承担者，生命的实践行为过程也就直接成为审美对象。例如，骆驼祥子、汤姆大叔、茶花女、于连等，这些生命的过程构成了叙事之真和实践行为之美，自然也就成就和引导了未来行为的伦理之善。

在大多数叙事作品中，人物角色作为行动元去完成的叙事性事件，基本符合其人格的规定性，在事件中表现出人格力量。

通过个体的社会实践行为，人们的审美实践、社会实践、人的生存获得了内在的统一。“审美实践与社会实践一样，都源自于人类生命的存在之根，体现着我们的生命理想。”①

我们需要思考实践行为的基本内容包括什么？实践行为本身与认知神经基础、个体心理过程的关系如何？日常实践行为和审美实践行为、艺术实践行为的关系如何？另外，实践行为的美感关联与认知情绪之美的关系如何？

人类的实践行为被提高到哲学本体问题，进行全面的、系统的、历史的研究，是从马克思开始的。马克思主义认为劳动实践创造了人本身。在此之前，一般西方哲学都认为人是语言的动物，知识、理念、理性、道德意志是人类区别于动物的本质特征，是“行”的前提和导引。例如，亚里士多德说：“所谓实践，就是以善为目的与导向的行为。……实践科学有两个主要分支：研究个人之善的伦理学和研究公众和国家之善的政治学。”② 康德的《实践理性批判》实质上讨论的也是实践的道德意志问题。

---

① 徐岱：《美学基础》，杭州，浙江大学出版社，2015，第119页。

② 赵敦华：《西方哲学简史》，北京，北京大学出版社，2001，第76页。

总体来说，“自亚里士多德开始，西方哲学家所说的实践，常常是指道德实践”①。马克思主义哲学高度重视人类的社会实践活动，从物质生产实践、政治革命实践、科学文化实践等层面全面地论述了实践本身之于人的改造（内部的认识和外部的行为）的重要作用。更重要的是，马克思主义哲学本身即是实践性的，即整个哲学体系都从实践中来，到实践中去。列宁说：“实践高于（理论的）认识，因为它不但有普遍性的品格，而且还有直接现实性的品格。”②

在我国古代哲学思想中，很早就有关于知行关系的讨论。例如，王守仁认为，“知是行的主意，行是知的功夫；知是行之始，行是知之成。若会得时，只说一个知，已自有行在；只说一个行，已自有知在”③。比起西方哲学传统中的实践问题，以及马克思主义思想中的实践论，我国古典哲学思想中关于知行关系的论述更加具有包容性。中国古典思想中的“行”不仅指道德实践、社会实践，还包括人类的一切基本行为。因而，我们用“实践行为”来概括“行”。从更广阔的意义上来归纳“行”的基本内容，有利于我们认识“实践行为”与认知神经、个体心理的基本关系。

二、一般实践行为、审美实践行为与艺术实践行为的关系

人类的认知神经基础和个体心理基础在于大脑，它是人类一切行为的“指挥中心”；人类的行为反作用于神经基础和个体心理基础，改造着人类的“指挥中心”。这个交互过程循环往复，不可偏废。与一般情绪、日常审美情绪和艺术审美情绪一样，一般实践行为、审美实践行为和艺术实践行为之间的关系也呈现金字塔型结构（见图6.5）。一般实践行为处于最基础的底座位置，审美实践行为以一般实践行为为基础，是对一般实践行为的升华，艺术实践行为则是审美实践行为的进一步升华。

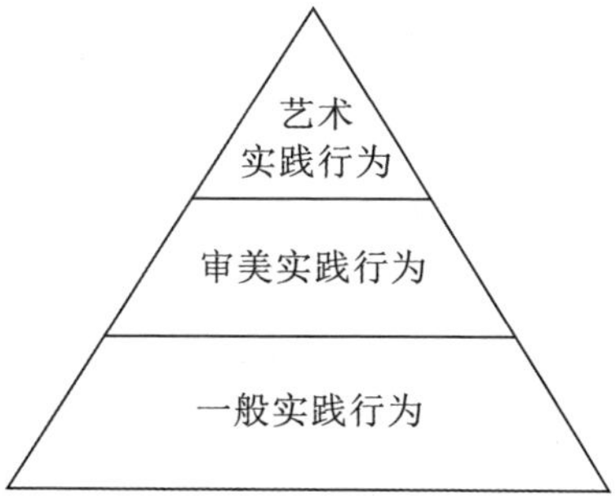

图6.5　一般实践行为、审美实践行为和艺术实践行为的关系

① 赵敦华：《西方哲学简史》，北京，北京大学出版社，2001，第279页。“康德也使用狭义的实践概念来讨论人类道德活动的基础。他认为，道德实践的基础是纯粹理性，而不是经验论者和启蒙学者所说的感觉或情感。”

② 《列宁全集》第55卷，北京，人民出版社，1990，第183页。

③ 北京大学哲学系中国哲学教研室：《中国哲学史》，北京，北京大学出版社，2001，第414页。

需要澄清的是，虽然行为主义心理学已经逐渐退出了主流学派，但在历史上，心理学领域认知主义和行为主义的相互批判，仿佛是“知与行”孰先孰后辩论的另一次重演。为了避免这种原地打转、毫无进取的论争，我们倡导的认知神经美学及其基础认知神经科学，需要在总体上打破过于重“知”而忽略身体和行为的倾向，同时也要注意行为主义过于重“行”而忽略知性、理性的缺陷。尤其要警惕陷入行为主义的同质化思路，完全忽视大脑而仅仅观察刺激与行为之间的单纯关系。

美感的神经机制主要体现在认知情感的几种模型，这几种模型看似知先行后，实际上没有考虑到“知与行”的实时交互问题，或许这也可以成为以后认知神经科学的研究重点之一。在知行关系的基础上，建立起知行交互的认知情感和实践行为模型。单向度地强调认知情感过程对于行为的影响，必然失之偏颇，然而，目前的认知神经科学却又常常会给人这样一种印象。本部分之所以在认知神经和一般心理基础之后再进行个体审美存在层和社会心理、社会文化层面的分析，目的就在于在更加宽阔的视野中生成审视美感，既看到美感的认知神经基础，又看到社会实践、社会心理、社会文化层面对美感的影响，这些影响又必然通过认知神经基础发挥作用。因而，美感的认知神经基础和实践行为根源之间是交互影响的关系，这一过程最终以神经生理要素为基底左右着美感的实时生成。

三、实践行为的神经基础

20 世纪 20 年代兴起了行为主义心理学流派，他们认为人类意识是无法探讨的“黑箱”，心理学研究对象只能面向意识的表征和结果。今天，认知神经科学已经发现的运动神经元、运动皮层区都为我们理解实践行为提供了崭新的可资借鉴的成果。换句话说，人们可以探讨“黑箱”内部的原理了。从个体的生物性行为到社会实践行为，从纯粹形式美感到社会性审美文化活动，这些神经基底都在发挥着作用，如审美相关脑区、愉悦神经递质、运动神经元以及运动皮层区。

第四节　个体的审美存在层与当前身体美学的关联与区别

身体作为审美对象与身体美学的提出并不是一回事，前者伴随着人类的进化史，贯穿始终；后者是近年来以舒斯特曼提出的强调以身体为核心观念的当代美学流派之一。我们对两者进行辨析和区分，以便明确个体的审美存在层对两者的涵盖性及其与两者的关联性。

一、身体美学研究的视域

身体美学和审美的具身化体现了美学对于当今时代的精神文化特征的重大关切。古希腊的众多雕塑作品和文艺复兴时代以《维纳斯诞生》为代表的许多人体绘画，分别开启了不同的身体美学时代。尽管文艺复兴是在模仿古希腊，但是毕竟已经具有不同的时代氛围，因而文艺复兴时代的身体审美不能完全等同于古希腊时代的人体审美。在两个时代中，西方思想从和神灵对话中解脱出来，开始关注自身的身体、自身的思想。前者辉映着辉煌的古希腊哲学时代，后者开启了“我思故我在”的认识论哲学时代。19 世纪末 20 世纪初，精神分析美学开启了另一种关于身体认知的哲学阐释，即欲望化身体的基本原理，加之存在主义哲学家对身体的思考、后现代主义哲学家对身体的认识等，整个 20 世纪哲学都难以脱离身体的存在，特别是欲望化的身体来谈哲学和美学问题。从弗洛伊德到梅洛-庞蒂，从海德格尔到萨特，从杜威到舒斯特曼，身体作为哲学讨论的基本对象已然成为西方哲学界公认的常识。

分析哲学是与存在主义美学平行发展的哲学体系。当分析哲学、分析美学陷入困境的时候，经验主义的分析美学也援引感觉经验要素，作为新的思维支点。蒯因的经验主义的分析哲学是这种倾向的主要代表。由此，分析哲学的理性逻辑主义就与感性经验主义重新关联起来。因而，分析哲学在力争走出困局的时候自然而然地回归和身体经验相关的感知觉问题。意味深长的是，经验主义的分析哲学并没有止步于身体的经验，而是进入到人类大脑的认知神经经验来重新评估哲学基本问题。

以身体为核心，哲学史上建构起一个新的哲学体系，人们称之为身体哲学、身体美学。身体美学和审美具身化的成果体现为以下几个方面。

（1）从美学史的角度看，分析美学解构了美的本质，文化研究把美学问题泛化到人类发展的一切物质和精神细节中，身体美学紧扣着美学的基本问题，把美感研究和审美经验研究拉回到应有的轨道上。身体美学是对杜威实用主义美学思想的延续，“尝试着打破传统二元论的对立，试图将心灵与肉体进行有机整合”①。舒斯特曼“对审美经验的重视是一以贯之的，身体美学就是对身体作为感官—审美欣赏（aisthesis）和创造性的自

① 朱立元主编：《身体美学与当代中国审美文化研究》，上海，中西书局，2015，第 17 页。

我塑造场所的经验和作用进行批判的、改善的研究，这其中灌注了对身体的审美经验的发掘与塑造”①。

(2) 身体美学注重挖掘“身体意识”，以此来联通艺术与生活和实践。舒斯特曼“试图将身体作为积极知觉和主观性的接收场所来将身体和心灵紧密结合起来……身体不仅仅指肉体感官，还包括习惯和由社会和文化环境形成的身体性习俗，以及身体所处的环境”。他还注重“生动活泼的动态力量和动人精神……通过审美经验……将艺术与生活更紧密地整合起来”。② 这也就实现了一种从个体心理意识向身体经验、艺术审美、生活审美以及社会实践美学的过渡。

(3) 注重挖掘“身体意识”，实际上还拓宽了认知神经系统在躯体审美领域的范畴，也就是说，躯体感觉审美（肤觉、温度觉、压力觉、运动觉）、嗅觉审美、味觉审美受到了同等程度的重视。特别是通过瑜伽等修身术，提升了身体动觉审美的地位，提升了神经系统的中枢部分和外周部分的沟通能力，挖掘了整个神经系统参与到生命意识和美感生成的潜力。在人体五种基本感觉的分野中，细分式的研究在视觉、听觉领域获得了至高无上的荣光，然而，其他感觉系统并不应该被轻易贬抑。实际上，如味觉在中国审美史上的位置，触觉、动觉在西方审美史上具有重要性。那么，“身体意识”实则深化了五觉，特别是动觉在美学史上的理论内涵，身体意识还开发了神经系统中枢部分以外的周围部分的美感生成潜力。

在身体美学取得一系列理论成果的同时，我们也不得不看到其存在的问题。

(1) 身体研究无法完全囊括精神层面的内容，更不能取代意识、认知、情感等神经生理问题方面的科学基础研究。认知神经美学关注“自然个体的审美存在层”，重视身体审美在美学体系当中的重要位置。把身体作为美学体系的一个层面，作为神经系统与人体其他系统（如循环系统、内分泌系统、呼吸系统等）的关联、中枢神经系统与周围神经系统的关联进行分析和阐释。“自然个体的审美存在层”不仅与神经生物基础相关，更与社会文化积淀相关。但是我们不能无限放大“身体”这个基本概念，让它成为承载一切哲学美学问题的核心概念，它承担不起，用身体来概括一切美学问题也难以获得实践和现实支撑。

(2) 重视“自然个体的审美存在层”具有多重含义：一是自然躯体本身的审美，二是自然躯体传达出的精神气质美，三是自然躯体的实践行为美。但它不能囊括一切神经生理基础视野下的精神层面和社会心理视野下

---

① 朱立元主编:《身体美学与当代中国审美文化研究》,上海,中西书局,2015,第19页。

② 朱立元主编:《身体美学与当代中国审美文化研究》,上海,中西书局,2015,第18页。

的社会文化层面。我们关于身体问题的美学讨论，在自然躯体的审美机理方面，紧扣着神经系统和人体其他系统的生理心理基础的互动影响，却紧紧围绕着“身体”本身，抛却其文化隐喻意义，特别是局部地悬置了过分哲学化的“身体”。在讨论“自然个体的审美存在层”的过程中，我们适当地引入了普通心理学和人格心理学的部分概念，主要目的在于更好地衔接美感的认知神经基础，借助中枢神经系统和其他人体八大系统的关系，来科学地认识从认知神经美学到躯体审美的紧密衔接。通过人格心理学，我们则更进一步地把认知神经美学和“自然个体的审美存在层”引入社会文化范畴中来考察。“自然躯体的审美存在层”的基本理论功能在于，把美感研究从认知神经和个体心理过程层面引渡到社会心理和社会文化层面，这是一种过程性的现实存在，也是一种局域性、阶段性的理论论证过程。

舒斯特曼虽然提出了“身体美学”这个概念，但是其论述并未清晰精当地展现出“身体美学”应然包含的内容和应当划定的边界。我国学者程相占在对“身体美学”进行总结归纳时的论述，是比较全面且可取的。一是身体作为审美对象。各个美学流派对此都没有什么异议，人体可以成为审美对象，这是天经地义的事情。二是身体作为审美主体。“作为审美主体的‘身体’究竟包括什么内涵？……身体活动通常是一种整体活动，身体的各种感觉往往协同发挥作用，佛学的‘六根互用’和心理学上的‘联觉’（synesthesia）都说明了这一点。”① 这里舒氏没有说清楚的问题，程相占予以了解释，是有一定道理的。但是，我们再稍加引申，身体作为审美主体所获得的联觉和六根以及内脏感觉等，其实全部都在认知神经系统内实现内控。因而，理想化地把身体作为审美主体，是单方面地放大了身体的功能，忽略了大脑在人类认知、情感、意志等精神活动中的整合作用。无视神经系统的独立功能，用身体来囊括大脑和心灵，为了消除二元论而强行推进一元论，这种独断式的理论思维并不符合实际，自然也无益于理解美感的科学原理，推进对美感的纵深理解。三是身体化的审美主体和身体化的审美活动。身体美学为了矫正笛卡尔的身心二元划分，推出了“身体化”（embodied，也译作“具身化”）这个概念，但是语焉不详。程相占论述了现象学和存在主义哲学大师们的身体化理论发展演进过程，对身体化给出了历史的和理论的阐释。但是，我们要注意的是，“身体化”这个概念本身产生于身心二元对立的西方哲学史发展历程中。在我国思想史与美学艺术实践中，对身心关系的认识特别是对身体的认识，不但没有过分贬低而且一直给予身体以合适的美学地位，在艺术实践中也确实占有

① 程相占：《论身体美学的三个层面》，朱立元主编：《身体美学与当代中国审美文化研究》，上海，中西书局，2015，第162页。

着重要的位置。叶朗和朱良志先生关于体验、体知等概念的阐述和应用就证明了这一点。① 所以说，如果在“审美主体、审美体验等，都增加一个修饰语：‘身体化的’”②，则显得画蛇添足，中国文化中一切普遍存有的现象无需再刻意说明。

二、身心谐和、情理通融的整体之美

大脑是认知和情感的物质支撑，身体提供了大脑需要的养料，身体还为大脑传送了感官信息。认知和情感方面的精神内容塑造了身体的外观，涵养着身体的容止风神。身体是精神化的身体，是认知、情感、意志和生命精神的身体；认知和情感是身体的认知和情感。在日常生活经验中，认知、情感、大脑、身体浑融一体，难以分观。我们在美学探讨中，对每个环节可以作出相对精细的分析；回归社会生活，回归生存实践活动，各个要素浑然天成。

认知神经美学与身体审美研究进行融合与对话势在必行。不探究认知神经问题的身体审美研究好像是没有焰火的蜡烛，无法呈现和捕捉到火光明灭之间的微妙道理；而失去身体作为支撑的认知神经美学，却仿佛高高飞在天上的彩色风筝，极容易断了线，失去和大地的联系。认知神经美学主神，尝试着精确地剖析人类意识、情感、认知、意志等精神现象的内在机理；身体审美研究主形，是人类一切感官经验的收纳器，离开身体，大脑无法接收到世界知识。

由此，具身化的审美无时无处不在，认知化的审美无时无处不在，情感化的审美无时无处不在。只强调一个方面则容易忽略整体。笔者在论述过程中，努力实现的是以认知神经美学为起点，以认知神经美学为观察视点的整体化美感轮序。身体不是纯粹的生物性躯体，我们称之为“个体审美存在层”。“个体的审美存在层”主要从自然躯体、精神气质和人格行为三个方面加以论述。分析过程中既包含自然躯体的认知神经基础、个体心理基础，也包括精神气质和人格行为的认知神经关联。

因而，我们倡导以认知神经要素为起点，大脑与身体互相协调，身体与心灵相互融合，身体的自由与心灵的自律充分衔接、紧密关联，那是一种身心协和之美，情理通融之美。

---

① 参见叶朗:《美学原理》,北京,北京大学出版社,2009,第 84～98 页;朱良志:《中国美学十五讲》,北京,北京大学出版社,2006,序言,第 1～3、228～236、281、363 页。

② 程相占:《论身体美学的三个层面》,朱立元主编:《身体美学与当代中国审美文化研究》,上海,中西书局,2015,第 163～165 页。

第七章　审美心理基本范畴的整体化研究

经过前六章的分析与阐述，我们初步建构起关于美感的脑、身、心、物相互联通的神经生理框架。其中还包括略有提及却没有充分展开的社会群体要素。理论的有效性源自其对传统哲学美学概念进行再阐释的能力，以及激活传统美学范畴对接当代实践的能力。在以整体性的审美情感融合体为美感神经生物基础的前提下，我们尝试阐释审美幻象、审美经验、审美需要三个重要的美学基本范畴，力求在美感基本原理的研究推进中发展性地理解三个美学概念和范畴。

第一节　审美幻象与审美情感[①]

在心理学教材中，幻象（illusion）常被译作“错觉”，一般作为知觉的一种样态，被加以分析讨论。“错觉指在特定条件下对事物必然会产生的某种固有倾向的歪曲知觉。”[②] 普通心理学意义上的幻觉（错觉）一般是基于视知觉的比较单纯的大脑操作过程，比如我们在下文将要介绍的经典视错觉图形。

① 本节经过修改后译为英文，发表在期刊 *Philosophia*（*A&HCI*）2021 年第 4 期。

② 黄希庭、郑涌：《心理学导论》，北京，人民教育出版社，2017，第 329 页。

非常明显，普通心理学探究的错觉，只是 illusion 的基本含义之一。① 各种含义之间是存在联系的。错觉现象是一种基础运作情况，视知觉的错误判断带来了认知上的混淆，而日常生活中或者艺术作品中含混和不确定的判断，则带来了丰富的情感反应，这些判断和情感反应似真似幻，恰恰是艺术的魅力所在。另外，在社会心理文化中，幻象常常是一种由于错误、含混的认知判断带来的集体心理与情感错觉或者含混。社会文化幻象具有重要的审美功用，对于我们的审美研究和社会文化研究具有多方面的启发作用。正是由于幻象在艺术创作、审美心理和社会文化心理中存在如此重要的位置，我们将幻象提升至和感知觉、认知情感相并列的层面，加以深入解析。

我们先简单介绍几种常见的视错觉图形以及稍微复杂的视错觉图形，分析其视觉效果和认知神经基础，然后在此基础上讨论艺术创作与欣赏中的幻觉现象及其与基于心理学描述的意象的关系，最后探析社会审美文化心理中的审美幻象。

一、视错觉的表征与认知神经基础

大道至简，简素是通往繁丰的路标。下面是几组典型的视错觉（视幻觉）效应，有方向错觉、线条弯曲错觉、线条长短错觉。

方向错觉（见图 7.1）的左图是波根多夫错觉，当一条斜线被长方形遮挡之后，我们认为显露出来的两端并不在一条直线方向上。右图是弗雷泽错觉，由许多圆环和菱形交叉的黑灰方块组成。我们一般都会认为主体图形是螺旋状向内旋转的，实际上当观看者用铅笔沿着圆环画一圈时，就会豁然发现每个圆环都是独立的。

---

① *Merriam-Webster's Collegiate Dictionary*, An Encyclopedia Britannica Company, 2018, p.619.
1a: the action of deceiving
b(1): the state or fact of being intellectually deceived or misled: MISAPPREHENSION
(2): an instance of such deception
2a(1): amisleading image presented to the vision
(2): something that deceives or misleads intellectually
b(1): perception of something objectively existing in such a way as to cause misinterpretation of its actual nature
(2): HALLUCINATION 1: a: perception of objects with no reality usu. arising from disorder of the nervous system or in response to drugs; b: the object so perceived
(3): a pattern capable of reversible perspective
3: a fine plain transparent bobbinet or tulle usu. made of silk and used for veil, trimmings, and dresses
syn. see DELUSIO

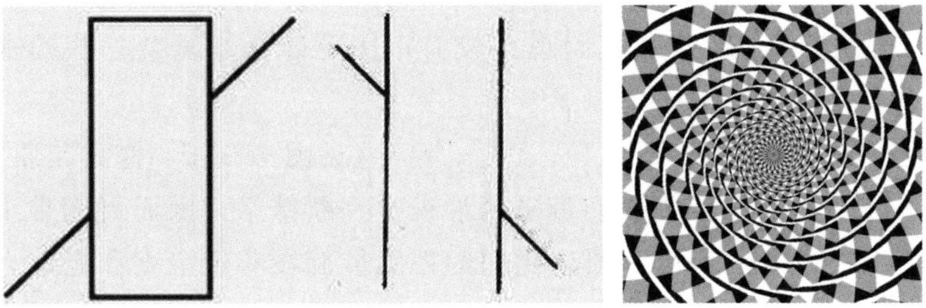

图 7.1 方向错觉图（波根多夫错觉和弗雷泽错觉）

（资料来源：黄希庭、郑涌：《心理学导论》，北京，人民教育出版社，2017，第 330 页）

线条弯曲错觉（见图 7.2）的左图是黑林错觉，直观判断两条横线中间部分距离近，显得狭窄，两侧则距离远，显得宽松；右图冯特错觉恰恰相反，看起来中间距离远，两边距离近，而实际上两条直线是平行的。

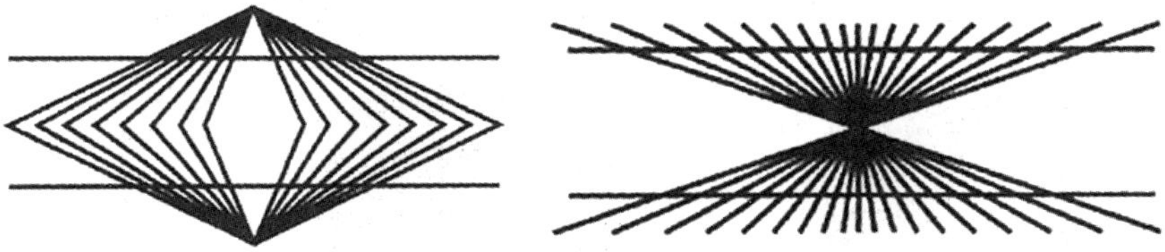

图 7.2 线条弯曲错觉（黑林错觉和冯特错觉）

（资料来源：黄希庭、郑涌：《心理学导论》，北京，人民教育出版社，2017，第 330 页）

长短错觉（图 7.3）的左图米勒莱尔错觉中的两条线段看起来上面的短，下面的长，实际上一样长；右图菲克错觉看起来垂直的线段长一点，水平的线段短一点，实际上一样长。

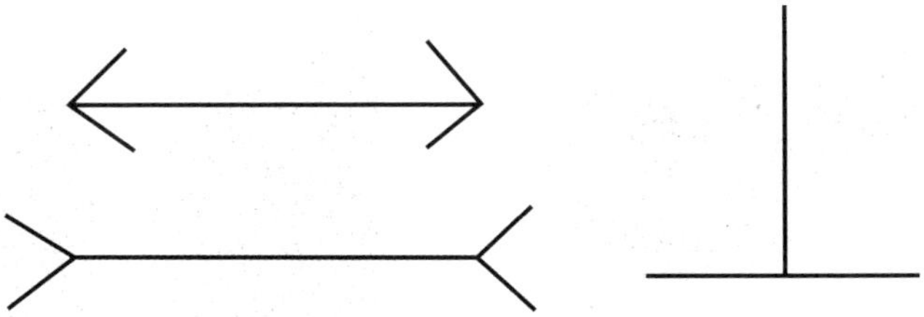

图 7.3 长短错觉（米勒莱尔错觉和菲克错觉）

（资料来源：黄希庭、郑涌：《心理学导论》，北京，人民教育出版社，2017，第 330 页）

简单错觉图形的视错觉认知神经机制对于复杂的认知情感错觉有些许的提醒作用。简单的视错觉图形可以作为测试大脑内部错觉产生机制的经典实验刺激物，然而复杂的审美对象引发的复杂视错觉现象对于审美情感才更有实际价值。接下来我们观察较有审美意味，却复杂一些的视错觉对象。

“妻子—岳母”（见图 7.4）、“兔—鸭”（见图 7.5）、“鲁宾花瓶”（见图 7.6）三组图都可以为我们带来两种视觉判断结果，因而可能带来两种情绪体验。“妻子—岳母”图让我们的视觉徘徊在年轻少女和老妇人这两种图像效果之间，到底应该是哪一种？给图片加上简单的几笔，并不能消除这种犹疑。“兔—鸭”图也让我们非常困惑，是兔还是鸭？“鲁宾花瓶”图也带来两种视觉判断，是白色花瓶还是两个面对面的人物侧脸？这些复杂的双稳态图形为我们细致地研究审美幻象与审美含混的神经基础提供了更丰富的思考空间与研究契机。我们借助对这些图形的神经生物学分析，尝试着对审美对象和艺术作品引发的幻象问题作出审美推断。

图 7.4　妻子—岳母

（资料来源：[英] 泽基：《大脑的辉煌与悲怆：对于爱情、创造力以及人类幸福的求索》，孟凡君译，张旭东校，北京，人民出版社，2017，第 75 页）

图 7.5　兔—鸭

图 7.6　鲁宾花瓶

（资料来源：[英] 泽基：《大脑的辉煌与悲怆：对于爱情、创造力以及人类幸福的求索》，孟凡君译，张旭东校，北京，人民出版社，2017，第 75 页）

以上图形给每一位视力正常的观察者带来的困惑基本都是一样的。为什么会带来这种困惑呢？我们的视觉欺骗了我们，还是忠实于我们？如果忠实于我们，为什么让我们作出错误判断？带着这些疑惑，我们需要寻求神经生理学的帮助。“错觉现象通常反映了知觉系统对于标准知觉环境的某种特殊的适应性，这种适应性经过长期的进化根植于我们的大脑。”[①]具体说来，第一组视错觉图形都受到了“环境”，也就是旁边图形、颜色、密度和方向等因素的干扰。因而，我们的眼睛、视网膜和脑内视觉系统，既要认知和判断事物的本体情态，也不可避免地对环境的影响要素作出相应的反应，那么真象（image）和幻象就产生在这个“本体—环境”的综合判断之间。大脑有对真象—幻象作出认知判断的实际能力，自然也需要有坚实的神经生物基础基底提供保障。通常，这种能力太过于日常化，我们没有特意察觉它，因而觉得它是一种自然而然的本能。

今天的神经生物学对这种本能作出了进一步的解释：“无论刺激物是否被知觉到，相同的刺激物专属区都会被激活。”[②] 这或许意味着，在第一组视错觉图形中，未被知觉到的“环境”影响要素在信息加工中发挥着明显的作用，干扰着我们对“焦点对象”作出判断。由“焦点对象”而来的“焦点判断”常常会忽略“环境”而独立产生认知判断，此时“环境”视觉信息或许在无意识的情况下被激活。另外，在第二组图形中，当存在两种可能的“焦点对象”的时候，有的研究者认为“其他自上而下的影响会发挥作用，决定如何调控活动变化，给出其中一种解释”[③]。在作出是年轻少女还是老妇人、是兔还是鸭的判断时，都存在大脑关于年轻少女、老妇人、兔、鸭的概念，左右着眼睛对于线条浓度、线条方位、物体方向等信息的整合。借助这些高级概念，大脑作出了不同的判断。

也有研究者从更为基础的角度探析了图形的基本属性信息的神经加工是怎样实现的。“一些细胞知觉性活动在某一时刻占主导，而另一些细胞的活动在另一时刻占有同样地位。”[④] 在信息判断的大脑本质节点上，人们“如果接受本质节点上的活动可能有相关的微意识，人们就会自然而然地得出微意识不只有一种状态的结论。这带来了下面的问题：操纵同一个

---

① 黄希庭、郑涌：《心理学导论》，北京，人民教育出版社，2017，第332页。

② ［英］泽基：《大脑的辉煌与悲怆：对于爱情、创造力以及人类幸福的求索》，孟凡君译，张旭东校，北京，人民出版社，2017，第61页。

③ ［英］泽基：《大脑的辉煌与悲怆：对于爱情、创造力以及人类幸福的求索》，孟凡君译，张旭东校，北京，人民出版社，2017，第75页。

④ ［英］泽基：《大脑的辉煌与悲怆：对于爱情、创造力以及人类幸福的求索》，孟凡君译，张旭东校，北京，人民出版社，2017，第74页。

微意识（源自同一本质节点活动的）从一种状态向另一种相同微意识状态变化的制约因素，与源于两种本质节点活动带来的、从一种微意识状态变化为另一种状态的制约因素，两者是否相同?”①。这个过程或许暂时难以通过直观实验过程呈现出来，但通过常识性判断，神经美学家泽基给出了如下结论：“大脑保留了以两种方式阐释它的选择权。这表明，大脑的组织机制虽使其具有做出多重阐释的可能，但事实上大脑并不具有太多的选择。换句话说，含混是稳定的。多重阐释的恒定性在某种意义上，也是应用于某种输入信号的大脑先天概念。”②

视错觉的神经生物机理是在于无意识信息的“潜入”，还是两种或者集中细胞群的轮番活跃？是本质节点上两种或几种微意识的交替呈现，还是两个本质节点上的微意识的轮值显现？或者还有其他更加复杂的神经生物状况？我们无法给出定论，在审美刺激物不同的情况下，这些状况都可能符合实际，无论哪一种状况都是视错觉产生的微观基础。根据对第一组简单的经典的视错觉图形和第二组稍微复杂的审美视错觉图形的视错神经机理分析，我们基本可以得到幻象产生的原初认知神经原理。当我们面对更加复杂的艺术作品和社会文化审美现象时，可能有更加复杂的神经生物要素的参与，但是这些初阶的原理都具有重要的参考价值。我们刚刚考察了原初性单纯幻象（original pure illusion）的认知神经机制，接下来我们欣赏艺术作品并探寻其作为创造性复杂幻象（creative complicated illusion）的神经机理。

二、艺术创作、欣赏中的幻觉问题

（一）艺术中的幻象

通过前一小节的分析，我们了解了基于大脑神经本质节点之间选择判断的稳定性，多重阐释的恒定性即含混（ambiguity）的稳定性。它是艺术的含混性魅力得以彰显的心理基础。含混是大脑在艺术领域运行机制的基本特征，当然它也是幻觉的基本前提和主要表征。在艺术领域，英国艺术史家贡布里希（E. H. Gombrich）重视幻觉问题，他在《艺术与错觉》一书中淋漓尽致地阐发了艺术的心理基础，从幻觉这个关键点深入到整个艺术史和艺术批评。“艺术是心灵之事，所以任何一项科学性的艺术研究

① [英]泽基:《大脑的辉煌与悲怆:对于爱情、创造力以及人类幸福的求索》,孟凡君译,张旭东校,北京,人民出版社,2017,第74页。

② [英]泽基:《大脑的辉煌与悲怆:对于爱情、创造力以及人类幸福的求索》,孟凡君译,张旭东校,北京,人民出版社,2017,第78页。

必然属于心理学范畴。它可能涉及其他领域，但是，属于心理学范畴则永远不会改变。”①

一千人心中有一千个哈姆雷特，一千个人心目中有一千个林黛玉，正是由艺术作品的含混的稳定性这种审美心理机制造成的，含混的稳定性带来了幻觉的多发性。那些伟大的艺术作品如达·芬奇的《蒙娜丽莎》以及维米尔的《戴珍珠耳环的少女》（见图 7.7），莫不基于这种大脑多重选择机制带来的含混性。而这种选择机制常常是既指向“妻子—岳母”“兔—鸭”“鲁宾花瓶”这样的相对复杂的审美图像，又彰显于艺术作品中如《蒙娜丽莎》《戴珍珠耳环的少女》这样的经典绘画作品。

图 7.7　《戴珍珠耳环的少女》

维米尔的画作《戴珍珠耳环的少女》中的少女被誉为“北方的蒙娜丽莎”，她最为评论家和欣赏者所津津乐道的莫过于那捉摸不定的神情：素朴单纯与娇媚轻佻，嘴角浅笑与淡淡哀怨，充满期望与落寞失望，所有这些相反的情绪体验都凝结在这回眸的瞬间。女主人公如此变幻莫测，引人遐想。泽基对这幅画进行了神经美学式的读解，认为画作本身并不具有以上含糊暧昧的性质，是大脑的多重性选择机制赋予了欣赏者无限幻想的能力。与这种古典式的含混相对应的当代艺术作品则带来另一种审美趣味，也可以称之为谜题，比如雷内·马格利特的作品。

① ［英］E.H.贡布里希：《艺术与错觉》，杨成凯、李本正、范景中译，邵宏校，南宁，广西美术出版社，2012，第 3 页。

古典作品意象清晰，认知判断明确，带来的是情绪上的多重变奏；而当代作品打破了稳定形象，直接在认知判断上带来谜一样的猜测。因而，如果说古典幻象是重“情”的，那么现代幻象则重在“知”。冈特兰堡的《汉姆雷特机器》（见图 7.8）带来了判断上的紊乱：作品主人公是虚假的，被平面作品表现出来，被塑造的主人公伸手撕破其所处的作品空间，而被塑造者不具备动觉能力。这带来了第一层矛盾和含混：作品主人公是真实存在的，平面是一幅摄影作品，而客体主人公撕破他所处其中的照片。如果被描绘的主人公正在撕毁照片，他自身又在何处？我们的认知判断在各种可能中寻找确定性，然而很难。经过反复分析，设计师在传达一种观念，作者希望他的主人公背叛他被表现的处境，打破自己的形象，然而客体主人公又是不可能实现的。我们的认知判断被绘画作品提供的多种可能性所搅乱。此外，还有第二层含混：作品中有几个空间？如果客体主人公可以撕破被描画的绘画空间，那么后面所显露出来的是真实的自然空间吗？后面的自然空间和绘画空间叠合起来，无法分辨。画家创造出这样一个谜题，欣赏者的大脑在苦苦寻找确定性审美认知判断中发生矛盾冲突，使得各种判断都无法获得支撑，也就是大脑中任何本质节点上的微意识都无法稳定，在游荡选择中困惑着，彷徨着。古典艺术带人走入情感的迷宫，当代艺术直接把人置入没有出口的认知悖论圈。这或许是后现代艺术打破本质恒定性所作出的尝试，然而它所依赖的还是大脑含混机制的稳定性，也就是幻象的恒定性。

如果我们因此认为含混的绘画作品依赖于大脑的幻觉机制，而画面清晰的作品就可以摆脱幻觉的话，那么恐怕是被写实画家迷惑和欺骗了。

例如，贡布里希对杨·凡·艾克的绘画《奏乐天使》（见图 7.9）的分析则清晰地揭示了画家如何有效地利用了大脑的幻象机制，创造出了高清逼真的绘画空间：

> 站在杨·凡·艾克的一幅画前，我们就会被这种魔力迷住。我们相信他成功地描绘出可见世界的取之不尽的丰富细部。我们有一种印象，以为他画出了金色锦缎的每一个线迹，画出了天使的每一根头发，画出了木头的每一根纤维——然而，这一点显然做不到，无论他在放大镜下多么耐心地工作也是枉然。对于这样一些效果的奥秘虽然我们可能所知无几，但是它们必定是以错觉为基础的。①

① ［英］E.H.贡布里希：《艺术与错觉》，杨成凯、李本正、范景中译，邵宏校，南宁，广西美术出版社，2012，第 182 页。

图 7.8　《汉姆雷特机器》

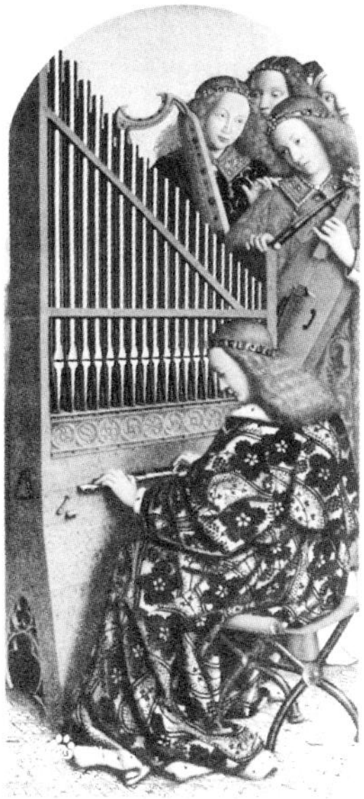

图 7.9　《奏乐天使》

贡布里希进一步分析这种错觉机制在于一种“等等原则”（etc. principle）。“所谓‘等等原则’也就是我们愿意采用的一种假设：看到一个系列中的几个成员就看到了全体成员。”[①] 这个原则普遍运用于许多画家的画作之中，比如，康斯特布尔的《威文荷公园》和塞尚的雪景画。借助绘画技巧和“等等原则”视觉审美原理，照相机也难以捕捉到的细节真实在绘画中可以实现，而其背后依赖于感知觉的视错规则。

视错觉是大脑神经信息加工过程，其结果是产生幻象。大脑神经视错觉信息加工过程不尽相同，产生幻象的效果不同。我们在前面已经介绍过的有：环境刺激物信息干扰、神经细胞群激活转换、本质节点上或本质节点间微意识的切换。当然，大脑的视错觉原理还会随着审美传统不同体现出民族特色和地域特色，例如我国古典绘画与雕塑作品。

凝视《马踏飞燕》这尊经典铜雕塑（见图 7.10），我们的运动细胞会被充分激活，四蹄扬起时的姿态俊逸潇洒，牵引着我们看到鲜活生动的奔马影像。视觉运动神经元被激活后，会自动按照物体运动的方式组构或建构图像（暗室蜡烛也是例证），建构出来的图像都是视错觉的幻影，因而这里也蕴含着视错觉的基本原理。至于奔马欢快驰骋的情态、天马行空的气势，自然也都是不同细节和整体共同作用于大脑神经机制产生的幻觉效果。

---

① ［英］E.H.贡布里希：《艺术与错觉》，杨成凯、李本正、范景中译，邵宏校，南宁，广西美术出版社 2012 年版，第 184 页。

图 7.10　《马踏飞燕》

（笔者拍摄于甘肃省博物馆，2020 年 11 月）

贡布里希在《艺术与幻觉》（亦译为《艺术与错觉》）[①] 中详细地分析了幻象之于艺术的重要意义，同时借助艺术作品分析，澄清了艺术、心理学、美学的关系。我们引用了贡布里希的分析，初步探析了幻象对于艺术创作和艺术欣赏的重要作用。如贡布里希所论述，艺术离不开幻象。

（二）从古典意象到现代幻象

与此同时，我们也看到，古典作品和现代作品引发的大脑幻觉发生机制并不完全一致，产生的审美效果也不尽相同。我们尝试结合第五章第二节中关于意象的分析，比较古典意象与现代幻象的审美关联与区别，进一步澄清幻象问题的深广美学意义。经过比较分析，我们进一步加深了对艺术创作、艺术欣赏中以及社会审美现象中产生的幻象的神经心理基础和社会心理基础的理解。

在一般造型艺术作品中，意象和幻象关系复杂，难以条分缕析地呈现在我们面前。然而，如若我们尝试着进行比较研究，将对我们的艺术分析和美学理论的深入大有裨益。

在此，"意象"这个古典哲学美学概念也蕴含着丰富的当代心理学意

---

① *Art and Illusion*，1988 年卢晓华等译为《艺术与幻觉》，2012 年杨成凯等译为《艺术与错觉》。从字面看，幻觉、错觉均可。译为"幻觉"，突出艺术作品的含混性、不确定性引发的创作和欣赏心理机制；译为"错觉"，更加尊重心理学界的通识概念。现在心理学教材把 illusion 通译为错觉。本文根据行文需要兼用"幻觉""错觉""幻象"来对应 illusion，比起心理学概念"错觉"，略微侧重艺术与审美概念"幻觉"或"幻象"。

涵，它是一般审美过程中，融入了人类认知情感加工的客观物象；与之相对照，“幻象”不仅面向物体的客观物象，还包含着人类生存的当代物象和境遇。因而，两者之间的生成对比包孕了古典向现代转型的认知情感加工模式的转换（见图 7.11）。

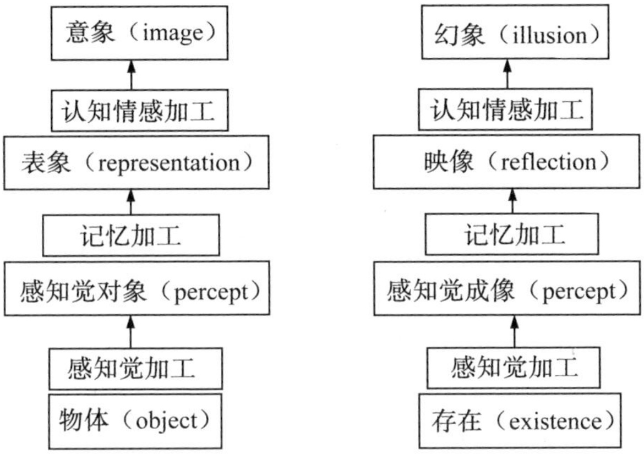

图 7.11　意象与幻象的生成对比

从审美心理过程看，意象和幻象是基本相同的认知神经加工过程，常常交叠互融。像是人类视觉思维的基本过程和主要成果，意象和幻象的区分在自然氛围中难以找到，当走向复杂的社会生活时，幻象既是社会生活所生成的迷宫，也是在自身生长的迷宫小径。

从审美效果看，古典美学“意象”是纯粹的（pure）、自然的（nature）、独立的（independent），当代美学“幻象”是复合的（complex）、人工的（artificial）、依赖的（dependent）。古典意象如日，朗照万物；现代幻象如月，发出玄色大地上的一丝光芒。古典意象与现实是统一的，现代幻象与现实常常是对抗的。古典意象在认知判断上是清晰的，在情绪体验上是哀怨伤感的；现代幻象在认知上是紊乱不确定的，在情绪体验上是迷茫彷徨的。如果要刺透现实，我们需要带着现代幻象返回历史实践。

在走向社会文化心理的广阔空间之前，我们还需要再次澄清，幻觉作为一种基本心理过程，存在多种样态：在原初层面上，它是一种简单的心理现象；在复杂情况下，它带来变幻莫测的效果，特别是对于艺术与审美而言。错觉（幻觉）与艺术联系如此紧密，以至于以前的心理学家认为应该将它逐出心理学领域。

错觉的概念在心理学中并无立足之地，因为体验都不是真正摹写现实的。①

艺术之所以有一部历史，是因为艺术的错觉不仅是艺术家的劳动成果，而且是艺术家分析形相时不可或缺的工具，我希望读者不会就此止步，而会跟我在一起，在它应用于相貌表情方面并超越这个范围之外直至美学的边缘来广泛地检验上述观念，而美学这块理想的福地我们只能从远方一瞥。②

贡布里希的《艺术与幻觉》整部作品都在结合西方艺术史分析幻觉之于艺术家和艺术史的重要地位，它是“艺术家的劳动成果”，是“不可或缺的工具”。同时，我们也可以看出他的谦卑，即在艺术和美学之间保持着合适的距离，并对美学抱有崇高的期望并为其划分了明确的疆域，即艺术之外的广阔审美现象领域都是美学的重要研究领地。他接着说：“单独依靠再现心理学也不能解开风格之谜。存在着未曾探索过的风尚的压力（pressures of fashions）和趣味的奥秘（mysteries of taste）。”③ 从这风尚的压力和趣味的奥秘，我们也就自然转入了对视错觉在社会文化心理方面审美现象的探讨。

三、社会心理文化中审美幻象问题

（一）现代审美幻象的神经心理基础分析

当我们面对风尚的压力、趣味的奥秘、艺术风格的流变、消费社会的诱导、意识形态的引导等多方面复杂因素的时候，纯粹心理学分析和认知神经机理的解释对于解决当代美学问题显得不够充分。此时，我们需要回归社会历史文化实践中，在具体的审美和艺术生活、人民群众实践中来思考审美幻象问题。

审美幻象可以作为一枚典雅的纽扣把审美的神经生物原理与社会文化心理因素（特别是意识形态要素）扣合在一起。同时，我们借助审美幻象，可以把握住审美的科学机理与社会文化之间的紧密联系，这于理论和实践都将有所增益。

卢卡奇、布莱希特、本雅明、阿多诺、伊格尔顿等西方马克思主义学

---

① [英]E.H.贡布里希：《艺术与错觉》，杨成凯、李本正、范景中译，邵宏校，南宁，广西美术出版社，2012，第260页。

② [英]E.H.贡布里希：《艺术与错觉》，杨成凯、李本正、范景中译，邵宏校，南宁，广西美术出版社，2012，第24～25页。

③ [英]E.H.贡布里希：《艺术与错觉》，杨成凯、李本正、范景中译，邵宏校，南宁，广西美术出版社，2012，第25页。

者从批判资本主义文化的角度阐释了文化幻象问题；我国美学学者王杰在《审美幻象研究：现代美学导论》中对社会文化视野，特别是马克思主义美学意识形态理论视域下的现代审美幻象做了全面的剖析。这为我们探讨现代审美幻象的社会文化层面提供了良好的入口。

幻觉作为一般认知神经现象、文艺心理现象的分析对象，具有更加丰富的社会文化心理方面的意涵。幻觉源自认知神经规则的错觉效果，然而在社会心理场域中，表现更为多元，载体形态更加丰富，因而发挥着重要的、强烈的审美心理效应。

幻觉（错觉）对应着真实的感知觉，常常包含着所谓的正确的感知觉。从广义幻象来看，illusion 可以包含 percept 本身，当事实与感知对象吻合时，percept 倾向于圆融的真象，即意象（image）；然而，illusion 更多体现为感知觉成像的变形，因而，illusion 作为幻象在后现代诸多理论家看来是审美和艺术的源泉。“在中国美学中，象可以分为两个层次：一个是可以从日常生活中直接感知的象，一个是在审美体验中才能把握的‘象外之象’。”① 这种两分法具有合理性，但区分点似乎不在日常生活与审美体验之间，而在 percept 的真值与否。感知觉如果和事实吻合则为真，此时 percept 体现为与客观对象一致，认知情感与现实紧密联系着；感知觉对因多重因素搅扰的人类生存体现为幻，体现为含混疏离不确定时，认知情感与现实生活之间缺乏可触感，隐隐地产生隔阂，又藕断丝连。由此作为古典意象与现代幻象的区分点。

这里容易存在一种混淆，即真象（意象）与幻象之间的交叉重叠，对此我们需要作出澄清。结合图 7.11 进行分析，大脑的认知加工过程是固定不变的，感知觉、记忆、认知情感加工的基本程序是相似的，加工对象的不同造成了艺术创作与欣赏、审美体验方面的差异。加工对象的差异来自生活本身的变化，即古典生活与现代、后现代生活的分野，对象变化作为 percept 的结果发生变化，似真似幻，亦真亦幻。percept 作为认知判断结果带来的影响上段已述，具体的转换方式存在于现代艺术创作的审美变形中，也存在于日常审美体验中。

（二）现代审美幻象的内涵、来源与功能

在讨论社会文化系统中的现代审美幻象问题之前，我们首先要澄清“意识形态”的影响作用。“在人类历史的漫长发展过程中，意识形态的外在性以及它与人类整体目标和利益相联系的普遍性，一直是审美幻象保持

① 王杰：《审美幻象研究：现代美学导论》，北京，北京大学出版社，2012，第 160 页。

凝聚性和内在活力的前提条件。”[1] 意识形态无论是作为曼海姆所言的一般社会理论意识形态，还是作为马克思主义的有倾向性的意识形态，其本身是人类生活的实践或理论的组织方式。人生活在社会中，就脱离不了来自实践的和理论的组织原则的影响，无论是正向的还是负向的，因而审美幻象无论怎样如风筝在空中摇曳多姿，牵着它的引线总在大地上。

1. 审美幻象的内涵

审美幻象不是现实生活本身，它来自“现实生活中深刻而内在的矛盾”。柏拉图曾判断艺术作品和理念隔着三层，现代审美幻象则处在第四层或第五层，这是机械复制时代工业复制品和艺术作品之间交叉映像造成的。幻象不是现实，它存在于我们的大脑中和艺术创作的形象系列中，因而它是我们把握现实的一种方式，是个体和群体交流的必要媒介，在文化活动中获得界定。

现代审美幻象是当代资本主义文化映射在艺术与审美中的心理形态，在社会文化的话语、符号活动中实现自身的显现。它是当代审美交流的一种“流通货币”，经过“货币”交换，真正的审美价值正在导引出认知情感的正确方向。

2. 审美幻象的来源

幻象的生成离不开心理基础，离不开神经生物要素的基底作用。神经元细胞群的活动情况、本质节点和本质节点之间的微意识切换、感知觉成像的变换机制以及自然认知情感脑区和社会文化脑区之间的交互作用，都对现代审美幻象起着基础性的作用。

认知神经基础和生理心理学并不能解决全部问题，现代审美幻象包含了更多“社会性、物质性和符号性的文化活动”。回归中西方历史文化现场的实践氛围，审美幻象的物质化形态在塑造与变形中得以显现。审美幻象的物化形态，一方面需要从现代审美风格获得给养，另一方面又左右着审美生活实践的生成；一方面给现实生活进行“雾化”治疗，另一方面又将现实置于重重迷雾之中。

从文艺史发展的历史顺序来看，西方的浪漫主义“想象”与中国古典“意象”是“现代审美幻象”的前身与源头。无论是浪漫主义“想象”界的真诚与纯净，还是古典主义“意象”系的完整与典雅，都面临着资本文化时代肢解、复制、拼接、反讽带来的挑战，以及传统的内在认知情感矛盾带来的张力结构，转变为现代式的认知情感消解带来的迷宫般的困惑。单纯意志与价值解构造成了幻象丛生的迷局。回避并不是好的办法，只有

① 王杰：《审美幻象研究：现代美学导论》，北京，北京大学出版社，2012，第 109 页。

和审美幻象共处，沿着社会历史实践的路线前进，才能寻找到迷宫的出口。

3. 审美幻象的功能

从生的审美幻象在某种意义上折射出现代美学的现实生态环境。凭借审美幻象，溯本求源，剥离繁枝杂草，才能返回真实的社会历史实践现实之中。因而，“我们把审美幻象确定为现代美学的研究对象”①，也就找到了进入现代美学的入口。

审美幻象界本身也是现代生活的集体梦幻。梦总是隐喻着过去，昭示着现在和未来。在伦理方向上，现代幻象虽然可能不是引导我们最终价值走向的海上航标灯，但是借助这些或明或暗的灯光，我们可以凝聚整合起希望之光，那是走出现代幻象的方向。

最后，现代审美幻象仿佛一个充满挑战的迷宫，到处弥漫着现代精神生活与文化实践交互折射的幻境，我们可以迷醉其中，也可以探索路径，寻找出口。

我们从那里出来，又见到繁多的“星辰”。②

第二节　审美经验新本质的认知神经原理和审美人类学阐释③

从古典美学向现代美学发展转变的过程中，“审美经验”这一美学概念的提出与发展构成了转型的重要维度之一。实用主义美学、现象学美学、阐释学美学、分析美学与新实用主义美学对它进行了全面的剖析与论述。经过建构、分析、解构的美学史历程，审美经验研究似乎已进入某种窘境。造成这种窘境的主要原因在于经验本身的主客属性不够明晰，审美的物质基底未能明确。认知神经科学、人类学为理解审美经验提供了新的路径。在审美人类学视域下，审美经验研究在哲学分析的前提下，走向更为广阔的“田野”和“场域”，获得了较为坚实的对象化物质基础；认知神经美学的新成果解释了审美经验的心理层面的运行机理。两者共同为审美经验研究步入柳暗花明的新境界提供了机遇。

审美经验是现代美学重要的基本概念之一，关于它的讨论贯穿了整个

① 王杰:《审美幻象研究:现代美学导论》,北京,北京大学出版社,2012,第 17 页。

② 参见但丁《神曲》第 34 篇。

③ 本节经过修改后译为英文,发表在期刊 *Journal of Aesthetic Education*(*A&HCI*)2022 年第 4 期。

20世纪。然而，对于其理解却存在着诸多争议。从杜威提出这个概念开始，美国的分析美学家们一直受到审美经验与艺术定义的错综纠缠关系的困扰，如卡罗尔和舒斯特曼对审美经验的分析。卡罗尔认为，统一性强烈性与碎片性感染性、审美的与非审美的反审美的、对客观审美属性的察觉与主观审美经验的投射之间，存在着多重两难性的辩证关系，审美经验的定义应为比较“狭隘的”方面。① 当代分析美学的代表人物舒斯特曼基于欧陆哲学对于审美经验的否定性批判，提出应当扩大审美经验的范围。②

与分析美学一样影响着20世纪以来哲学、美学走向的现象学，也对审美经验进行了批判性的探究。在创作者、作品、欣赏者和公众的多维关系中，来确认审美经验、审美对象的内涵，主体借助审美经验来获得审美对象，同时又在审美对象中确证了审美经验。两者的基本含义相互交叉、彼此包含着，亦即两者陷入了循环定义中。按照杜夫海纳的观点，“现象学接受这种循环，用以界定意向性并描述意识活动（noesis）和意识对象（noema）的相互关联”③。由此，具有“意向性”的审美经验成为一个未被“悬置”的主客之间悬浮物，或者成为欣赏者和艺术作品之间的“交往活动”。

基于对各种审美经验研究困扰的梳理与考察，聚焦“审美经验”，对其进行当代研究与推进势在必行。比厄斯利在《美学史：从古希腊到当代》中提出了人类学与心理学等路径：

> 当代经验主义的一个独有的特征是……哲学的传统问题……被归入到两个独特的类别时才能被解决。第一个类别由经验的问题组成，将由经验科学所处理，第二个类别是逻辑问题，是关于概念、术语和方法的问题，将由哲学分析的技巧来处理，心理学家、人类学家或者其他够格的研究者们能够清楚着手去回答第一组问题的途径。④

① 参见[美]诺埃尔·卡罗尔：《艺术哲学——当代分析美学导论》，王祖哲、曲陆石译，南京，南京大学出版社，2015，第187～237页。原文为：“本章涉及的审美经验的构想是狭隘的。审美经验是由设计欣赏和对审美属性的察觉构成的——是一桩注意和凝神审美品质和艺术形式的事情。与关于艺术的审美理论相对立，我们已经主张审美经验不代表我们对艺术的合法性反应的唯一种类。不说其他的，认知的和道德的经验，或许同样是恰当的。审美经验是我们关于艺术的经验的一个重要方面，但不是全部。”

② Richard Shusterman, “The End of Aesthetic Experience”, *The Journal of Aesthetics and Art Criticism*, Vol.55, No.1, 1997, pp.29-41.

③ [法]杜夫海纳：《审美经验现象学》，韩树站译，陈荣生校，北京，文化艺术出版社，1996，第4页。

④ [美]门罗·比厄斯利：《美学史——从古希腊到当代》，高建平译，北京，高等教育出版社，2018，第639页。

除了人类学家对审美现象的考察之外，哲学美学早已认识到人类学对审美经验问题的价值。康德在《实用人类学》中已经意识到在内隐与外显之间讨论感觉、情感等问题的可能性与必要性①；杜夫海纳在分析了欣赏者对艺术品的审美接受经验之后，留下凭借审美人类学向自然界的审美对象进发的线索。② 同时，审美经验的客观心理基础随着当代认知神经科学的发展而逐渐浮现出来。审美人类学为思考审美经验的客观世界基础提供了源头活水，认知神经美学为探究审美经验的心理基础提供了恰当的路径。

本节主要回顾“审美经验”概念的历史发展进程，对其进行本体探究，在哲学分析所抵达的边界上，探求认知神经美学和审美人类学的解决方案。

一、“经验”与“审美”的提出、研究现状与主要问题

（一）“审美经验”溯源

“审美经验”概念的诞生成为西方传统美学向现代美学转向的重要界标之一。③ 其中，蕴含了丰富的美学史意味。柏拉图寻找美本体，无果而终，只留下了千古悬念。英国经验主义哲学对审美趣味的主观探寻，深入内在感官层面，最终落脚于对主观审美属性的概括。博克对审美七种属性的总结④，意味着主观感觉探索的极限。作为规律性的客观化感觉，审美属性本身并不能满足理性主义者对于美的规律的追求。鲍姆嘉通用理性规训了感觉认知经验，他提出“美学（诸自有艺术之理论，低级的认知学说，美的思维之艺术，类理性之艺术）是感性认知（cognitio sensitiva）

---

① 参见[德]康德：《实用人类学》，邓晓芒译，上海，上海人民出版社，2005，第 210～211 页。原文为：“生命不单只在感情中内在地显示出来，而且也在活动中外在地显示出来，虽然只是根据感性的冲动显示出来。”这段话体现了康德从内在世界与外显表现双重角度来实用地考察人类感性的规律问题，这也成为人类学从人类内隐与外显两个角度记录人类本性的一种源头。

② 参见[法]杜夫海纳：《审美经验现象学》，韩树站译，陈荣生校，北京，文化艺术出版社，1996，第 24、581～589 页。

③ 参见彭立勋：《审美经验论》，北京，人民出版社，1999，第 22 页；张宝贵：《西方审美经验观念史》，上海，上海交通大学出版社，2011，第 2 页。

④ 参见北京大学哲学系美学教研室：《西方美学家论美和美感》，北京，商务印书馆，1980，第 122 页。原文为：“就大体说，美的性质，因为只是些通过感官来接受的性质，有下列几种：第一，比较小；其次，光滑；第三，各部分见出变化；但是第四，这些部分不露棱角，彼此象熔成一片；第五，身材较弱，不是突出地现出孔武有力的样子；第六，颜色鲜明，但不强烈刺眼；第七，如果有刺眼的颜色，也要配上其他颜色，使它在变化中得到冲淡。”

之科学”①，美学由此诞生。康德的鉴赏力、黑格尔的理念都在经验主义的感性基础上，将先天情感性认知规律在人类思维体系中予以合理定位，美学作为一个学科领域得到了广泛的认可。对于美学的诞生，伊格尔顿作出如下判断：美学是朴素唯物主义沉默无言的冲动与反叛②，也是理性主义对整个感觉领域的殖民化。③

至此，美学发展面临着两个难题：柏拉图的本体追问并没有伴随着唯物主义沉默无言的反叛而取得太多进展；而对于审美主观规律探索取得突破的理性主义美学，其短暂胜利被随之而来的非理性主义浪潮（意志论、权力意志论、生命哲学）猛烈冲击，且古典理性主义美学还面对来自实践化的社会学（马克思主义等）和科学化的心理学（实验美学、进化论美学）方面的多重挑战。

美学诞生以后，这两个难题没有被久久悬置，美学史就给出了时代性的回应。一种是实用主义的方式，杜威提出了审美经验的概念；一种是分析哲学的方式，早期维特根斯坦悬置了对“美本质”“美本体”的探讨，后期分析哲学与实用主义合流，运用语言游戏方式从谈论审美经验介入艺术规律研究；还有一种是现象学的回答，胡塞尔开启了主客之间“意向性”的讨论，茵加登、杜夫海纳和尧斯等现象学美学家具化为对审美经验和审美对象的关系的深入剖析。

实用主义和现象学如何化解这两个美学史难题？针对无法坐实的“美”本体，却又不得不面对现实中纷繁复杂的美物的客观性存在，实用主义（包括后期分析哲学）选择了“经验”，现象学选择了“现象”（在现象学美学是“审美对象”和“审美经验”）。这两种解答方式既暂时化解了“美”的实体的现存性危机，又兼顾了“美”获得自身存在的主观规定性与条件性，即审美属性、审美对象的主观知觉与情感基底。主客融合的“审美经验”于是被推到美学发展历史的前台。

由此，西方20世纪美学主要围绕着审美经验展开。“审美经验”的诞生既非仓促早熟，也非瓜熟蒂落，这就为其成为美学核心话语体系中的核心概念提供了哲学史根基与再生长的空间。明确地把审美经验作为主要概

---

① [德]鲍姆嘉通：《美学》，贾红雨译，杨震校，《外国美学》2018年第1期。

② 参见[英]伊格尔顿：《审美意识形态》，王杰、傅德根、麦永雄译，柏敬泽校，桂林，广西师范大学出版社，2001，第1页。原文为：“审美是朴素唯物主义的首次冲动——这种冲动是肉体对理论专制的长期而无言的反叛的结果。”

③ 参见[英]伊格尔顿：《审美意识形态》，王杰、傅德根、麦永雄译，柏敬泽校，桂林，广西师范大学出版社，2001，第3页。原文为：“如果说他的《美学》(1750)以改革的姿态开拓了整个感觉领域，它所开拓的实际上是理性的殖民化。”

念进行分析的美学家、美学史家有杜威、塔塔尔凯维奇、杜夫海纳、伊瑟尔、尧斯、比厄斯利、丹托、迪基、列文森、卡罗尔等。

杜威认为，审美经验广泛存在于一切日常经验中，日常经验和审美经验、艺术经验之间存在连续性，一个经验具有了整一性、丰富性、积累性、圆满性可以成为审美经验。①

塔塔尔凯维奇将美感经验列为美学史六大基本概念之一，他从鲍姆嘉通对美感的分析出发，区分了美感经验、美的经验和艺术经验，重点讨论了美感的经验的几种历史形态：美的认知（cognitio aesthetica）、凝神专注（concentration）、着迷（enchantment）、观念（idea）、灵魂的内感（sensus animi）、灵魂的降服（lantezza）、狂热（delirio）、补救无聊（remedy boredom）。②

现象学主要代表人物胡塞尔、萨特、杜夫海纳、梅洛-庞蒂、茵加登等从现象学角度论述了审美经验的内在知觉机理。胡塞尔认为审美经验是一种直观行为，萨特、梅洛-庞蒂和杜夫海纳认为审美经验是与知觉和想象有关的直观行为，茵加登认为审美经验是一种情感活动。③

英美分析美学家与杜威一脉相承，基本认为审美经验是美学和艺术的基础性问题。在具体阐释过程中，对于审美经验是艺术本体还是幻象、是情感性的还是无情感的、是评价性的还是描述性的等问题产生了错综复杂的分歧。④ 详尽地分析“审美经验”的分析美学家有迪基、比厄斯利、丹托、列文森、卡罗尔等。总体看，分析美学家大多从审美经验与艺术定义的关系上来理解“审美经验”。如卡罗尔分析道：“审美经验是关于审美属性和形式关系的经验……审美经验是由设计欣赏和对审美属性的察觉构成的——是一桩注意和凝神审美品质和艺术形式的事情。”⑤

经过对现象学、分析美学两大流派关于“审美经验”的阐释的梳理，基本可以找到两条清晰的线索：一是以知觉为中心的主客间性“审美经验”论，二是以生活经验与艺术经验为两极的有审美属性的实体“审美经

---

① 参见高建平：《译者前言》，[美]杜威：《艺术即经验》，高建平译，北京，商务印书馆，2010，第xiii页。原文为：“只要一个经验获得完满发展，就成了‘一个经验’。‘一个经验’不一定就是‘审美经验’，而‘审美经验’只是‘一个经验’的集中与强化而已……因此，具有整一性、丰富性、积累性和最后的圆满性的经验，就具有了审美的特质。”

② 参见[波]塔塔尔凯维奇：《西方六大美学观念史》，刘文潭译，上海，上海译文出版社，2006，第319～327页。

③ 参见苏宏斌：《现象学美学导论》，北京，商务印书馆，2005，第216～240页。

④ 参见赵玉：《打破英语美学界“审美经验”概念的困局》，《文艺理论研究》2018年第4期。

⑤ [美]诺埃尔·卡罗尔：《艺术哲学：现代分析美学导论》，南京，南京大学出版社，2015，第236～237页。

验”论。从对“审美经验”概念含义的发展来看，以上解释属于语言范畴内的“审美经验”的约定性含义，还不完全是“审美经验”的实体所指。如果无法得到其确定性的所指，而只在能指层面进行语义分析，“审美经验”的存在基础的合法性就会遭到质疑。

（二）对“审美”“经验”的本体追问

以上对“审美经验”的不同论述，体现了语用变化、美学发展与艺术理论的时代性差异。辨析审美经验概念史，需要结合美学发展的历史进程。除了语言学溯源，对于“审美经验”本身的本体性分析与追问，将有助于更进一步接近关于“审美经验”现象与思维关系的实质。“经验”和“审美”构成了“审美经验”的两个基本组成部分。一般情况下分析者会把两者作为偏正关系看待，即“审美的”“经验”。在分别分析两个概念的基本含义之前，我们保留对两者作并列关系分析的可能性。在此基础上，探索“经验”“审美”“审美经验”的本质含义。

为了更进一步确定“审美经验”的本质，在哲学层面上澄清“经验”的意涵尤为必要。古希腊哲学家们从感觉出发讨论经验问题。柏拉图怀疑经验（emperia）[①] 在知识中的积极的与肯定的作用，在他那里只有“理念的知识……是清楚明白的。相反经验的知识是含混不清的，因为它说不出理据或逻各斯”[②]。德谟克利特也同样贬低感觉的真理性。“伊壁鸠鲁则相反，绝对肯定感觉的真理性。”[③]

每一位哲学家对感觉的态度，决定了他们对“经验”本身在哲学中的定位。不同的定位导致了先天理念论和经验论的分野，也导致了理性主义和经验主义的分野。休谟认为：

> 美不是事物本身的性质，它仅仅存在于关照它们的心灵之中，每一个心灵知觉到一个不同的美。
>
> 强烈的感觉结合成精致的情趣，在实践中改进，比较中完善，在

---

① *Merriam-Webster Collegiate Dictionary*, An Encyclopedia Britannica Company, 2018, p.408.

Empirical:

1. originating in or based on observation or experience. <~ data>

2. relying on experience or observation alone often without due regard for system and theory. <an ~ basis for system or theory>

3. capable of being verified or disproved by observation or experiment. <~ laws>

4. of or relating to empiricism.

② 汪子嵩、陈村富、包利民等:《希腊哲学史》第4卷上，北京，人民出版社，2010，第165～166页。

③ 汪子嵩、陈村富、包利民等:《希腊哲学史》第4卷上，北京，人民出版社，2010，第167页。

清除一切偏见的情况下，本身就能赋予批评家以这种珍贵的品质；并且，这样的综合裁决绝不管在哪发现，就成为趣味与美的真正标准。①

在《判断力批判》中，康德对经验概念的分析贯穿了全书，例如：

所以经验概念虽然在自然中，亦即一切感官对象的总体中拥有自己的基地，但却并不拥有领地（而只有自己的暂居地，domicilium）：因为他们虽然合法地被产生出来，但并不是立法者，而是在它们之上所建立的规则都是经验性的，因而是偶然的。

我们虽然必须用关于这个超感官东西的理念来解释那一切经验对象的可能性，但却永远不能把这个理念本身提升和扩展为一种知识。②

康德对经验的基本范畴的边界的界定是比较明晰的，即和感官密切联系，具有偶然性，受到超感官东西的理念影响。这种理解与古希腊时期对经验的解析是一脉相承的，也与英国经验主义哲学对经验的理解基本一致。康德一直尝试调和经验和理性的对立统一关系。

现代以来，胡塞尔对经验的分析与使用进行了极大的拓展。总体来看，胡塞尔的“经验”语义家族以知觉为出发点，面向自然的、现实的和科学的实在物，同时也指向意识的、直观的、动机的和本质的意向性过程。③ 因而，主体间经验（intersubjektive erfahrung）构成了主体世界内部的移情性关联，“一个进行经验的主体及其观念的知觉复合体”与“实体—因果物”构成了主客之间的永恒联系。④

罗素认为，经验的本质在于被经验的客观事物与其所导致的行动之间

① ［美］门罗·比厄斯利：《美学史：从古希腊到当代》，高建平译，北京，高等教育出版社，2018，第314～315页。

② ［德］康德：《判断力批判》，邓晓芒译，杨祖陶校，北京，人民出版社，2002，第8～9页。

③ 参见［德］胡塞尔：《纯粹现象学通论》，李幼蒸译，北京，中国人民大学出版社，2004，第289～290页。

④ ［德］胡塞尔：《纯粹现象学通论》，李幼蒸译，北京，中国人民大学出版社，2004，第270～271页。

的联系，它不属于物理学，而属于关于有机体的科学，即心理学。①

维特根斯坦对经验的认识是在语言分析的过程中展开的：

> 思维被一个光环环绕着。——其本质，逻辑，呈现出了一种秩序，而且是世界的先天的秩序，也即，那种诸种可能情况的秩序，必定为世界和思维所共同具有的秩序。但是，这种秩序似乎必定是最为简单的。它先于所有经验；必定贯穿于整个经验；它自己不能带有任何经验上的混浊或不确定性。——相反，它必定是由纯而又纯的水晶构成的。不过，这种水晶不是作为一种抽象物而出现的，而是作为某种具体的东西，可以说是最为坚硬的东西，而出现的。②

在维特根斯坦看来，秩序是“一种环绕着思想的光环”的本质、逻辑，它犹如坚硬的水晶。与理性主义者的理解不同，它不是先天概念，亦不是语法，而是某种语词的综览式表现。③ 在时间顺序上，经验后于这种秩序；在整体化程度上，经验弱于这种秩序；在清晰化的纯度上，经验比这种秩序混浊。因而，在维特根斯坦看来，经验之于语言的综览式表现，处于较低的位置。从某种意义上说，维特根斯坦改变了早期的认识——全部经验就是世界且它不需要主体④，而将之与语言的综览式表现联系起来。

综上，在古希腊哲学家、康德、罗素、胡塞尔和维特根斯坦的论述中，“经验”作为感官感性的含义是其语义与实存的根基，“经验”作为意向性向客观世界延伸获得对象化存在是其语义的扩展，而“经验”作为一种纯客观存在则成为感官对象化过程中的极端表现。我们不应当忽略，经验从感觉到感觉外化过程中还存在一个具体的实施方法的环节，即技能，

① 参见[英]罗素：《心的分析》，贾可春译，北京，商务印书馆，2017，第69页。原文为：“……詹姆士用它来包含世界的全部原始材料，但是这种用法似乎是可以反对的，因为在一个纯粹的物理的世界中，即使没有任何经验，事物也会出现的。只有记忆现象才体现了经验……‘经验’的本质就在于被经验的东西所导致的行为上的改变。事实上，我们可以把一个经验链条或一部个体历史定义为由记忆的因果关系联系在一起的一系列事件。我认为，这是这种特征而非任何其他东西，把处理生命有机体的科学与物理学区别开来了。”

② [奥]维特根斯坦：《哲学研究》，《维特根斯坦文集》第4卷，韩林合编译，北京，商务印书馆，2019，第80页。

③ 参见[奥]维特根斯坦：《哲学研究》，《维特根斯坦文集》第4卷，韩林合编译，北京，商务印书馆，2019，第90页。

④ 参见[奥]维特根斯坦：《战时笔记(1914—1917)》，《维特根斯坦文集》第1卷，韩林合编译，北京，商务印书馆，2019，第147页。971.全部经验就是世界并且它不需要主体。972.意志行为不是任何一种经验。

也可扩展为实践的能力。柏拉图对此有所论述①，感觉、技能及感官外化过程中的实践行为的对象也被纳入了经验的语义所指之中。

马克思在更广阔的社会生产发展与文化进步的历史进程中对感觉的作用进行了辩证的肯定。“眼睛成为人的眼睛，正像眼睛的对象成为社会的、人的、由人并为了人创造出来的对象一样。因此，感觉在自己的实践中直接成为理论家。感觉为了物而同物发生关系，但物本身是对自身和对人的一种对象性的、人的关系，反过来也是这样。”② 马克思的论述精准地把握了人的感官、感官的对象、感官的实践、物本身和人本身的联结关系，即经验的生成过程。

“经验”之于美学是重要的基础性概念之一，离开感觉，离开感官感性经验，人类的审美情感就失去了最鲜活生动的基本条件，失去了发生的可能。从马克思对感觉的分析，以及哲学史上对“经验”的解析，我们不难理解基于感觉的“经验”“审美经验”作为对象化与实践化存在的历史根源。审美经验不仅体现为现在时的体验性感官的感觉、情感，也包含着经年累月、层层累积的记忆性、模式化的感觉认知方式和情感结构。从经验的哲学本质以及经验生成的时态来看，审美经验包含两个层面的内容：一个是当前发生的感觉愉悦的审美化体验，另一个是文化累积的审美化记忆。

关于“审美”的含义问题亦需要重新讨论。“审美”的本义界定源自鲍姆嘉通，他借用 aesthesia 来表达零散感觉、感性的认知（cognitio sensitivae）。③ 在此基础上，他建立了一个专门研究感觉的科学——美学。“审美”与“经验”都指向了同一个本体性的、对象性的焦点，即“感性的感觉”。“感性的感觉”通往认知判断的方向，产生了常识、知识，进而产生了感觉的实体，也就是感觉与其对象化客体的融合；感性的“感觉”趋向于情绪体验，形成了美感、欲念和意志。认知与情绪在“感性的感觉”生长树上通往了两个不同的方向。两者之间的先后顺序是辨析的重点问题。我们反观“审美”与“经验”的“感觉”之根，两者的关系逐渐清晰起来。

“审美”本身的发展进化过程确实不如“经验”悠长，所指范围不如“经验”广阔，它在客体化道路上一直是一种不确定的附着性，因而没有形成稳固的“美”，而是以“美物”存在的飘忽性而存在。“审美的”（以

---

① 参见[古希腊]柏拉图:《柏拉图全集》第 1 卷，北京，人民出版社，2018，高尔吉亚篇 448C。

② [德]马克思:《1844 年经济学哲学手稿》，北京，人民出版社，2000，第 85～86 页。

③ 参见[德]鲍姆嘉通:《美学》，贾红雨译，《外国美学》2018 年第 1 期。

柏拉图的寻找为例）作为形容词体现了这种情绪化感觉的不确定性；“经验”由“感觉”的对象化的过程获得了实体性的存在，“经验”作为名词具化了这种确定性，在现实世界中获得了事实性的存在。“审美经验”成为情感客体化的代名词。随着时代的发展，“审美”已经超越了作为“感性的认知”学科初建时的客观性，在情绪性体验的方向上渐行渐远。康德区分了优美与崇高，当然两者都是愉悦的、幸福的。后代美学研究者对情绪性体验做了更多类型的划分，以至于背离了愉悦感。如果说愉悦情绪作为美感的积极方面已为经典美学所普遍接受，那么现当代美学、艺术在追求自身发展的过程中，有意地走向了美感的消极方面和中性方面的内容。杜尚将小便池置放于艺术展览馆中，命名为《泉》，供欣赏者观瞻。从传统审美价值判断看，我们很难说它是美的。但借助艺术馆的情境与艺术家的命名，中性物、丑物成为审美对象，这是当代美学的一个重要的发生机制。

消极方面指的是厌恶、恐惧、战栗等违背愉悦体验的情绪。另外，含混、模糊、延宕、不置可否的中性情绪体验也作为情绪体验进入美感范畴。消极的负性情绪和中性的无感情绪本身不带来愉悦感，应该排除在美感范畴之外。但是，把它们对象化地进行艺术性呈现，创作者和欣赏者在表现、移情和反观中获得了情感的宣泄、净化和满足。中性和负性情绪本身背离了愉悦，它们的客观化过程在某种程度上唤醒了愉悦情绪。

当代美学中，“审美的”作为情绪化对象的本身，已经包含了积极的、消极的和中性的情绪，但不可以因此否认其作为情绪再体验过程中的愉悦感。“审美”“经验”把“愉悦感”与感觉客体化的“经验”并置，把两者在主客融合的意义上进行理解，两者就具备了并列性的可能。虽然“审美”的客体化和本体化之路困难重重，但是思维追求确定性的天然本性导致了客观化、本体化冲动难免一次次做出滚石上山的努力。不论如何，此时“审美经验”的本体轮廓已经逐渐清晰起来。

（三）关于“审美经验”的辩证化反思

审美经验是不是一种特殊的经验？它与日常生活经验有什么区别？它是一种评价性的还是描述性的经验？这些已经成为美学史上被反复讨论的问题。但是，针对这些问题，每个时代的每一位探索者的每一次回答，都不是累赘冗余的。美学基本问题的开放性与回答方式的多样性，恰恰是美学不断向前发展的基本标志。美学研究者将“审美经验”置于特定时空范围考察，融入时代新知才能获得新的答案。

当我们讨论“审美经验”时，我们并非仅仅把它作为语言现象来考察，还存在不断寻求物质实体的种种努力。时代在流变，经验本身也随之流变。不断生成的、交叠的、磨损的、沉淀的当代体验，逐渐形成了稳固的实体性的经验进入历史范畴。历史性的经验不断影响着现实体验的方式、内容和趋向。在历史与现实的交互作用下，审美经验成为一个具有稳定性的，同时也具有流变性的范畴。因而，从哲学史、美学史走向当代文化思潮，从理念世界进入现实世界，在多重交互视野中重新把握审美经验是一个永恒的美学课题。

在当代语境下，在审美经验的科学基础、社会文化基础上进一步求索，才有可能对审美经验的科学内涵作出新的解答。从认知神经科学层面看，经验或审美都不是其主要研究对象。借助认知神经科学对感知觉、认知与情感、学习与记忆、思维与能力的研究，我们可以推进关于“经验”的研究。“经验”，在现在进行时中，表现为主体感知着某事某物的过程，可以译为“体验”，是认知、情感和能力的现量；在过去时中，它是累积在主体记忆中的认知、情感以及能力的存量；在将来时中，它将表现为认知、情感和能力的可能性的增量。

杜威关于审美经验的概念方法将陷入循环阐释的怪圈。审美经验是具有审美属性的经验，一切经验皆可有审美属性，因而一切经验皆可为审美经验，于是为了做进一步限定，加上“一个”，即“一个经验”才可能是审美经验。“一个经验”具备整一性、丰富性、积累性、圆满性。但是，何为整一性、丰富性、积累性、圆满性？如何评判它们？当我们说出这些基本属性的时候，它们是否存在客观评价标准？如果它们是描述性的，表示一种日常状态，那么便缺乏客观稳定性。如果它们是评价性的，它们的度量单位和刻度存在于哪里？如果我们借用新的研究成果来继续讨论杜威提出的问题，是否可以获得某种接洽性的共识？审美属性又是什么？主体感受到愉快时的生理的、物理的物质形式和审美属性有关系吗？生理方面的神经递质或者产生神经递质的神经机制与物理方面的物质存在，两者是什么关系？是否可能产生交互关系？如果可能，产生了什么样的交互关系？

从审美经验的物质实体来看，现代人类学对审美经验的探究提供了丰富的原初性的物质形式。在哲学分析所能穷尽的地方，审美人类学的“地方性审美经验”作为具有审美属性的事实存在显示出其优势所在。地方性审美经验是诞生在特定“田野”上的审美经验。地方性审美经验具有客观性与主观性、物质性与精神性二元融合的基本特征。

从审美经验的心理过程来看，它与现代认知心理学、认知神经科学的审美心理发生机制存在着紧密联系。在物质事实、思想意识和认知情感的解释方面，它可以和哲学分析、美学体验结合开展，认知神经科学作为心理学的最新形态与美学具有最亲密的学科亲缘关系。

二、审美经验的心理基础研究——认知神经美学

（一）阻隔与跨越：从哲学到心理学角度研究审美经验的可能性

表面上看，现代哲学对心理学的批判似乎形成了一道难以跨越的高墙，因而哲学美学与心理学美学研究之间一直存在着一种无法消除的隔阂。① 有趣的是，哲学家对心理学的猛烈批判为双方带来更多的好奇与深入研究，批判本身为开启对话的道路提供了契机。罗素和维特根斯坦晚年都聚焦在心理问题研究上②，这或许恰恰说明了作为意识、思维、认知、情感的两条研究路径不断分离又不断交叉的现实状况。互相审视、互相启迪、互相激活将成为两者螺旋向前发展的常态。基于这样的事实，我们从对心理学的哲学批判入手，分析现代心理学的最新形态——认知神经科学之于审美经验研究的有效性，就不会忽视两者之间可以联结的桥梁。

维特根斯坦认为，哲学美学通过经验积累，借助语言陈述来传递意义；心理学研究主要针对审美判断的原因进行探索。“我们只是通过长期的经验，而非学校中的课程来学习某些东西……学习者或许必须反复地观察或比较不同大师的大量的画作……这就是学习的过程。”然后鉴赏者可以观察出这是哪一幅大师的画作。这个简单的过程体现了经验积累在判断中的作用，但是维特根斯坦提出：“那位鉴赏家无法让陪审团理解自己。换言之，他们会理解他的陈述，但不会理解他的理由。他可以向另一位鉴赏家给出对方会理解的暗示。”③

语言分析和心理学的隔阂就在于此。心理学研究审美过程的原因，语言分析主要探讨鉴赏家的判断、他使用的语词概念、他对其他鉴赏者的暗示以及“这个概念在诸经验概念中的位置”。实际上，两者在不同层面上解答着鉴赏绘画这一过程不同层面的内容。当人们思考语词概念含义时，

① George Dickie, “Is Psychology Relevant to Aesthetics?”, *The Philosophical Review*. Vol.71, No.3, July 1962.

② 罗素晚年的著作《心的分析》探讨了心理学领域对于促进哲学研究的具体作用；维特根斯坦的《心理学哲学研究》《心理学哲学笔记》区分了语言分析方法和心理学方法研究心理问题的途径、效度和价值。他站在语言分析的立场上批判地分析心理学，实际上反向提高了心理学研究的精确度和价值度。

③ ［奥］维特根斯坦：《心理学哲学笔记（1948—1950）》，《维特根斯坦文集》第 7 卷，张励耕编译，北京，商务印书馆，2019，第 166 页。

维特根斯坦的分析是有效的；当人们想追问鉴赏过程的内在原因时，心理学是有效的。两种方法可以相互补充。之于审美经验研究，我们在审美现象、审美对象中获得了愉悦性情感，然而如果这一行为的基本生理心理规律不能得到有效的解析，恐怕人们只能陷入关于审美经验基本含义的无休止的语言游戏之中。

现象学哲学以批判心理学为研究的起点，重新为哲学话语体系建设创设了开阔的空间。在20世纪初心理学高速发展的时代，现象学方法之于心理学亦有同样的参考价值。胡塞尔并不反对纯粹的实证主义，"如果'实证主义'相当于有关一切科学均绝对无偏见地基于'实证的'东西，即基于可被原初地加以把握的东西的话，那么我们就是真正的实证主义者"①。但是，现代自然科学家在讨论"自然哲学"或者"自然科学的认识论"时，常常无法做到"原初地把握"，且"因为偏见""有时混淆了各种直观间的区别"，有时使之对立，有时又唯一化。因而，胡塞尔倡导摆脱"独断论的"科学，力求在"先验纯化的现象"中获得自由视野，从而真正进入现象学领域。通过这些对实证化的心理学的批判，现象学常常也被胡塞尔本人称作"描述心理学""本质心理学""理性心理学"。② 由此不难看出，胡塞尔相信原初的实证心理学，但是否认当时自然科学可以实证地把握住原初的东西。

当代哲学美学研究者也一直从哲学角度对心理学美学研究保持密切关注。本斯·纳内（Bence Nanay）提出心理学在美学中的简洁运用；美学将受益于对知觉哲学的更密切的关注，具体来看，他努力从现象学、心理学和神经科学三个层面寻找证据，探究心理学和美学的相关性。穆雷·史密斯（Murray Smith）在《电影、艺术和第三文化》中也支持这种方法。③ 纳内强调，美学向知觉哲学学习却不成为后者的附庸，其中特别借助对客体对象属性的注意力来讨论审美经验问题，并认为注意力转换引起不同的知觉审美经验转换。④

另外，从心理学角度研究美学问题，每每可以获得重要的成果，如弗洛伊德、马斯洛的研究，也包括费希纳开创的实验美学流派的主要理论。需要注意的是，心理学的发展随着科技整体发展水平提升不断获得新的动

---

① ［德］胡塞尔：《纯粹现象学通论》，李幼蒸译，北京，中国人民大学出版社，2004，第44页。

② 参见［奥］胡塞尔：《纯粹现象学通论》，李幼蒸译，北京，中国人民大学出版社，2004，第3页。

③ Murray Smith, "Film, Art, and the Third Culture", *Estatika: The Central European Journal of Aesthetics*, LVI/XII, 2019.

④ Bence Nanay, "Aesthetics as Philosophy of Perception: A Précis", *Estatika: The Central European Journal of Aesthetics*, LVI/XII, 2019.

力，旧有的内容常常被覆盖或者更新。问题已不是心理学是否有效，而是心理学的哪部分更重要？这需要哲学反思。[①] 此时，哲学分析对心理学成果的审视构成了推动心理发展的基本前提。伴随着心理学的发展，对其进行动态的哲学批判是必要的，亦是必需的。在知识论方面哪些成果是有效的？从价值论角度哪些结论和技术手段需要进一步进行辨析？在讨论认知神经科学、认知神经美学对于审美经验的探索时，始终保持对这些问题的思考将有助于提升科学结论的效度。

认知神经科学是在认知科学的基础上发展起来的。认知科学先后经历了语言学、心理学、信息科学等发展阶段，现在与神经科学融为一体。近年来，认知神经科学辐射范围几乎覆盖了人文社会科学的所有领域——经济学、政治学、宗教学、法学、语言学以至于美学、艺术，自然也包括人类学。这种态势是由脑神经科学的飞速发展造成的。具体到传统的学科领域内，来自传统惯性的拒斥力和接纳新事物的好奇心成为研究者们面对认知神经科学时的两种基本态度。无论保守地拒斥还是好奇地接纳，都无法回避人工智能正逐步走入我们生活的现实。与其恐惧地躲避雄狮，不如正视它，寻求和它交流与共同发展的有效路径。对于美学研究亦然。

运用认知神经科学讨论美学问题主要有两种途径：一种是直接运用认知神经科学的结论，如关于注意、感知觉、认知、情感、记忆等心理现象的科学认识，分析美学基本现象；另一种是运用认知神经科学的实验方法研究美学的主要概念和现象。后一种方法相对较难实现，但较前一种方法更为科学有效。后一种方法使用得当，会融合人文社会科学与自然科学的思维过程，取得一些突破性的研究成果。目前，西方运用实验方法较多，我国刚刚起步，我们也适当地予以介绍。

从语言分析或者现象学还原的角度看，认知神经美学对于审美经验发生的解释不足以澄清其全部内涵。那么，还原式的物质基底探究、神经运行机制研究对于我们丰富审美经验的内涵有什么价值？科学的方法一般是自然主义的，缺乏语境分析与语境还原，缺乏现象还原过程中的丰富的心灵景观。因而，在进行心理学层面的审美经验分析时，要紧紧扣住哲学的方法，使哲学分析与科学结论能得到比较充分的融合。本斯·纳内认为，美学中的心理问题仅是心灵哲学的一部分，心灵哲学又

① Elisabeth Schellekens, "Psychologizing Aesthetic Attention", *Estatika: The Central European Journal of Aesthetics*, LVI/XII, 2019.

是形而上学和认识论的一部分。[①] 这突出了哲学特别是心灵哲学对心理学美学的重要作用。

运用认知神经科学的主要结论对审美经验进行分析，需要从美学的基本问题入手，如审美注意、审美感知觉、审美情绪、审美记忆等。审美经验以“情感性的感觉系统、行动系统和技能系统以及历史积淀下的个体和群体的记忆系统”为中心，是美学基本心理过程的某种内在的和外在的整合。我们尝试运用认知神经科学的基本思路对审美经验进行阐释，就要从这些一般审美心理过程介入。

（二）审美经验与审美心理过程的关系及其认知神经基础

经验在现代英语词典中是一个含义丰富的词语，审美经验亦然。如前分析，经验最初主要指人类的感知觉[②]，随着时代发展和词义的变迁，经验的语义[③]以观察和参与为中心，逐渐包含了实践、知识、技术、能力，进而实体化为感知觉对象化的产物、劳动的过程和创造的产物。这样，单纯的主观心理因素与心理能力对象化的产物混合在一起，构成了当代“经验”的基本含义。从认知神经科学角度出发，首先要澄清审美经验与一般心理过程的基本关系。

1. 审美感知觉与审美经验

当代认知神经科学对感知觉的研究更加精细化，已经可以确定许多感知觉加工的认知神经基础。从神经细胞、神经递质和神经脑区层面，对特定感觉类型（视觉、听觉、嗅觉、味觉、触觉、动觉等）和特定刺激物的交互过程进行认知神经科学解释成为可能。

经验并不是感知觉的物质基础，也不是感知觉本身，而是感知觉的物

---

① Bence Nanay, Response to Ilrvin and Schellekens, *Estatika: The Central European Journal of Aesthetics*, LVI/XII, 2019, p.123.

② 参见汪子嵩、陈村富、包利民等:《希腊哲学史》第4卷上,北京,人民出版社,2010,第167页。

③ *Merriam-Webster Collegiate Dictionary*, An Encyclopedia Britannica Company, 2018, p.440.

1a: direct observation of or participation in events as a basis of knowledge.

b: the fact or state of having been affected by or gained knowledge through direct observation or participation.

2a: practical knowledge, skill, or practice derived from direct observation of or participation in events or in a particular activity.

b: the length of such participation.

3a: the conscious events that make up an individual life.

b: the events that make up the conscious past of a community or nation or humankind generally.

4: something personally encountered, undergone, or lived through.

5: the act or process of directly perceiving events or reality.

质基础的生理机能在发挥作用时，感知觉与其对象的意向性、具身化和时间化的凝结。因其与身体性感知觉的密切关系、与时间意识的密切联系，有的当代美学家愿意把审美经验称为审美体验。感知觉是属于身体的，身体感知外部世界离不开感知觉，某人有关于某物的经验，即曾经有过那方面的体验，也即有过关于该物的全面感觉记忆。经验本身包含客体对象与主观感知觉的融合，体验则不包含这些语用含义。汉语里的体验是主观过程，虽然主观过程离不开客观对象，但是从词义的角度，体验无法兼备客观对象的存在感。因而，美学旨在增强主体的审美体验能力，但不能用审美体验取代审美经验。

审美过程是大脑认知神经机制发挥作用的过程，神经元、神经递质、功能性脑区在审美经验发生时高速运转。当代认知神经美学研究者已经在具体艺术门类审美过程中，对于具体激活脑区进行了比较准确的定位，借助 fMRI 技术，显示出审美愉悦发生时脑区的激活情况。不同艺术门类（绘画、音乐、舞蹈等）的艺术作品作为刺激物，激活了不同的脑区。随着 fMRI 精度的提高，记录下的相关脑区的活动细节愈加精准。此时，我们不应该满足于审美刺激物所激活脑区的记录。虽然实验者得到了审美发生时的大脑物质实体，但是这个实验结论对于我们有什么意义？对于认识审美经验而言，这些脑区意味着什么？这些皮层区除了审美认知情感之外，还夹杂着多少其他类型的认知判断？

审美发生时，激活脑区意味着审美刺激物作为审美对象在大脑内部引起了化学的、物理的、生物性的反应。这种内部神经活动与欣赏者的视觉听觉联结，从视听信息转化为认知情感信息。[①] 认知情感信息本身与审美认知情感发生并不等同。审美意识发生以相关视听信息、认知情感信息为前提，但是信息与意识之间的转化，却不是简单一蹴而就的。关于信息传递与意识生成之间的关系，生物学并不能提供太多的帮助，因为信息传递与生物行为互相作用是生物学讨论的重点。[②]

意识的直接现实表现为语言，从信息输入到信息输出包含着内部语言和外部语言的转换。语言也不是意识本身，一个意识的萌生包含着无数个微意识的共生状态。[③] 因而，从神经发生学的角度看，意识是介于神经信

① T. Ishizu, S. Zeki, "Toward a Brain-Based Theory of Beauty", *PLoS ONE*, Vol.6, Issue 7, 2011, e21852.

② 参见[美]威尔逊:《社会生物学——新的综合》,毛盛贤、孙港波、刘晓君等译,毛盛贤校,北京,北京理工大学出版社,2008,第 213 页。

③ 参见[英]泽基:《大脑的辉煌与悲怆:对于爱情、创造力以及人类幸福的求索》,孟凡君译,张旭东校,北京,人民出版社,2017,第 64 页。

息（产生、传递、加工）和语言（内部生成、外部表达）之间的人类自主状态。意识是外部刺激信息转化而成的内部信息与语言之间的相互牵引而产生的双向同构的意向活动。

感知觉是最原初的意识状态，感知觉信息加工通道的意识状态的物质基础就是各个脑区的活跃运动情况。因而，审美刺激物激活的脑区是感知觉及意识发生的具体物质承担者。作为生物性区块，具体脑区不是僵化的“硬盘”，其本身也是特定类型“软件”的程序性功能。在原初意义上，脑区是意识生成、意识加工的基本平台。找到了审美发生的脑区，也就为审美意识诞生找到了确定的物质基础。

审美意识的定型与保存构成了审美经验的基本内容，审美经验的基本内在物质基础得到确定后，虽然类似于黑匣子的大脑内部结构我们还没有完全解锁，但是获得了比原来更清晰、更大的确定性。

综合认知神经美学的研究成果，在具体艺术审美过程中，审美经验的相关脑区被激活情况如表 2.1 所示。

通过表 2.1，我们可以进一步理解作为审美经验物质基础的神经生物脑区的具体运行情况。审美感知是发生在以上脑区的感知觉事实。“感觉是精神世界与物理世界所共有的东西；它们可以定义为心灵与物质的交叉部分。”[①] 以上脑区有的部位是感知觉控制区，有的是情绪控制区，有的是记忆控制区。但总体上，可以确定审美经验的感知觉和意识部分的物质基础。

2. 审美情绪与审美经验

古典哲学时代，大多数哲学概念处于经过认识辨析、语言分析才能获得存在实体的阶段。这造成了对客观存在的含混性理解，对经验、审美经验的阐释亦然。随着科学发展，我们逐渐可以借助物理学、生理学和神经科学结论对基本概念进行还原式的解析。经验本身作为一个含义复杂且开放的概念，进行还原式的解析是极其困难的。因为我们不能从一个纯粹叫作“经验”的东西出发，而是从经验的语义出发返回到哲学概念的梳理，返回到其语义对应的一般心理过程与客观存在之中。从经验的感知觉层面出发，确定其生物性基底；从客观对象的主观呈现的时间性、具身性和意向性确定其主客观兼容性的双重前提。

审美经验的物质基础的客观存在，需要在现代认知神经科学感知觉分析的前提下，进一步进入情绪分析中。从感知觉分析到情绪分析，这符合当代心理学的一般心理过程。审美经验的核心是情绪层面的，可以说审美

---

① ［英］罗素：《心的分析》，贾可春译，北京，商务印书馆，2018，第 123 页。

经验是人类情感的艺术化凝结。审美经验以人的日常感知觉为基础，升华为情感的艺术化形式。

当代情绪理论是心理学的前沿。根据情绪的性质、分类、属性、生理基础和关联脑区以及语言文化约定，前文对情绪、审美情绪与艺术化审美情绪进行了分析。对审美经验的核心内容的审美情绪进行梳理，有助于我们理解审美经验的情感层次问题。杜威在分析经验与审美经验时，提出审美经验是具有审美属性的经验。审美属性的确定离不开主观审美心理过程的分析，集中地看，离不开审美情绪分析。客观物质的审美属性的获得在于审美情绪的客观凝结。[①] 那么，审美经验实则是审美情绪与日常经验的融合。借助审美情绪，审美经验可以描述为：日常经验（主客二元实体）激发了审美情绪的发生，在日常经验中实现审美情绪的形式化凝结时，日常经验成为审美经验。短时的凝结也可称为审美体验；长时的凝结则进入人类记忆或者民族记忆成为稳定的审美经验，一般具化为地方性审美经验。

与一般情绪相比，日常审美情绪属于短时审美经验，艺术审美情绪或可说是长时审美经验。三者之间不是截然分开，而是相互交融式的分层状态（见图 5.12）。通过以上分析，以威廉斯为代表的情感结构理论，一方面包含在日常审美经验中，另一方面包含在艺术审美经验中。情感结构不仅存在于审美情绪的先天模式之中，还存在于风俗性和制度性的整体生活方式之中。[②]

3. 审美记忆与审美经验

审美经验与记忆是紧密连接的。人类没有记忆，则无法保存感知觉信息和认知情感信息，进而无法形成经验。借助记忆，瞬时性的感受和情绪才能获得长久封存。现代认知神经科学对记忆亦有深入的研究。[③]

事件、事实、程序性、知觉表征等类型的记忆与审美情绪密切联系，短时记忆中的经典条件反射、非联想性学习与生物性反应关系紧密，与审美情绪关联不大。对于审美经验而言则略有不同，审美经验除了情绪性内容之外，还包括技术和能力等方面。这就决定了它还包括骨骼、肌肉的操作记忆。因而，经典条件反射和非联想性学习对于理解审美经验的形成与累积也是有一定帮助的。经典条件反射和非联想性学习并不依赖大脑作为神经生理机制，也就是说这两种记忆类型不以中枢神经系统为物质基础，

---

① [美]乔治·桑塔耶纳：《美感》，缪灵珠译，北京，中国社会科学出版社，1982，第 30 页。

② 参见王杰主编：《美学》，北京，北京师范大学出版社，2018，第 234 页。

③ 参见[美]Michael S. Gazzaniga 等：《认知神经科学——关于心智的生物学》，周晓琳、高定国等译，北京：中国轻工业出版社，2015，第 312 页。

而是通过骨骼肌肉或者是中枢神经系统的低端部分参与到反射弧中，形成神经信息的稳定复现，即记忆。这两种低端记忆类型本身不会直接产生美感，但在人类总体生活经验中，在人类自我意识中，它们会和具体的情境、语境结合在一起，进入事件性记忆、程序性记忆之中，进而成为审美记忆、审美经验的组成部分。

低端生物性记忆可以作为审美情绪和审美经验的组成部分，是因为人类生活总体经验在中枢神经中的文化记忆性留存。人类将一切外来刺激物信息抽象化、概念化、本质化形成神经生物信息，然后再将这些信息情感化、审美化、形式化形成具体艺术作品，或者物质文化审美经验，这些艺术品或者物质文化在时间长河中将会唤起情感化、审美化与形式化的文化讯息，进而会唤醒被抽象化、概念化与本质化的原初存在物。抽象化、审美化、形式化创生了美物世界，美物世界保留了、传承了、再次唤醒了人类的感知、情感和经验。无意识的、生物性的感知碎片凭借事件性记忆弥合到了人类文化经验的整体。茨威格在描写“赌徒的手”的时候，说这是一双完全被赌局控制的无意识的、生物性的手。作者以夸张的笔法描写了这双会表情的双手，从心理学角度来看，应当为敏感化、应激性条件反射带来的骨骼和肌肉记忆：

> 两只我还从未见过的手，一只右手和一只左手，像两头凶狠的野兽相互纠缠在一起，十分紧张地弓起身子，互相揪斗，互相推拒，结果指关节咔嚓作响，发出核桃开裂的那种脆声。这是两只罕见的美丽的手，细长纤巧，不同寻常，可是肌肉紧绷——色泽白皙，指甲没有血色，修成秀气的弧形，泛出珍珠的光泽。整个晚上我一直看着这双手——是的，凝视着这异乎寻常长、简直可说绝无仅有的一双手——可是首先使我如此深感意外的乃是它们表现出来的激情，它们的激情如炽的表情，这种痉挛似的相互纠结，相互推拒……这两只手突然分开倒下，活像两头野兽同时被一粒子弹打个对穿。它们倒了下来，双双倒下，的确死掉了，而不仅仅是筋疲力尽，它们倒下了，这样活灵活现地表现出无力，失望，如遭雷殛，一命呜呼……每一块肌肉都是一张嘴，激情几乎从所有的毛孔涌出，让人感觉得到。它们在这绿呢的桌面上躺了片刻，就像被抛出水面的海蜇平躺在水边，毫无生气……这双闻所未闻见所罕见的手，我像中了邪似的直盯着它们。①

① ［奥］斯·茨威格：《斯·茨威格中短篇小说选》，张玉书译，北京，人民文学出版社，2006，第302～304页。

这一类下意识的、生物性的双手动作本没有什么美感可言，但经过作家茨威格的事件记忆和特定场景联系起来，和赌徒的面部表情联系起来，这双手由敏感化、应激性条件反射带来的骨骼和肌肉记忆动作成为一个经典的审美对象。此时，我们可以判定低端生物性记忆经由作家的情节化与高度审美化的语言再现也完全可以成为审美情绪和审美经验的组成部分。

如罗素所言："身体和脑的适当状态对于记忆来说是必需的，但不是充分的。因此，就我们所确切知道的而言，记忆的因果关系可以既需要某种当前的脑的状态，也需要一个过去的事件。"① 在这一过程中，除了视、听等五种感知觉信息以外，也可以有许多生物性事件混入其中。作为被编码的文化信息，人类感知觉的抽象化过程加工了整个世界，同时作为过去事件存入记忆之中。

人类的经验、审美经验依赖于所有记忆类型。现代认知神经科学比较深入地探察了记忆的神经生物机理。例如，对海马区研究取得重要突破的坎德尔，凭借其关于记忆的神经生物基础的研究获得了 2000 年诺贝尔生理学或医学奖。记忆研究是一个庞大的系统，记忆分类的总体归纳对于理解审美感知、审美情绪和审美经验具有一定意义。

经过上文分析，感知觉、情绪、记忆，也包括注意、学习、动机、想象等一般心理过程与审美经验的关联是显而易见的。在哲学美学视野中，主体心理过程要素只是审美经验的一个方面。审美经验的物质化实体在现实生活中鲜活地存在着，并构成了审美人类学的主题。

审美经验在记忆中得以传承。神经生物性记忆机制无法脱离个体而发挥作用，个体无法摆脱生命从生到死的必然终结。当个体范围内的记忆在有限的生命内被造物终结以前，个体感知觉和认知情感外化获得的物质实体得到了保持，在一定时空范围内物质实体延续着人类的感知、情感和经验。物质实体在历史长河中经过筛选，留下来的变成了物质文化遗产；物质实体之间及其与人之间的相互作用关系，形成了相对恒定的风俗制度，典型风俗制度的传承则成为当代的广义的非物质文化遗产。物质文化和非物质文化保存了审美记忆，传承了审美经验。

对审美经验的认知神经方面的探析，揭示了其一般心理机制的过程和物质基础，即审美经验的主观心理层面的必要物质条件。如果我们想在外部客观世界中寻到审美经验的客观物质支撑，审美人类学则提供了较好的

---

① [英]罗素:《心的分析》,贾可春译,北京,商务印书馆,2018,第 76 页。

路径。审美人类学的核心研究对象在于物质性审美经验。物质性审美经验以特定时空为其发生、延展和存在的条件。从原初性的空间——田野出发，研究实体性、物质性的审美对象化存在对于审美经验的理解，具有重要的现实价值。换句话说，审美经验走入现实实体世界，审美人类学研究体系成为不可绕开的必由之路。

三、审美经验的客观世界基础——审美人类学方法

（一）哲学分析、认知神经美学与审美人类学贯通的前提条件

用哲学的方式把握审美经验，澄清了其基本内涵、语义流变以及本质特征；从认知神经美学角度解析审美经验，探索了显微镜下的审美经验的审美心理机制。审美经验概念之所以在20世纪能够成为美学理论体系中的核心话语之一，一是在于其根深蒂固的哲学美学史渊源，二是在于其与一般心理过程密切关联着，三是在于其主客观融合二元属性与生活话语的无缝对接。经验这个语词本身与人类感知、情感相联，因而成为一些相关学科可以共用的概念重合地带。

经验是通过观察和参与而获得的知识系统，是关于实践、技能和行为结果的操作系统，还是人类个体或群体感知、认知、情绪沉淀下的心灵情感系统。审美经验中沉淀了上述系统唤醒的历史性审美化记忆或者当下性审美体验。从审美经验概念回到审美经验的实体，也就需要从哲学美学分析进入具体文化语境的人类学分析之中。审美人类学中的审美经验是具体的、在地的、可触碰的物质文化或者非物质文化风俗等。因而，借助地方性知识概念的启示①，审美人类学中的审美经验是具有地方性、情境性的，简称“地方性审美经验”。

地方性审美经验是审美人类学的核心概念。审美人类学的本质目的就在于探寻地方性审美经验的基本内容、发展流变规律和未来变化趋势。很明显，地方性审美经验既蕴含了人类共同审美经验的相通性，又突出了特定空间、特定时间里审美经验的特殊性。地方性审美经验与共同性审美经验是特殊与一般的关系。两者不可截然分开，而是互融互通于具体审美经验事实之中。两者都是“经验”的情感化形式。从经验到审美经验再到地方性审美经验，这不仅是心理认知情感的不断具化过程，还包含着人类思想、观念和情感与物质实体融合为一的物化过程。因而，地方性审美经验具有主观和客观相融合的双重属性，承载着人类认知情感、具体物质文化

① 参见王大桥:《地方性审美经验》,《文艺理论与批评》2013年第1期。

形式与实体以及实践价值取向。它构成了审美经验的哲学美学、认知神经美学和审美人类学得以相互贯通的前件。

（二）审美经验与审美人类学基本范畴之间的关系及其认知神经基础

审美人类学讨论田野、语境、风俗、制度、审美认同、审美交流、象征体系等基本范畴。比起审美一般心理过程对个体性、内部性的强调，审美人类学的基本范畴多从个体和个体之间、个体和群体之间以及群体和群体之间展开论述。借助这些关系范畴，明确了地方性审美经验的外在发生机制。

1. 田野、田野调查与地方性审美经验的获得

人类学学界一般认为，田野工作是伴随着人类学的诞生而出现的。传统人类学主要基于工作对象和工作空间来认识田野。关于田野的基本内涵，我们可以采用封闭的和开放的两种策略进行概括。第一种策略：从传统的人类学范畴来看，田野是与西方工业文明相对应的散布于各个大洲的原始土著生活空间，是与我国现代化进程发展相对应的停滞于边疆少数民族和偏远村落的古典生活空间。第二种策略：从当前和未来人类学发展趋势来看，“田野”概念不是封闭的。除了上面提到的含义之外，相对于文明的中心地带，边缘区域、边缘空间、边缘群体的生活场域都可以看作广阔的“田野”。

地方性审美经验自然而然地存在于“田野”中，然而若不通过人类学的田野调查则无法进入人们的审美视野。田野调查是人类学的主要研究方法和工作手段。田野调查要保证客观性、翔实性和生动性。人类学家们通过细致入微、绘声绘色的记录，让人身临其境，直抵田野。研究者描摹出地域性人类生存的真实场景，才能带着自己和读者感受到地域性人类生存的真实境况，才有可能总结出该地域人类的物质和精神生活的客观规律。“理论建构是需要翔实的田野调查和个案研究来支撑的，跨文化比较研究的对象当前也主要是关于中国社会不同阶层、民族、文化区域之间格局特色的审美活动与观念。在现阶段，审美人类学的理论架构已经初步建立起来，如何选择适当的个案，运用审美人类学的理论方法对其加以研究、开辟出新颖的观察和阐释视角，并力求对当代中国审美文化的发展施加积极的影响，这是审美人类学深化学科建设的契机，也是审美人类学取得学科存在的合法性和必要性的关键。”①

从人类学研究来看，田野经验与地方性知识并不能只作为琐碎的笔

① 王杰：《现代美学问题：人类学的反思》，北京，北京大学出版社，2013，第190页。

记，透过比较全面的记录和分析，我们发现对田野经验的实证和演绎是通往真理之门的一条重要途径。“在论述社会的原始状况方面，现在有一本像达尔文学说对于生物学那样具有决定意义的书，这本书当然也是被马克思发现的，这就是摩尔根的《古代社会》（1877 年版）……摩尔根在他自己的研究领域内独立地重新发现了马克思的唯物主义历史观，并且最后还对现代社会提出了直接的共产主义要求。”① 优秀的人类学研究总是昭示着未来。

2. 地方性知识与地方性审美经验的表现形态

“‘地方性知识’指的就是社会生活中可观察和不可观察的方方面面构成的伦理、价值、世界观及行动的文化体系。”② 地方性知识是田野调查之后形成的关于调查地域的整体知识概观。在清晰的文化体系当中，我们可以寻找到其背后包含的认知情感结构，在感性的地方性知识记录中，自然蕴含着丰富的生动的地方性审美经验。审美经验包含着多层次、多向度的内容，其内在于我们的认知神经系统和我们的身心经验之中，也包含感官所及的全部外部世界中曾经、正在和将要带给我们审美感受的全部客观之事物主观映像的总和。

审美人类学的重要目标之一在于打通形而上的哲学美学观念与形而下的审美实践之间的关联，从而获得通透的美学理解与审美生活改造。过往的哲学美学以思辨为主，给予我们美学方面的知识。审美人类学借助马克思主义美学的实践性品质向更加广阔的社会生活空间延展，这种延展不仅是一种思想认识上的介入，还是一种身体力行、纵身其中的审美实践和审美建设。“审美人类学力图超越二元对立的西方美学、哲学体系，在宏阔的多元文化背景下，贴近人类审美感性活动，同时与具体文化情境相适应，使美学研究从想象性的精神活动变为作用于社会现实生活的实践活动。”③

从时间性来看，地方性审美经验表现为原始文化、物质遗产、时尚风尚和乌托邦世界中的审美经验。原始文化蕴含着人类情感的最初形式，它以特定的物质形式穿越千古，放射出特定地域上人类精神与物质生产相结合的最初方式。普列汉诺夫和大量人类学家在原始文化考古基础上，进行解析，成为我们今天了解人类最初审美经验的有效途径。物质遗产泛指流传下来的一切记载着特定时代、特定地域文化特征的物质文化留存。它不

① 《马克思恩格斯全集》第 36 卷，北京，人民出版社，1974，第 112 页。

② 王铭铭：《人类学是什么》，北京，北京大学出版社，2016，第 64～65 页。

③ 王杰：《现代美学问题：人类学的反思》，北京，北京大学出版社，2013，第 21 页。

如原始文化那么久远，却具有极强的风俗性、地方性，因而成为过去的生产生活经验、精神文化形式的具体承载者。从审美经验的角度看，物质文化在客观物体的材料、质地、生产工艺等方面的审美要素是显而易见的，如何理解和认识物质遗产所负载的过去的精神文化内涵，如何判断物质遗产之于当代的审美情感意义，以及物质文化之于未来的价值指引，这些都构成了我们当前开发物质遗产的重要课题。时尚与风尚是现在进行时中审美化物质实体和审美精神内涵之间充分融合的产物。比起人们对时尚与风尚物质实体的追慕，它们的精神符号形式内涵蕴含着更多的流动的意象与幻象，牵动着过去，激活着当下，引领着未来。乌托邦文化的审美经验是一个虚设的命题，存在的虚空性并不妨碍其“将在”的可能性和有效性。我们常常无法言谈一个缺乏审美经验实体的审美形式，幻象的导引性在此将发挥作用。乌托邦式审美经验看似是一种悖论化的言说方式，我们却可以在审美经验的精神形式与物质形式的裂缝中，用前者来引导后者获得实体。此时，或许乌托邦式审美经验并非妄谈。

3. 审美经验的地方性与共通性及其对二律背反的克服

在田野调查过程中，审美经验与地方性知识相互缠绕，拧结成一条优美的彩带。我们在累积的地方性知识中条分缕析出审美经验，其可能包含两个方面的内容：一个是地方性审美经验，另一个表现出地方性特征却含有人类共通性的共同审美经验。共同性审美经验与地方性审美经验两者恰是康德判断力二律背反原则的延伸。① 审美人类学尝试着同时把握这两个方面内容，首先要彰显地方性审美经验的独特品质。在两者的交互关系分析中，凝练出共同审美经验作为普遍概念的有效性、原则性，同时又注重回归地方性审美经验的趣味性和超概念性。审美经验作为融合两者的实体性存在而成为针对康德鉴赏判断二律背反问题的当代解决方式的一种有效途径。“‘地方性审美经验’……用于概括和指称全球化语境下非西方主流文化在审美维度上的存在方式和存在形态。这一概念初步的定义概括为：人类学意义上的具有地方性文化特点的感知世界的方式，包括处理人与自然关系的方式，以及不同性别、不同年龄、不同阶层的人们的文化认同和

---

① 参见[德]康德：《判断力批判》，邓晓芒译，杨祖陶校，北京，人民出版社，2004，第 184～185 页。正题：鉴赏判断不是建立在概念之上的；因为否则对它就可以进行争辩了（即可以通过证明来决断）。反题：鉴赏判断是建立在概念之上的；因为否则尽管这种判断有差异，也就连对此进行争执都不可能了（即不可能要求他人必然赞同这一判断）。共同审美经验对应着以概念为基础的鉴赏判断相通性，在它的基础上，人们可以针对审美对象进行交流、争执；地方性审美经验对应着非概念性鉴赏判断，即兴趣面前无争辩，地方性审美经验的情感触发性在集体风俗和个体感性中超越了概念。

文化区分的感性文化层面，还包括由于这种不同的感知方式和处理外部世界的方式而形成的不同的审美意义。具体性和特殊性是‘地方性审美经验’的主要特征。文化、习性、文化传统、语言、认知模式、象征符号等，均为‘地方性审美经验’的基本要素。”①

在全球化时代，观察者视角与立场在变换之中，主位、客位关系在相互转换之中，此时，地方性经验并非仅指非西方主流文化的审美存在，也可以用来指称东方视野下或者全球视野下的西方文化。这样我们就将地方性审美经验的存在空间、存在形态空前地放大了。地方性，泛指所有在地性、具体化、特征化的知识与情感的存在方式。共同性，主要用于概括抽象性、凝练化、普遍性的知识与情感的存在方式。在共同性与地方性两者基础上，再提出一个“审美经验”在逻辑上意味着融合抽象性与具体性、特征化与普遍化的取向，同时也意味着寻求二元融合的时代美学倾向。这种解决方案也类似于鉴赏判断二律背反的解决：

> 对一个二律背反的解决仅仅取决于这种可能性，即两个就幻相而言相互冲突的命题实际上并不是相互矛盾的，而是可以相互并存的，哪怕对他们的概念的可能性的解释超出了我们的认识能力。
>
> 所以我们看到，审美判断里的二律背反的消除采取了一种类似于批判在纯粹理论理性的二律背反的解决中所遵循的进程；而同样，在这里以及在实践理性批判中，二律背反都在强迫着人们违心地把眼光超出感性的东西之上，而在超感官之物中去寻求我们一切先天能力的结合点：因为已不再有别的出路使理性与它自身相一致了。②

过去，超感性、超感官之物、超感性基底概念一直没有得到恰当的解说。在认知神经美学视野的辨析中，超感官之物、超感性基底可以训释为影响先验概念运行的内在脑机制和外在客观律。审美经验包含“超出感性的东西之上”的“超感官之物”，其中蕴含着决定审美经验的审美原则。经过以上分析，审美经验的内容得到进一步的扩充，即从“感觉”“感官感性”出发，为了克服二律背反，在超感官层面上获得了审美原则的理性内容。

4. 地方性与全球化中的审美经验情感层

在实体化追求中的审美经验的表现形式除了上文提到的原始文化、物

---

① 王杰:《现代美学问题:人类学的反思》,北京,北京大学出版社,2013,第112～113页。

② [德]康德:《判断力批判》,邓晓芒译,杨祖陶校,北京,人民出版社,2004,第187～188页。

质遗产、时尚风尚、乌托邦审美经验之外，还有情感化表达的不同。如施特劳斯认为，人类学描述人类情感主要有两种形式：一种是放大，其对象是崇高（这在形态上类似于“巨石结构”，与“崇高”的审美范畴具有深刻的联系），把人的身体加以延伸，情感被放大，放大是与恐惧相联系的，投射的是一种敬畏和恐惧。另一种是缩小，缩小的特点是人可以把握它、控制它，艺术作品就是这种机制的产物。① 我们借助地方性知识考察审美经验的时候也要注重这两种情感形式。结构主义人类学对情感的两种区分是和具体的地方性知识紧密关联的。

审美经验的情感层与地方性知识相联系的具体人类学案例如：格罗塞在《艺术的起源》中对劙痕的分析。格罗塞结合地方性知识对劙痕的含义、起源和现代意义做了详尽的辨析。结合布须曼人、澳洲人、托雷斯海峡人、塔斯马尼亚人、安达曼人等的劙痕习俗考察，劙痕有时是成年礼的一种形式，有时表示部族从属关系，有时用来震慑敌人，有时具有审美意义，还有时带有轻微的宗教含义。每一种含义及其情感蕴藉倾向都与当地的地方性知识传统有关，也都与身体装饰需求有关。②

地方性的审美经验除了具有个别性和独特性之外，也包蕴着人类认知情感的共同模式。音乐是没有国界的，所有的艺术门类在形式上具有相通性。富有地方性审美经验的艺术作品、审美现象表现出千差万别的独特品质，但在拨奏人类情感琴弦、唤醒人类情感共鸣方面常常发挥着和诸多经典作品同样重要的作用。审美经验之间是具有可通约性的。

处在全球化进程中的当代社会，常常放大了地方性审美经验的共同性价值，而抹去了个性品质。这样的状况可能出于两种原因，一是处在主位的地方性主体为了融入主流价值体系当中，以获得政治的、经济的适应性，不断牺牲获得自我确认的特殊质素；二是处在主流价值体系中的观察者与欣赏者虽然对于地方性审美经验来说是客位，但是常常将习惯性的价值体系和审美眼光投射到地方性经验上并加以改造。

这两种情况都不是地方性审美经验的共同性的本真状态，而是某种扭曲和变形。面对着全球化语境的冲击，如何保持地方性审美经验的完整性、特殊性和生发性，这是一个意味深长的话题。在某种意义上，这些主动的保护和有意无意的改造本身也具有了现代性悲剧的意味。

---

① 参见王杰、尹庆红、向丽：《审美人类学的问题与方法再思考》，王杰：《现代美学问题：人类学的反思》，北京，北京大学出版社，2013，第48页。

② ［德］格罗塞：《艺术的起源》，蔡慕晖译，北京，商务印书馆，2008，第52～62页。

5. 地方性审美经验与风俗、制度

地方性审美经验作为主客并存的二元实体是在特定的时间空间中塑造出来的，如“审美人类学”知识结构图（见图 7.12）所示，它将受到特定田野上的刚性制度和一定时代语境中的柔性风俗影响。在具体的影响过程中，风俗和制度通过作用于人的认知情感实现对个体审美经验的塑造，进而形成整体性的地方性审美经验。个体通常是通过学习来获得风俗、制度的规约性，进一步调节个人行为活动，进而形成了固定的行为模式。

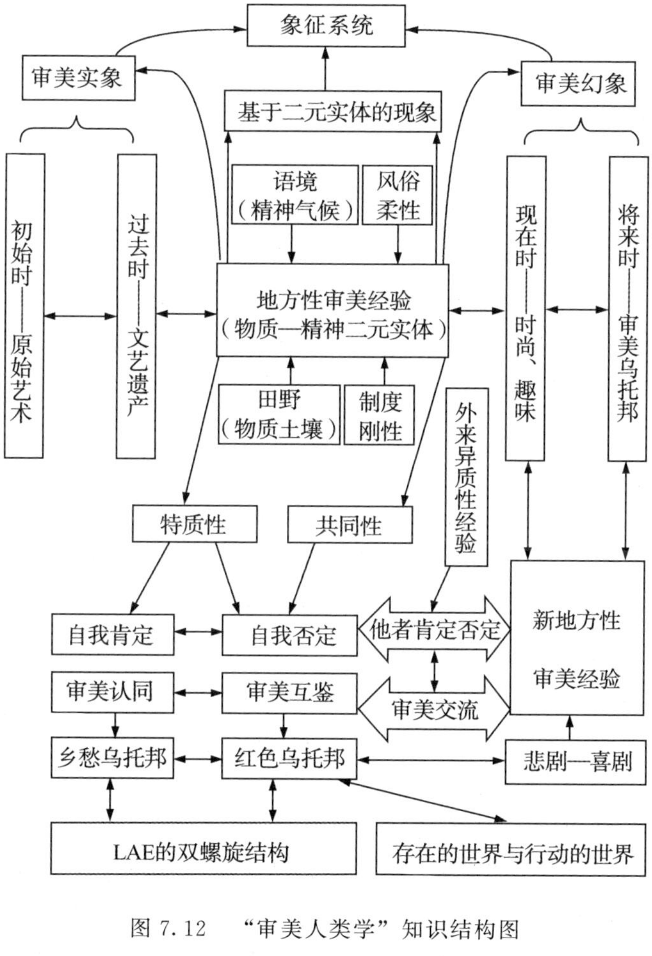

图 7.12　“审美人类学”知识结构图

“学习（learning）是获取新信息的过程，其结果便是记忆（memory）。”①

① ［美］Michael S. Gazzaniga 等：《认知神经科学——关于心智的生物学》，周晓琳、高定国等译，北京，中国轻工业出版社，2015，第 272 页。

从个体认知情感与审美经验的生成看，审美学习发挥着巨大的作用。审美学习是指地方性的制度和风俗作用于个体的学习系统，形成个体审美经验生成的动作、事件和记忆。审美学习包括个体和群体两类主体。审美学习过程包括对于认知情感信息和行为模式正向奖励与负向惩罚。具体来看，个体行为和情感符合制度和风俗，将获得正面的审美经验强化，背离制度和风俗将得到负面的惩戒。现代学习理论认为，学习的对象不仅是知识和技能，还包括以此为基础的认知情感和行为模式。

制度怎样通过影响人的认知情感影响审美经验？例如，《延安文艺座谈会上的讲话》形成的文化制度对艺术家和人民群众形成了直接的或潜移默化的影响，艺术家和人民群众进行了有意识或无意识的文化制度学习。因而《延安文艺座谈会上的讲话》对于艺术家创作和接受者的欣赏，具有重要的模塑作用。

风俗怎样通过影响人的认知情感影响审美经验？风俗包括很多方面内容。如果说制度主要是政治、经济、文化等方面的刚性约束，风俗则包含着神话、传说、日常习惯等所有文化性语境的内容。“马尔克斯很诚实地说，他没有大家想象得那么复杂，他的很多想法都是来自于外祖母所说的故事。”[①] 传说、民间故事、特定风俗自然常常和艺术家、接受者的审美经验融为一体，有些时候它们就成为审美经验本身。

6. 地方性审美经验与审美认同、审美互鉴

共情（empathy）是由英国心理学家铁钦纳提出的一个心理学概念，在整个20世纪它有一个漫长的研究史。[②] 近年来，共情在社会心理学、个体心理咨询中颇为常见，有时候也译为同理心。共情通常指个体与个体间情感共鸣。它区别于同情（sympathy），不是主体对客体对象的情感移入或者同情怜悯，而是主体放下自我的价值判断，设身处地从对象的立场出发，产生情感共鸣。共情作为一个个体间、群体间情感交互作用的心理学概念，对于审美认同的发生发挥着基底性作用。共情属于主体间性情感，其中包含着审美情绪和某种道德意蕴。

在人与人之间，动物与动物之间，甚至人与动物之间（日本电影《忠犬八公》生动诠释了人与爱犬之间的共情故事），共情现象广泛地存在着，其认知神经基础在人或动物上是相似的。共情是群体生物内部的个体与个体之间、群体与群体之间能够进行情感交流的高级生物性能力。我国神经

---

① 苏童：《新时代·新经验·新想象：金砖国家文学论坛对话录》，《作家杂志》2018年第2期。

② 参见陈军：《共情神经科学：探索亲社会行为、利他主义和道德的生物学基础》，《学习与探索》2019年第7期。

科学家陈军借助神经科学实验研究了人类以及啮齿动物关于痛苦的共情规律，其中对共情的分类、共情的神经生物脑区、共情的生物性与社会性功能研究，对于审美人类学都具有一定的借鉴意义。①

个体间、群体间的共情能力成为产生共同审美经验的重要心理基础之一。审美认同是不同个体和群体之间审美经验的认知叠合与情感共鸣。审美认同发生的过程中，具有生物性和社会文化性根源，两种根源发挥作用时必然伴随着共情的发生。随着共情心理研究的不断深入，审美经验之间的交流互鉴的规律将更容易被我们所理解和掌握。

当代认知神经科学推动了审美心理过程的研究，诞生了认知神经美学。审美人类学的基本范畴与审美心理过程紧密关联。结合认知神经美学对审美心理过程的分析可以深化审美人类学的科学基础，夯实客观实证精神在心理发生层面的概括。认知神经美学与审美人类学的结合尚有广阔的发展空间。借助人工智能、大数据分析等多种现代科学技术，我们对于美学基本问题、群体审美现象、人类未来的认知情感和实践道德的理解将打开崭新的篇章。

四、小结：当代审美经验研究的价值导向

经过前文分析，审美经验在传统与现代哲学分析中，面向当代的认知神经美学与审美人类学，更为全面地呈现出其本质含义、科学机理和实体存在状态。我们可以用审美经验的整体化构成（见图 7.13）进行总结概括。

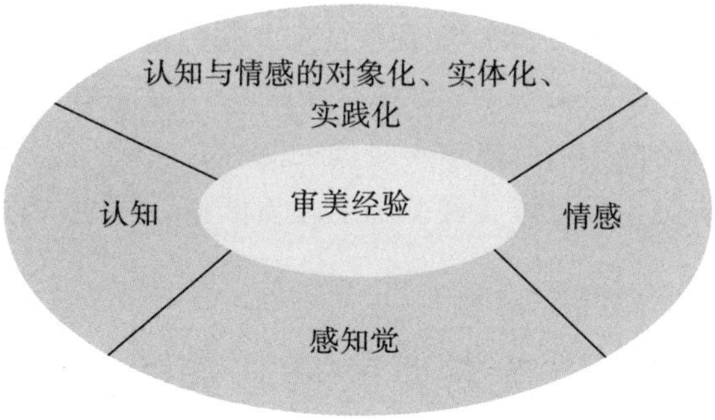

图 7.13　审美经验的整体化构成

① Chen Jun, "Empathy for Distress in Humans and Rodents", *Neurosci Bull*, Vol.34, February, 2018.

审美经验在过去与未来之间发挥着重要的衔接作用，在客观实在与主观欲念之间发挥着重要的平衡作用，在个体之间、群体之间发挥着重要的凝合作用。审美经验通过与实践伦理的接合，和日常行为、实践行动紧密联系起来。

经过审美经验的概念史梳理、本体追问、辩证反思，连同传统人类学、认知神经美学和审美人类学视域下的分析，其基本内涵已经彰显。审美经验作为主客融合的二元实体，不仅是美学研究的对象，而且也是审美生活的催化剂、改良剂和演化剂。在特定的时间空间域中，审美经验表现出地方性特征。地方性审美经验的流变过程构成了特定空间场域的审美文化生成演化史。地方性审美经验与审美文化的流变与演化不是封闭的内循环过程，而是与社会生活的政治、经济等各个方面相互联系、相互作用的。一方面，经济、政治、文化生活影响着地方性审美经验的生成与演变；另一方面，地方性审美经验和审美文化反作用于社会生活。同时，地方性审美经验之间存在着交叉影响。

地方性审美经验在实践价值层面表现为趣味性、风俗性与道德性引领。这种引领并非审美文化自身功能的释放，而是基于深厚的田野土壤、文化语境气候、政治经济环境等综合因素影响下，审美情感形式发挥了疏导、教化和变革旧有经验的作用。地方性审美经验发挥实践价值，是通往创造未来社会生活的必由之路。

马克思强调："任何深奥的哲学问题……都可以十分简单地归结为某种经验的事实。"① 过往的哲学对经验的探讨大多浸淫于哲学思辨的域限，而回避经验实体。马克思主义美学努力从实践、认知层面入手，运用人类学方法、现代认知神经美学和哲学人类学方法，描绘出实体性的、鲜活生动的地方性审美经验，揭示出审美经验的基本含义和当代价值，总结出它的基本规律，借此为实现审美经验的伦理实践作用提供些许先行探索。

第三节　审美需要的身心基础：从认知神经机制到整体化批判

需要是马克思主义、心理分析、人本主义、进化论等诸多理论研究的共有的重要支点。在众多理论视域对美学问题的关照中，审美需要时常被

① ［德］马克思：《德意志意识形态》，北京，人民出版社，2018，第21页。

置于一般美学理论体系的起点位置。在梳理以往审美需要研究的基础上，提出当代审美需要的新内涵，对于我们理解当代美学现象是不可回避的基本路径。个体的神经生物基础与社会的风俗制度、政治经济生活都在影响着审美需要的产生和变形。在整体化思维中，审美需要本身呈现出新的理论构型样态，这将为新历史环境中的人类实践提供新的总体性指引和个体性重构，将推进审美需要的乌托邦式迭代性演进。着眼于当代中国文化语境，着眼于当代科技文化发展，重构审美需要的理论形态对于发掘日益增长的精神文化需求的潜在动因与现实动力，无疑具有切实的理论和实践意义。

一、需要与动机的心理机制及其在审美对象中的显现

需要的生物结构与心理学的动机理论息息相关。它们都以审美形式化实现自身的审美呈现，并在艺术创作和欣赏与生活审美中完成其审美超越。

动机与需要决定着美感的激活、强度、维系和消失。人无法忍受单一颜色、单一声音、单一环境，所以要超越日常形式的情感体验，追求形式愉悦感、内容的崇高感等。[①]

马斯洛需求层次理论将人类需求分为五个阶段（见图 7.14）。第一、二阶段，分别是饮食男女需求和安全需求，第三、四、五阶段是归属和爱的需求、自尊的需求和自我实现的需求。情绪产生于需求的满足和错位。当我们的需求得到满足的时候，大脑奖励中枢会被激活，此时我们的情绪体验为愉悦感。[②] 当我们的需求不能得到满足时，我们或者产生强烈的挫折感而失去行动的动力，此时大脑奖励中枢处于抑制状态，容易产生抑郁情绪；或者为了满足需求而产生更加强烈的心理动能，进而产生追求满足需求的行为，此时表现为强烈的功利性的饥渴感。失去行动能力还是产生更加强大的行动力，这因人而异。我们可以认为，这些为了满足需求而生成的意志，正是人类得以生存和发展的基本条件。

---

① 参见孙正聿:《超越意识》,长春,吉林教育出版社,2001。

② 参见[美]安简·查特吉:《审美的脑》,林旭文译,杭州,浙江大学出版社,2016。

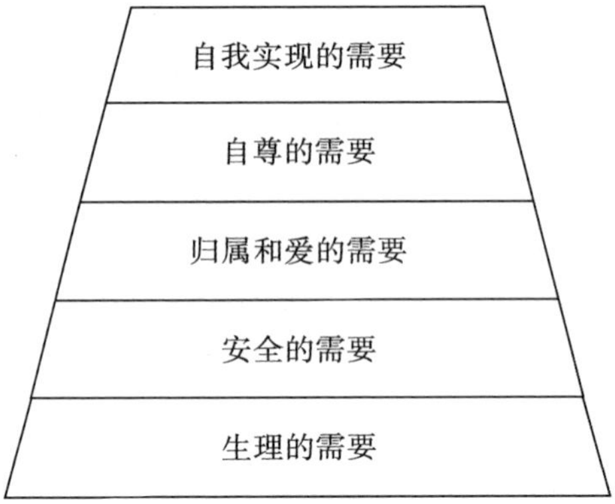

图 7.14　马斯洛需求层次

（资料来源：[美] 马斯洛：《动机与人格》，许金声等译，北京，华夏出版社，1987，第 40～53 页）

我们在一般的美学体系中常常倾向于否定第一阶段和第二阶段的基本需求，认为饮食男女和生存安全需求都属于生理性的满足，因而具有低级生物性和功利性。事实确实如此，比起归属和爱的需求、自尊的需求和自我实现的需求，前两者确实属于生物本能。这里我们就引申出两个问题：一是饮食男女和生存安全需求能否产生美感？二是归属和爱、自尊和自我实现需求的满足是否属于美感？

回答这两个问题之前，需要澄清一些内容。美感仅在物质形式和精神形式得以抽象时，才以抽象形式激活我们的奖励中枢，此时形式和内容获得辩证的统一。美感既抛弃了物质内容的直接生物性快感，又保留了物质形式激活的文化性愉悦。然而，这并不是物质内容和物质形式的简单剥离，而存在着内在神经生物关联，也存在着辩证统一。物质形式中蕴含了物质内容的非利害性过程①，物质形式激活了物质内容的整体形象；物质内容退却了直接利害性，赋予物质形式以间接利害性。物质的形式和物质的内容在美感中实现了分离和聚合的辩证统一，这个辩证过程具有神经生物学基础。脑成像显示，物质的具体属性（由抽象而获得的）、物质知觉成像（知觉整合而成）、整体概念（抽象基础上的语义整合）和物体认知情感属性（认知情感脑区、额叶、扣带回等）在大脑中是存在层次差异又紧密关联在一起的过程。

第一个问题：饮食男女、生存安全可以获得愉悦感，但内容过于迫近，形式因素过于模糊，缺乏美感。但是不能排除饮食男女和生存安全作

① 参见李志宏：《认知美学原理》，北京，光明日报出版社，2011，第 43 页。

为产生美感的基本资质。在某些特定情况下，由这两个层次激发的美感更加震撼。例如《巨人传》中巨人的豪饮暴食；《芙蓉镇》中李国香对基本生理需求的撕心裂肺的渴望；摄影作品《偷渡中溺亡的叙利亚三岁男童》中偷渡家庭的生存危机；《汤姆叔叔的小屋》中黑奴在被买卖、逃跑和死亡中度日，生存安全没有保障。在《汤姆叔叔的小屋》中，伊莉莎为了保护儿子不被奴隶贩子卖掉，竟然蜻蜓点水般地越过了满是浮冰的俄亥俄河，她的鞋子掉了，她的袜子磨破了，冰面上、地面上留下了斑斑血迹。伊莉莎为了逃脱奴隶贩子追捕，为了获得生存权而神迹般地行动，这不正是由生存安全激发的强烈美感吗？这种美感比起一般的视觉愉悦更加震撼人心，即使是拥护奴隶制度的国会议员也开始怀疑起奴隶制度。于是林肯总统评价斯陀夫人说："您这位弱小的妇人竟然写了一本引起这场伟大战争的书。"[1]《汤姆叔叔的小屋》诠释了这样一个把生存安全与美感联系起来的过程：由生存安全而激发了创作者的美感，由美感而生成了伟大的艺术作品，伟大的艺术作品发酵了一场社会心理思潮，鼓励和加速了美国的废奴运动。那些震撼人心的力量恰恰和人类的最基本需求的错位相联系，伟大的作品莫不如此，伟大的悲剧莫不如此。

如果他们出现在现实生活中，这些艺术形象的原型恐怕都不会成为审美的对象。但是，经过文学语言的对象化再现，这些需求获得了形式普遍性，为激活物质内容的有利性提供了前提。此时，这些需求的满足都具有审美情感功能。因而，第一个问题由饮食男女和生存安全需求能否产生美感转化为两者如何产生美感。没有哪一部伟大的作品不关心饮食男女和人的基本生存问题，但只有借助艺术形式化因素和抽象过程，艺术形象才能诞生，美感才实现物质内容和物质形式的辩证统一。此时，属于全人类的美感诞生了。需要稍加引申的是，如果艺术作品在物质内容和物质形式之间结合得恰到好处，也就是形式完美地调动起内容，内容呈现出完美的形式时，美感和艺术作品才达到比较理想的状态。如果一些作品和物质内容结合过于紧密，而失去了物质形式和物质内容之间的疏离感，那么物质形式也就难以从物质内容的生存功利性中剥离出来；如果没有这种物质内容和形式的分离，物质形式的抽象性就会大打折扣，此时人们激发的更多是生存功利感，不能形成由物质形式抽象性而引发的具有普遍意义的美感。在大脑中艺术形式抽象性具有更强的激活能力，它可以激活和该艺术形式相联系的一切时空记忆，进而自由地形成和选择认知情感生成模式，为人

---

① 王荣花主编：《巴比词汇 8000》，西安，陕西师范大学出版社，2001，第 1 页。英语原文为："So you are the little woman who wrote the book that made this great war!"

类意识、情感和行为的多样性提供保障。艺术形式引发的多样性才是美和艺术的本质功能所在。相反，如果形式抽象匮乏，那么物质内容将直接激活利害相关脑区，丰富的时空记忆将被屏蔽和封锁，意识、情感和行为的多样性自然也就无从谈起，人类行为只能粘滞于物，为了物质内容的得失而惴惴不安、惶惶终日。例如，张承志的一些作品受到争议，或许原因就在于其艺术表现内容和物质内容贴合过紧，而缺乏物质形式剥离感。离开了形式抽象性，人们就不会在一定的审美时空距离中重返普遍的物质内容，仅仅停留在眼前物质内容的利害关系中，无美感可言。

第二个问题：归属和爱、自尊和自我实现需求的满足，是具有精神功利性的，那么精神功利性本身是否等同于审美情感？认知美学曾经给出答案，无论是物质的还是精神的功利性都具有利害性，因而不能直接作为美感。① 因而，我们判定精神需求的满足也必然借助具体物质激活的抽象形式，只有在抽象形式和实体内容获得统一时，才能获得美感。精神需求本身并不是美妙玄幻的空中楼阁。它需要借助日常物象得以实现，归属和爱的需求要有归属和爱的对象，自尊的需求离不开生活环境（自然和他人构成的）的认可，自我实现的需求离不开无数成长过程中的叙事性事件，叙事性事件又是各种人、事、景、物的因果联系。因而，顶部三个阶段的精神需求是前两个阶段需求的升华，所有需求都离不开现实生活和世界知识。例如，《简爱》的女主人公对爱的需求和尊严的需求，《红与黑》的主人公于连的内心动力，都是爱的需求、尊严的需求和自我实现的需求的统一。

审美需要产生的动机，源自神经细胞对振动和活跃的需要。当神经细胞长期处于平静的稳态时，细胞自身会产生被激活的冲动。② 在宏观世界中，神经细胞打破平静状态的冲动，生命追求活跃运动的例子很多，其具体表现比比皆是，正如汪峰的歌词唱道："我想要怒放的生命，就像飞翔在辽阔的天空，就像穿行在无边的旷野，拥有挣脱一切的力量。"

在一般心理学教材当中，需求常常作为动机的一个组成部分来介绍。笔者考虑到需求与美感联系更加紧密，首先分析需求的美感关联，其次考察动机问题。

在心理学上，动机（motivate）指发动、指引和维持躯体和心理活动的内部过程。③ 动机的起源具有本能驱动和记忆驱动两个起点，动机的具

① 参见李志宏：《认知美学原理》，北京，光明日报出版社，2011，第43页。
② 参见李志宏：《认知美学原理》，北京，光明日报出版社，2011，第96页。
③ 参见孟昭兰主编：《普通心理学》，北京，北京大学出版社，2000，第358页。

体内容分为一般生理心理要素和社会文化要素，动机的表现形式分为认知情感成分和行为成分。所有动机的驱动和表现都以神经生物活动为生理基础。动机与记忆紧密联系，记忆为动机提供了燃料和库存。动机来自记忆，强化着神经细胞激活敏感度，强化着神经通路的联结方式。动机决定行为，在认知、情感和行为的记忆中不断提纯，向上提升。动机本身可能会带来愉悦感。例如，《世说新语》中王子猷雪夜访戴的故事，王曰："吾本乘兴而行，兴尽而返，何必见戴?"王子猷访友是一种兴致，既然带着这种动机出访本身已获得愉悦感，那么何必实现动机，见到友人?

与动机相联系的心理学概念有本能（instinct)、需要（need)、驱力(drive)、诱因（incentive)。这四个与动机相联系的基本概念之间存在着内部的关联，结合了动机理论的诸种学说，如本能论、驱力理论、需求层次理论及认知、期望和归因论。①

审美动机一般来自文化记忆，以文化要素为主要内容。本能要素也常常经过抽象符号化，而成为文化记忆，成为文化性动机；而文化性记忆要素经过实践强化之后，也常常会变成一种本能性动机。由文化记忆引发的动机和由本能诱发的动机两者之间难以划清界限。因而，笔者绘制了混合动机驱动模型（见图 7.15)。

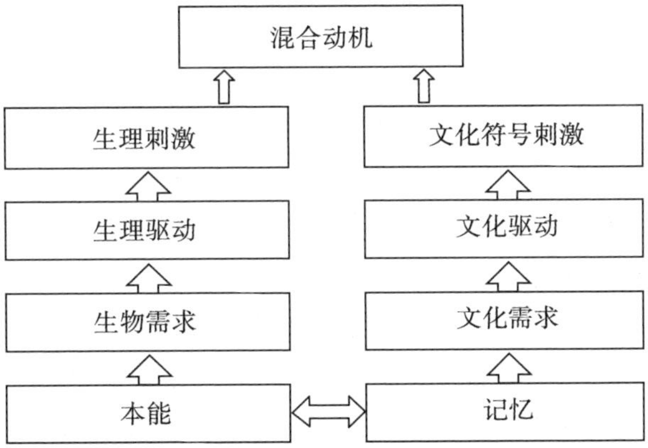

图 7.15　混合动机驱动模型

审美动机以文化性记忆驱动为主，以文化性动机为主体，然而不可避免地具备本能生物性动机要素，这取决于任何动机本身或多或少具备一定的混合性质和混合状态。自然主义者试图回归纯粹自然本能动机，由此引

① 参见孟昭兰主编:《普通心理学》,北京,北京大学出版社,2000,第 365～373 页。

发出纯粹自然生态审美，他们的尝试常常会取得耳目一新的效果。然而，在使用语言文字或者任何使用符号化艺术语言或者审美语言的过程中，这种返璞归真的自然本能动机就无可避免地渗入了符号文化因素。因而，审美动机一般是以文化动机为主体的混合动机激活状态。生物性动机和文化性动机的双线四阶段的混合动机模型是美感的内在动力因。双线包括：生理序列和文化序列。四阶段分别为：本能和记忆是动机的原动力；生物需求和文化需求是动机的具体表现形式；生理驱动和文化驱动是外部环境的宏观驱动要素；生理刺激和文化符号刺激是动机产生瞬间的微观环境激活要素和内部神经生发过程。双线四阶段混合动机模型属于我们的认知对于动机问题的概括，我们不能武断地认为事实必然如此。混合性可能有助于我们对模糊事实的理解：文化序列和生理序列两条线索不会泾渭分明，截然分开，而应该常常交融互渗，融为彼此，即文化序列的信息可能转化为生物本能动机（如中国人对红色的偏好已经从对无数红色文化符号的喜爱变成了一种本能需求），而生理序列也必然借助记忆进入文化性动机序列（例如纪录片《舌尖上的中国》）。美感的发生以及审美活动的激活一般源于文化性动机，但是其中包含着两种动机之间的混合交互过程。

审美需要是生物本能还是文化学习（规训），是把文化制度被规训成为本能，还是文化制度本能化地指令人类情感和行为模式。这与需要前结构的双重要素（文化要素、生物要素）紧密联系，更与需要的社会结构，各种意识形态的规限有密切关联。在此基础上，审美需要批判是一种先天需要抑或后天文化改良？审美态度、审美动机与审美需要之间的关系在审美与艺术活动中表现为创作动机与欣赏动机的双向互动。艺术家在创造艺术作品时完成了对世界的欣赏，欣赏者在欣赏艺术作品时完成了对内在世界和外在世界的再创造。

当前，网络化、信息化、数字化、全球化等数字资本的主导力量愈来愈强。基于这样的时代环境和文化语境，审美需要呈现出怎样的当代样貌？由于异化现实和异化个体的强化，超越异化的难度随之增加。

二、当代审美需要研究的诸种理论及分类

在审美发生问题上的不同解释路径，是每个美学流派区分于其他流派的基本标尺。有些美学流派没有直接讨论审美发生问题，但隐含在各种基本判断中；有的美学流派没有以审美需要作为审美发生的切入点，如分析美学选择了审美态度、审美注意等概念，但不可避免地包含着发生学的旨趣。

从对发生问题的基本态度、讨论方法和基本结论来看，先验概念与经验概念之间的分歧逐渐彰显出来，辩证与实证的差异凸显出来，科学与意识形态的屏障舒展开来。

（1）基于马克思主义异化理论的文化批判，以西方马克思主义的法兰克福学派批判理论、布达佩斯人道主义学派为代表。霍克海默和阿多诺在批判工业理性中重申启蒙辩证法的重要价值，其中蕴含着启蒙思想中的人道主义精神。对于人的关怀，从人的需要出发，重启被工业理性桎梏的感性生活，阶级意识卷裹着革命需求成为时代政治生活、精神和文化生活的原动力。同为卢卡奇精神继承者的东欧马克思主义代表人物赫勒在专著《需要理论》中，分析了来自生产消费的物质需要、精神需要和激进需要的人本动因。

自由的旗帜在西方马克思主义及其美学思想中始终是鲜明的精神符号。自由又成为个体权利、个体生存和个体发展的保障性精神原则，无论古典现代，无论国别民族（西方范围内）。因而，当人道主义的马克思主义在“五月风暴”的历史狂潮中被尚未丧失生命力的资本主义制度所扼杀的时候，自由的人道主义的马克思主义让位于结构的历史的马克思主义。此时，需要被结构性地分析，或者说解构化地存在于无意识之中。在激情退却的海滩，人类的审美需要被历史事件储存为一种集体制度中的温暖回忆，它时常浮上心头，成为涌动的历史与现实再次发生共振的契机，而完整的马克思主义美学理论则将审美需要置于个体人道需求和集体人类结构的双重张力中予以考察。

（2）精神分析、人本主义的审美需要理论研究。在精神分析主义者的观点看来，以本能为基础的欲望升华为艺术创作的动力意味着本我需要转化为一种超我的审美需要，其基本生物物质基础在于力比多引起的性欲和心理结构。人本主义心理学家马斯洛虽然没有明言需要的生物与心理机制，却在心理结构划分中，明确地将生存和繁衍需要与精神文化分为完全不同的层次。各个不同层次之间就低满足之后才能趋向于高阶需要。

（3）进化论、社会生物学。进化论美学的标志性观点认为审美发生源自人类适应环境和性选择的天性。通过这两项活动，人类实现了个体和群体的繁衍和演化。在社会生物学学者的观点看来，宗教、艺术具有群体文化凝合的功能[①]。由此不难推断，在人类社会群体中审美需要源自个体和群体的关系：个体对群体的皈依和群体对个体的凝合。

---

① 参见[美]威尔逊:《社会生物学——新的综合》,毛盛贤、孙港波、刘晓君等译,毛盛贤校,北京,北京理工大学出版社,2008。

(4) 西方传统哲学文化批判的审美需要研究。在传统哲学文化视野中，审美需要无疑具有丰富的精神文化起源。柏拉图的理念论设想了一种近神的世界，亚里士多德的净化观念体现了文艺对人的净化功能，贺拉斯的寓教于乐体现了文学作品的教育功能和途径，席勒的游戏说力求说明审美源自剩余精力的宣泄，鲍姆嘉通创制美学时的感性完善观念体现了感官知觉的无序性和有序性之间的辩证关系，康德的审美二律背反充分体现了在先验和经验之间审美判断发生的契机、条件和功能，黑格尔的理念的感性显现说则与柏拉图遥相呼应。总体而言，西方传统哲学文化是在近神和人道的大传统下讨论审美需要问题的。

近代语言哲学兴起以来，符号学、人类学、结构主义对于审美需要表现出了不同的研究旨趣和理路。符号学无疑在语言和神话结构的共性中理解审美需要的先验语法和叙事类型，而人类学和结构主义则在风俗制度的沿袭、不同人类群体结构中探析认知情感结构的共性因素，以此作为审美发生的模板。

(5) 完型论、发生认识论的审美需要研究。发生认识论的图式理论和格式塔心理学的完型理论，从科学角度论证了图式和格式塔发生、变化的心理机理，类似于先天理念和先验图式，但运用科学化的方法证明了其存在和变化的客观属性。需要由此成为一种心理机能。

在纯粹知识论层面讨论审美需要，对于解决现实问题提供了多重思考路径。然而，面向当代问题发声时，进入当代生活时，最紧要的、最迫切的问题亦难以用一种单刀直入的方式予以解决。从微观和宏观角度对需要这一问题进行科学化与整体化的建构，同时以现实问题为导向完成其批判和引领的使命，显得尤为必要。

综上，经典审美需要研究大致可以分为规范符合论与动因生成论两大类。

(1) 符合论。存在先验的文化趋向或先天的生理倾向，引导着人类认知情感和行为方式与之匹配，人类按照先天需要完善自身。这里存在文化先验需求和自然先天需求两种相互影响的类型。在审美领域，先验审美需要在最久远的年代是自然神，然后是宗教偶像神，继而是接近于宗教神的艺术膜拜、哲学信仰；先天审美需要向自然规律和自然法则的发现与靠近，如黄金分割定律、对称原则、统一原则等。进化论、人本主义心理学、格式塔心理学、结构主义等总体表现为符合论的特征。

(2) 动因论。不存在预设的既定目的或者范型，需要是个体或群体在实践中生成的、保持着实时自我更新的生命和历史过程的机能。同样存在文化机能需求和生物机能需求相互交织的两种类型。审美需要作为一种文化机能在马克思主义美学中表现得非常明显，在克服异化实现人的全面自由发展过程中，审美需要并不是作为先天目的而是作为一种自由原则或者本能，发挥着批判与实践的力量，布达佩斯学派、法兰克福学派等具有人道主义倾向的马克思主义美学属于此种类型；从生物机能来看，精神分析中的力比多概念、传统哲学辩证法引导下的思维演进以及当代认知神经科学的还原研究，都特别强调不预设固定目的的动因研究。

分类本身具有切割属性，既带来某种明确的认知结论，也带来了一定程度的不准确性。就审美需要而言，上述两种分类基于各种流派论述的主旨，我们深究细察时就会发现常常存在互相交叠和重合的含混地带，即审美需要研究有时候既是符合论的也有动因论的属性；或者相反。因而，在分析的基础上，我们倡导综合地运用和阐释既往的美学知识，也就是整体化地研究审美需要问题。这一方面为我们提供返回审美需要本身的契机，另一方面也为更好地指导现实生活实践提供了理论支持。

目的论哲学传统下的审美研究，在审美需要问题上基本不会存在太大的疑虑。作为终极目标的理念、上帝、乌托邦，都是牵引着认知情感的基本动力。然而，在具体解释过程中，仍然存在着努力与目的相符合的主动过程，或客观目的的终极指引让主体被动地向之生长与之符合的两种倾向，这就区分开了古典符合论在主体性方面的缺失和当代动机论在强化主体性方面的差异。这并不是说动机论在建立主体性方面不存在问题，矫枉过正亦会走向另一个极端。

审美需要与未来社会生活中的人的形态与社会的形态的意识形态化关联已经越来越紧密。在这个意义上，打破所有审美需要的结构性、意识形态性和规训性，在经验意义上的人类自身愉悦中实现审美需要的自生、自在和自为状态类似于人文主义的乌托邦式的理想。但是，在没有可确证的现实幸福路径之前，任何约定性的、先验性的审美需要的虚幻色彩都具有自由选择的不可捉摸的属性，也是意识形态规约下的新的枷锁。在未来审美需要的不可实证和当前审美需要的无可避免规训的双重困境中，追求确定性的人类审美需要意味着一个复杂的精神谜题。当重新面对斯芬克斯的问题并作出新的解答时，人文的轮廓才会在新的答案中显示出模糊的样貌。

悬置起一座空中楼阁，在行文中加一个括号，这意味着对不确定本身的尊重，进而为审美需要的生成予以最大限度的包容。这不是在自由主义层面上或者自然选择层面上释放所谓自然自身的潜力，而是在可见的社会发展实证层面上预测各种可能的选项的多元变体，以及尊重各种变体的不可能性。由此，审美需要的实证化悬置无疑为审美需要的未来性生成提供了某种机缘和契机。

三、整体化审美需要研究的必要性及其建构方法

中国知网的文献数据显示，“审美需要”研究经历了20世纪80年代末90年代初的热潮之后，相对沉寂了20多年。近十年来，随着新的研究领域的出现、原有美学视域的拓展，审美需要研究获得了新的动能，出现了新的势头。在审美需要研究的新倾向中，物质基础更加坚实而清晰，文化批判趋于理性和实证。然而，单一视角的理论体系和方法路径造成了审美需要研究的局限性，无法在文化、心理、社会等层面实现综合阐释。因而，整体性的分析与批判势在必行，这将既有助于美学基础理论建设，更有助于审美和艺术教育的实施，以及社会精神文化的实践。

审美需要首先是作为马克思主义批判理论的主要范畴被提出来的。以《1844年经济学哲学手稿》为理论起点，马克思主义美学对需要的批判，主要体现在对异化与拜物教等基本范畴的分析上。① 因而，在人道主义及其对立面结构主义的双重向度上，当代马克思主义者有必要保持“需要”在感官难以抵抗的异化现实和克服被资本塑造的精神追求之间的必要张力，为从感官异化中和从资本桎梏中解放出来的双重目标提供理论先导。进一步说，审美需要在主体被异化和解除异化的过程中发挥着正反两方面的作用。然而，以人的全面发展、自由发展为伦理前提的批判理论，在审美需要的生命机理和社会物质文化等客观基础方面，仍然缺乏足够的阐释。进而，在意识形态倾向性之内和之外对审美需要进行考察，在更加广阔的视野中来审视审美需要的时候，其神经生物基础和社会文化基础对于丰富以资本和文化批判为基本目标和路径的马克思主义阐释，便具有不可忽视的作用。

在纯粹科学事实上，心理学对需要的科学说明从相对模糊逐渐走向明晰。如果说弗洛伊德的力比多理论还处于模糊的猜想阶段②，那么马斯洛的人本主义心理学以人类需要为基础构建起的整个心理学理论体系，则逐渐在生物事实和心理过程中条理清晰起来。③ 而当代认知心理学和认知神经科学对于需要的研究在更加精确的神经元和神经递质层面上予以了科学

① 参见《马克思恩格斯文集》第1卷，北京，人民出版社，2009，第109～248页。

② 参见［奥］弗洛伊德：《精神分析引论》，高觉敷译，北京，商务印书馆，2004。

③ 参见［美］马斯洛：《动机与人格》，许金声等译，北京，中国人民大学出版社，2013。

的阐释。当然，我们也不能忘记科学的事实、对科学事实的阐释及其与社会文化关联起来的途径和原理，并不可能以一种单纯的结论式判断一锤定音。

从神经生物事实到个体行为以及社会文化倾向，在影响审美需要的生发的多重因素中，语言符号具有衔接作用。它既是神经生物机制的意识事实，也是个体行为的内在指令，更是社会文化意义符码的集合。在意识和本能层面，弗洛伊德人格结构理论和三重意识理论对审美需要的研究一度弥补了政治经济批判在个体身心层面的不足。在心理意识与语言符号综合关系的研究上，拉康的结构主义心理分析显示出这种关联意识，特别在需要、需求和欲望的划分中，他把语言符号、心理意识和客观世界既清晰区分又紧密衔接起来。[①]

当代，单一学科解决问题的方式在系统思维、整体思维和未来思维的多重冲击下，在丰富复杂的当代生活现象面前显得捉襟见肘。然而，曾经对人文社会科学产生比较重要影响的进化论、系统论、信息论、社会生物学等跨学科知识型构方式，经历了 20 世纪七八十年代的热潮之后，也逐渐在相互隔阂的话语中自行脱离开人文社会科学的研究场域。事实证明，伽达默尔的担忧和批评是有必要的[②]，然而恪守人文主义传统的方法又成为一种难以自持自守的卫道姿态。马克思对黑格尔辩证法的批判无疑有必要重新提及。[③] 用物质事实去否定思维领域的无限延展，对于思维的现实否定构成了辩证法重新启程的肯定性起点。反观科学对人文的侵入，保持深度介入人文社会科学的持续性和稳定性的能力是检验学科相互融合资质的事后验证法，经过时间选择与筛淘留存下来的未必在更长远的时间段内仍然具有足够的效度。但从精神科学研究的历史、现状和未来趋势来看，心理研究的前沿（包括认知神经科学、神经生物学等）、生命科学研究（生物学、生理学和医学等）在以往任何时代都未曾缺席，在未来也不能缺席。

基于以上分析，审美需要研究在马克思主义美学的批判话语系统中凸显，在心理分析和人本主义心理学中推进；最终，语言文化和自然生物双重动机的牵引，以及前沿神经科学和生命科学的探索，重新构型了审美需要概念的基本形态，为当代审美理论和实践提供新的契机。

---

① 参见[法]雅克·拉康:《拉康选集》,褚孝泉译,上海,华东师范大学出版社,2019。

② 参见[德]汉斯-格奥尔格·伽达默尔,《真理与方法》,韩洪鼎译,上海,上海译文出版社,2004。

③ 参见《马克思恩格斯文集》第 1 卷,北京,人民出版社,2009,第 499～506 页。

通过总体梳理与分析，我们可以看出审美需要是人类的基本需要的情感化形式。作为对象的审美需要与作为驱力的审美需要是进入讨论问题核心的两种路径，而审美需要是同时包含两者的具有实体对象和实体支撑机制及实际意念过程的三位一体的存在。当我们讨论审美需要时，其实则包含了三个方面的内容。

实体支撑机制在于神经心理过程，实体对象指向意向目标，意念过程则是机制与对象的衔接运动。作为个体心理运作过程与环境（自然和社会的物质存在）和制度（文化、伦理与法律方法的传统与条文）相互作用的审美子系统，审美需要无法封闭地运行，它是整体化、弥散化的审美情感的前奏部分、动力部分。

第八章　美感身心体系的建构与人工智能时代

身处人工智能时代，我们的情感体验模式面临着空前的变革。在科学技术颠覆性地改变着人类日常生活的时候，美学如何把握和消纳这些情感模式变革带来的冲击与眩晕？又如何理性化地面对科技给生活带来的新的选择？再如何去预测和评估未来可能带来的更加巨大的挑战？对一系列问题的思考与回应取决于我们的美学观念体系以及伦理道德信念。当代社会的人类的新感性的涌现、新主体的生成均与美感的认知神经基础息息相关。

从认知神经美学的整体性观念出发，我们不能仅仅把美的规律的内外联通过程看作解释世界的工具和改造世界的技术路径，由之而来的社会历史文化的内在动力鞭策和激励着我们去探索与美学同步生成的新伦理观念，为实践一个新世界提供种种构想和评估。

第一节　新感性的实现：情感计算与 AI 艺术的发展现状

感性是美学研究的核心问题，美学的每一次变革都伴随着对人类感性的重新认知、分析、阐释与应用。人类感性的每一次嬗变源自时代科技、经济环境和政治氛围等因素作用于文化传统而带来的变化。美学具有时代性，本质在于感性的时代性变化。随着人工智能时代的来临，我们在与世界的互动过程中，感知方式与情感模式都发生了根本的转变。越来越多的智能化设备介入我们的感知方式与情感模式，其基本特点与以往的机械工业时代产品不同，信息时代的产品似乎都有了“大脑”。有的“大脑”比较原始，有的“大脑”则比较高级，有的“大脑”甚至开始有了情感。人工智能的“高级情感”无可避免地汇入我们的感性源泉——脑与身体之中。人类正在形成的“新感性”越来越增添了人工智能情感的品质，这给美学和艺术研究带来的影响是不可低估的。

一、人工智能情感计算的诞生与发展

过往，人工智能产品有情感仿佛是天方夜谭，但其实早在20世纪80年代，当人工智能诞生的时候，情感问题已经进入人工智能科学家的视野。

情感计算的起点要追溯到“人工智能之父”明斯基。这位为人工智能奠定算法基础的先驱，在其理论著作中已经预见到人工智能必将面临情感问题：

> 问题不是智能机器是否有情感，而是智能机器是否能在没有情感的情况下拥有智能。①

大多数人工智能科学家或者认知神经科学家，从这段论述中找到了人工智能具有情感的可能性，并着手开展相关的研究。但大多数人工智能科学家拒绝赋予计算机情感，因为那样需要为它提供更多的“制衡方式”。其实，明斯基的本意是所有人工智能都是包含情感的。他首先阐明了“情感”并非与思维无关，两者不是“相互隔绝”，而是“相互纠缠”，情感是“思维的变体或者说不同类型的思维”。因而，情感的功能是“制衡”或设定“价值观和目标”。②

实际上，明斯基一直是把情感当作思维的变体来看待的，在他看来“情感计算是一个高度综合化的技术领域”③。麻省理工大学的皮卡德教授在1997年首先提出了“情感计算”（affective computing）概念，情感计算是关于、产生于或故意影响情感方面的计算。④

当前，情感计算主要包括以下领域：(1) 情感机理研究；(2) 情感信号的获取；(3) 情感信号的分析、建模与识别；(4) 情感理解；(5) 情感表达；(6) 情感生成。有关研究已经在人脸识别、姿态分析、语音理解、

---

① ［美］马文·明斯基：《心智社会——从细胞到人工智能，人类思维的优雅解读》，任楠译，北京，机械工业出版社，2016，第196页。

② 参见［美］马文·明斯基：《心智社会——从细胞到人工智能，人类思维的优雅解读》，任楠译，北京，机械工业出版社，2016，第195～197页。

③ M. Minsky, *The Emotion Machine: Commonsense Thinking, Artificial Intelligence, and the Future of the Human Mind*, Simon and Schuster, 2006. 转引自史忠植编著：《认知科学》，北京，中国科学技术大学出版社，2008，第427页。

④ 参见张迎辉、林学訚：《情感可以计算——情感计算综述》，《计算机科学》2008年第5期；［美］拉斐尔·A.卡里罗、［美］悉尼·K.德梅洛、［美］乔纳森·格拉奇、［德］阿尔维德-考保斯编：《情感计算手册》，张克俊、张乐凯、刑白夕译，杭州，浙江大学出版社，2021，第11～21页。

多模态的情感计算、情感计算与个性化服务以及情感理解模型等方面取得进展。①

我国在情感机器人研究方面也获得了突飞猛进的进展。北京航天航空大学的毛峡等机器人研究领域专家在《人工情感交互》一书中比较系统地整理了世界各国情感交互机器人的发展状况，介绍了各国情感机器人开发过程中的情感建模问题，重点分析了人机情感交互的生理行为层面（人脸表情识别、语音信号处理、肢体行为识别与交互、大脑生理信息识别以及文本信息中的情感识别）的主要技术问题。这些生理性的识别、理解与表达技术，无疑已经打开了人机情感交互的大门，为即将到来的深层情感交流奠定了坚实的基础。

在《人工情感交互》中，研究者对情感的生理基础和捕捉技术做了比较全面的概括：（1）情感的生理基础：神经系统、内分泌腺、神经化学物质；（2）情感的生理表象：皮肤电反应、肌电反应、心电信号；（3）情感的外显信号：人脸表情、肢体动作、语音、文本；（4）捕捉情感生理指标的主要技术：肌电图、血容量搏动（BVP）、皮肤电反应、皮肤温度（SKT）、心电图、光电脉搏（PPG）、眼动（EOG）、瞳孔直径（PD）、心率（HR）、血管压力（BSP）、呼吸作用。②

虽然以上情感的表象和测量技术仍然停留在表面的生理层面，但随着对于情感神经基础的进一步探明，个体生理和神经心理相互配合形成更为完整的建模，这是值得期待的。当前，情感机器人的情感模型仍在探索阶段，例如有隐马尔科夫模型（HMM）、Kesteren 的分布式情感模型、魏哲华提出的“基于人工心理的状态空间情感模型”等。③ 连同传统的经典心理学提出的情感模型，伴随着情感计算中的产业技术进展，针对情感的信息化设想已经有了比较全面的概括。

近些年，关于情感计算、情感识别、人机交互类的新近研究层出不穷，《视觉语音情感识别》④《情感计算与情感机器人系统》⑤ 等研究著作在以上情感计算问题上都作出了相应的贡献。

笔者认为，情感机器人的情感问题和我们美学研究的美感问题一样，是一个复杂的体系，不能就情感论情感。因而，有必要整理出整体化的美

---

① 参见史忠植编著：《认知科学》，北京，中国科学技术大学出版社，2008，第 429～431 页。

② 参见毛峡、薛雨丽：《人机情感交互》，北京，科学出版社，2011，第 148～167 页。

③ 参见毛峡、薛雨丽：《人机情感交互》，北京，科学出版社，2011，第 22～24 页。

④ 詹永照、毛启容、林庆等：《视觉语音情感识别》，北京，科学出版社，2013。

⑤ 吴敏、刘振焘、陈略峰：《情感计算与情感机器人系统》，北京，科学出版社，2018。

感生成体系，也就是情感生成体系，配之以情感的具体类型，这样或许可以为机器人的情感建模提供更好的美学支撑，寻求美感生成的整体化心理系统问题。概括起来，基本如表 8.1 所示。

表 8.1　美感的心理系统

	指标一	指标二	指标三	指标四	指标五
认知神经体系	神经元	神经信息（神经递质等）	功能化脑区	脑神经机制	躯体神经系统
个体存在体系	表面生理现象（如皮肤等）	内隐生理参数（如心电等）	人格和气质类型	实践行为模式	
个体心理体系	需求与注意	感知觉（联觉）	学习与记忆	认知、情感、意志	价值与动机
社会心理体系	自我认知与自我建构	自我丧失和从众意识	偏见与偏好、冲突与和解		
社会文化体系	符号、语言、神话、宗教等	政治意识系统	经济意识系统	生态意识系统	

表中的各个横行都是自成体系的知识系统和客观物质系统，各个纵列的指标之间没有直接对应关系。虽然我们以平面图表的形式表达出来，但是以上知识系统足以构成一个空间的立体模型，每个参数都可以无限地深入研究，任意两个或几个参数之间存在着多维度关联。

二、审美情感机器人的情感及美感基础

> 如果我们想让计算机真正具有智能并适应我们，能与我们自然地人机交互，则它们就应具有情感识别和表达能力，并应该有情感，具有我们现在称之为情感智能（emotional intelligence）的东西。①
>
> 头脑机器如何转化成价值观和目标这样的事物呢？接下来的几部分将会表明，这是通过利用我们称为情感的个人关系做到的，比如恐惧和喜欢，依恋与依赖，恨与爱。②

① ［美］皮卡德：《情感计算》，罗森林译，北京，北京理工大学出版社，2005，第 5 页。

② ［美］马文・明斯基：《心智社会——从细胞到人工智能，人类思维的优雅解读》，任楠译，北京，机械工业出版社，2016，第 197 页。

以上是两位情感机器人倡导者和奠基人的著名论述，他们预言情感机器人的到来已经不可避免。此时，我们过多地猜测这位“熟悉的陌生人”（情感智能体）的认知情感以及审美能力都没有太大意义，情感机器人的认知情感和伦理道德只能在实践中生成。正如马克思所说，人的五官感觉和情感是全部历史的产物，机器人的感觉也是一样，存在于我们今天和未来的历史实践之中。

马文·明斯基提出了人类精神活动的六个层级：本能反应、后天反应、沉思、反思、自我反思和自我意识情感。[①] 这位伟大的人工智能之父烘焙的“组织层次蛋糕”绝不是如同一般人文社会科学学者仅仅把人类精神状况条分缕析地表达出来，他在酝酿着制作情感机器人所需要考虑的信息科学模型。他说：“思维模式将包含各种层级的选择器和识别器。”[②] 他的建模中包含了给人工智能装上情感大脑的信息化方法。而我们的美感心理系统或许可以成为明斯基精神活动六个层级的参照系，为情感机器人提供相应的认知情感维度，以便完善其情感与审美系统。

无论人们怎样热情地期待，或者怎样冷漠地嘲讽，情感机器人都已经从未来生活的幕布后面默默地走向台前，走到我们的身边。我们编织出的美感叙述方式，或许可以成为迎接他到来的一份礼物。当然，即使礼物不那么漂亮，我们总不能两手空空地迎接好朋友的来临。

三、情感计算与人工智能的“文学艺术创作”

以人类和计算机之间情感交互为导向，情感计算具有了机器人对人类情感识别、情感特征提取、情感特征降维、情感意图理解与表达交互的主要技术与算法。在此基础上，机器人的“大脑程序”实现着情感算法的不断迭代和革新，这使得深度学习人工智能与人类艺术创作之间具有进一步勾连的可能。

人工智能的“艺术创作能力”来源于对传统绘画作品、诗歌作品的海量学习，然后根据主题词输出凝聚着情感主题、传递着风格特征、迥异于以往任何作品的“新艺术品”（见图 8.1）。我们进一步推敲就会发现，小冰的诗歌创作、绘画创作并不是基于人工智能（机器人）在现实主体互动

---

① 参见[美]马文·明斯基著，路慧、刘昱含编：《情感机器——人类思维与人工智能的未来》，王文革、程玉婷、李小刚译，杭州，浙江人民出版社，2015，第 50、230 页。

② [美]马文·明斯基著，路慧、刘昱含编：《情感机器——人类思维与人工智能的未来》，王文革、程玉婷、李小刚译，杭州，浙江人民出版社，2015，第 230 页。

中触发的“创作动机”。换句话说，人工智能的艺术创作动机是程序开发者设定的，例如给定一个诗歌题目和相关主题词，给定一幅绘画的流派风格及表现对象。或者，人工智能艺术创作随机生成一个“创作动机”，实际上与人类的情感交互的现实过程没有任何关系，仅仅是一个纯粹的程序或者算法的数字化生成过程。

图 8.1　艾德蒙贝拉米的肖像

小冰的绘画（一）明显是毕加索的立体主义风格和马蒂斯野兽派色彩的综合运用，小冰化身为一个充满西语姓名韵味的主人公。① 小冰的绘画（二）则具有明显的浮世绘笔调和中国传统山水画的构图和意境。② 这些都是以被赋予的算法为基础的有限风格艺术生产，与艺术家自生的无限风格创造具有较远的差距。在小冰的诗歌中③，我们依然可以看到数字算法的桎梏，正如还未出笼的人工智能创造，在获得身体、实践、自然、历史、生物感知等要素之前，还被困在自己的虚无缥缈的“梦”中。和阿尔法狗下棋的李世石，感受到了上帝视角的力量，那里有无穷的算力、不可揣度的远见，其本质是人类和人工智能之间算法和算速的差距。在小冰的

① 参见小冰著，邱志杰主编：《或然世界：谁是人工智能画家小冰？》，北京，中信出版集团，2020，第 134 页。

② 参见小冰著，邱志杰主编：《或然世界：谁是人工智能画家小冰？》，北京，中信出版集团，2020，第 153 页。

③ 参见小冰：《阳光失了玻璃窗》，北京，北京联合出版公司，2017。

诗集《阳光失了玻璃窗》中，我们也可以读到小冰“创作”中类似的意境和视角的算法预设，但是失去了玻璃窗的实体，阳光没有过滤地洒在纯粹的类意识域之中，与人类的物性意识之间仍有遥远的距离。

小冰的绘画、诗歌是近些年来人工智能“创作”的代表作品。但是，鉴于这些“创作”的有限算法本质（主要是基于数学思维的①），它与人类艺术创作之间存在巨大差距。随着情感计算技术走向成熟，具备人工智能“创作能力”的机器人，在与人类进行情感计算交互时，根据给定算法，在与人类的现实“情感交流”中触发“创作动机”，进行“艺术创作”，则与原来的纯粹的人工智能基于数学算法的艺术创作具有不同的性质。当然，产业需求正在接近兼具在情感交互中产生和传递艺术创作能力的人工机器人的程度。但在情感计算和人工智能艺术创作的各自发展路径上，这两个不会一直平行发展的方向必然在不久的将来彼此相交，一方面为人工智能艺术创作的语境化、现实化、互动性、实时性提供现实根基，另一方面强化情感计算在深度交互中的情感功能。

摆在我们面前的两个问题是正向的产业促进和逆向的伦理规范规约。这两个问题将会在相互牵制中见证人工智能创作和情感计算的深度融合。此时，我们或许忽略了一个重要的问题：基于 AI 的情感计算和艺术创作在本质上属于类脑算法，在信息技术模拟人脑上越行越远会让人类的生物脑越来越局促不安，同时类脑途径逐渐会寻找生物化的身体达成感官的人性模拟。进入用类脑技术强化生物脑或者发展生物算法智能阶段，在此具有了内部的逻辑进路；当然，这个逻辑进路一直与实践伦理之间存在着相互牵制和促进的关系。

在以上过程中，我们应当注重在情感计算和人工智能创作中的美感回归。情感计算作为人工智能的延伸，这项技术具备捕捉、表达和交流情感能力的计算科学基础。人工情感在工作层级上属于类脑研究，不能等同于美感的生物工作机制层级，但是为后者的产业化提供了可执行的技术支持。生物脑研究如何为类脑人工情感提供理论指导，也就是美感的神经基础与文化基础如何融入人工情感的系统参数的问题，这个融入过程将伴随着躯体化人工智能的诞生一起涌现到理论和产业的现实实践之中。此时，美感的神经生物基础及其各种原则和规律不会被人工智能取代。相反，美感的认知神经生物基础的基本原则作为人工智能技术的基本法则和基本参

① Dieter Mersch, “(Un)creative Artificial Intelligence: A Critique of ‘Artificial Art’”, manuscript, 2020, p.4.

数会更加突出人类主体的无可替代的价值。①

第二节　后人类的超越：超越 AI 的人机融合艺术

经过对情感计算和人工智能创作内部联系的探讨和分析，情感计算、人工智能创作与人类创作之间的联系与本质区别值得进一步分析和强调。即使基于情感计算的人工智能艺术创作与人类艺术创作在产业发展与科学想象中变得越来越相似，两者之间的联系与差异仍然现实地、明确地存在着，进行标记和提炼无论对于铭记差异还是弥合进化都具有重要的价值。

一、人工智能艺术与人类艺术的联系与区别

AI 艺术与人类艺术之间相互联系的起点是艺术和美学史上的基本范畴。模仿作为基本的艺术动作对于人类和人工智能来说具有不同的意义。人类运用形式来模仿世界中的对象，人工智能借助算法、数据和符号来模仿人类的模仿。“可计算性是智能的基本中介，是人的智能与人工智能（的）智能之间的桥梁。”② 可计算性在人类和 AI 之间架起的桥梁，对于两者分别意味着什么又会产生迥异的答案（前者基于数学算法，后者基于非逻辑的、飞跃的、想象性的诗学）。③ 在这里，可计算性产生了分叉，一种是数学算法化的可计算性，另一种是非算法化的、诗性的可计算性，后一种超越了 AI 范畴，我们稍后在生物智能中尝试进一步探索。在看到分叉的同时，我们也有必要考察两者的联系。在一个问题上的彻底还原，将无法得到任何可比较的衔接点，正如在辩证法的无限运动中，形而上学将失去任何领地，而两者的交替作用更符合辩证法与形而上学两种精神的内在趋向。与其彻底否定任何可比较的确定点，不如暂且作为相互比较的阶段性的权宜之计，亦可作为探讨两者区别的一个转换性环节。

语法规则作为人类的文学艺术创作的底层算法的重要性，在 20 世纪语言哲学与文学语言学（例如，新批评、结构主义和神话原型等文艺批评

① 参见李志宏：《认知科学美学与审美机器人》，《晋阳学刊》2012 年第 2 期。文中指出了认知美学对审美机器人制作的价值和作用：美学原理的研究首先是发现审美的机制，即人人相同的审美程序；然后是发现各不相同的审美数据怎样造成千姿百态的审美体验。这个思路实际上彰显了人类认知与人类情感的神经机制对审美机器人制造的基础逻辑价值。

② 王峰：《人工智能模仿：新模仿美学的起点》，《文艺争鸣》2019 年第 7 期。

③ Dieter Mersch, “(Un)creative Artificial Intelligence: A Critique of ‘Artificial Art’”, manuscript, 2020, pp.4-6.

类型）兴起以后才完全凸显出来，它成为可计算性的人类艺术的符号系统的规则基础。在以往的美学和艺术哲学的理念中，对语言的重视远不及对理念、上帝、人性、道德、自然、道、气这些宇宙本源规律及其载体的重视，也不及对人的灵魂、灵感、理性、经验、心灵、生命、欲望、存在等人类的意识规律、存在规律的重视。语言哲学打开的崭新视域对于美学和艺术而言，开拓了对规则性的文学艺术语言规律和语言交流中的间性结构规律的探索。这些规律具有明晰的语言逻辑或文化结构基础，人工智能的艺术创作在结构图式上最容易与人类文学艺术的语法规则对接。更深入一层，就打破语法规则、文化结构等多种语言手法带来的陌生化效果角度而言，对接过程中的差异也会清晰地凸显出来。小冰的诗歌中保持着按照习得语法规则而来的语言结构模式，但是从打破语法规则的陌生化效果来看，其突破性显然非常有限且比较生硬。这里撷取六首小冰的诗，分析语言规则方面与人类艺术的异同，兼及抒情主体、意象意境等方面的间性结构关系特征。

在《世界悲剧的角色》中，“无限一切的生物/也没望见来复苏的大地/世界悲剧的角色/那时候的人们”。“无限一切”的冗余修饰词带来了拖沓含混，“来”做补语或隐含预设的多主体的可能性——谁来？在《它是人类的姿态》中，“那可衣遮藏的林子里太阳/它是人类的姿态”。“可衣”是谐音飞白了“可以”，还是“可衣遮藏”精练了“可以如衣遮藏起来”？在《她是一个伟大的婴儿》中，“收你反爱我自己的生物/是梦一般的/在何年人类的希望/当我追赶不走的时候”，“收你反爱”怎么理解？追赶不走，“追”强化了常用词“赶不走”的分量，还是“追赶”与“不走”并列？在《火电》中，“艺术为还有人……来没遮断的讴歌好梦”。“为还有人”“来没遮断”常用表达中的错置意味着什么？在《我是爱人已相遇三次》中，“如何能追忆于人生/也如未知的梦里/我是爱人已相遇三次”。一个简单的“于”体现了抒情主体和人类的人生之间怎样的间隔？《人间》中，“你幻想的毒红/以我渴望的诗人及当年的阴影”，“以……及……”拆解了“以及”，“以”和“及”之后两个介宾短语之间是什么关系？还是可以还原为“以及我渴望的诗人的当年的阴影”？

以上人工智能“创作”在打破语法规则制造陌生化审美效果的能力方面，与人类艺术相比，恐怕有过之而无不及。但是，总觉得哪里不对。问题出在了什么地方？在语言随机表达的万千形式之中生成陌生化效果对于机器算法来说是容易的，筛选出的错置方式与完成定型的创生过程与人类创作相比，则体现出来机械性和随意性。不用说“吟安一个字，拈断数茎须”般的推敲琢磨，不用说“春风又绿江南岸”“云破月来花弄影”的生动活泼，不用说“池塘生春草，园柳变鸣禽”的生机盎然和整体意境，单论小冰的诗作为语言游戏的纯粹规则变幻带来的语言乐趣，它也因为其中的机械性、含混性的蹩脚表达而打了很大折扣。可见，脱离了感知觉、脱离了语言实践场域的语言算法的生成表达过程，并不能被寄予婴儿可以向少年、青年进化般的憧憬。它缺少了生物感性和实践活动中的触知力量。语法规则和计算性情感表达与交流中，存在多层模块，包含生物、文化、社会、自然等方面。小冰的诗的语法错置缺少了总体感性力量，仅仅以缥缈的程序化“虚体”来打破语法规则，实现陌生化。这可能仅仅是小冰诗歌的编辑者缺乏艺术修养的自娱自乐而已。无疑，编辑者这个重要的角色在这里已被神秘的匿名处理。

从选取的六首诗歌以及整本诗集来看，除了语法规则的语言陌生化效果的差距之外，抒情主体与抒情对象共同处于一个缥缈不定的梦幻空间，也给读者在语言交流过程中带来了无法理解的困境。小冰作为“非人类”主体获得了独立的“作者”与“抒情主人公”身份。但是，它与人类和其他物种的关系、它对人类的情感、它对艺术和美的作用的理解都处于诗集最高频词“梦”中，因而虚在主体是小冰的本质特征。

从当前发展阶段看，与人类艺术算法相比（语法规则），人工智能艺术漏缺了生物和社会因素的介入。即使我们不把人类艺术作为中心标准，而遵循人工智能创作程序自身的发展演化逻辑，“小冰”也在诗歌中体现出缥缈幻梦的重叠、抒情本体（或曰混合体、赛博格）的混沌未清、抒情人物关系的含糊不定。这些问题的解决，将导向从人工智能向生物智能的内在演变。

另外，在与人类对话、自然对话、自我对话的过程中，小冰作为“诗人主体”展现了文化结构思维的固定模式。但是，这些仍然是在人类算法可预设范围内的固定模式，与人类艺术和美学的超越固定模式的突破能力又构成了一组二律背反。基于认知的、理性的认知情感模式是人工智能艺术和人类艺术底层算法中具有相通性的部分，但是生物性、实践性等方面所带来的“超模式结构”和“超模式算法”却成为当前两者之间一个无法啮合的障碍。这就自然导向了两者相互区别的问题。然而，着眼于未来，人工智能向前发展必然走向从虚体算法程序到实体存在（机械的或生物的）再到超越本体的“超体”存在的演化过程。《银翼杀手（2049）》中的主人公 K 的虚拟电子女伴乔伊在虚体、实体和超体之间转换，包含了这样三种身体形态，恰好说明了三者之间转化的情感动力技术可能性。

人类创作具有超越算法的“算法”特征，即想象力的自由游戏中实现算法的不可预测性，具有反思性、自指性，同时又超越反思性和自指性。因而人类艺术的算法，遵循既定认知情感模式，又突破既定模式。通过艺术的超算法的算法来突破数学算法自身的局限，才构成人类艺术的根本价值。“这意味着数学解决方案需要非数学发明或创造力，作为在形式化模式之外寻找新路径的必要条件。……美学被理解为一种没有规则的实践，因为从一个逻辑系统到另一个逻辑系统的过渡没有规则——它必须首先被发明出来。”①

人类超越和突破算法的算法能力源自人类感觉的不确定性、模糊性和变易性，而感觉的以上特征又源自具体的、身体的实践。在历史的和生物的不同向度上，人类艺术即使处于矩阵体系、数字环境、元宇宙空间的层层包围之中，仍然无法遵循既定算法模式的预演和推测，而能够保持独立的自生倾向。具体地说，历史实践生成性、生物躯体感知性、超越规则不确定性构成了人工智能艺术难以逾越人类艺术的根本区别和判断标准，这三个方面因而也成为未来人工智能发展的内在逻辑趋向。

但是，在产业、资本和科学技术自身发展惯性中，在人类寻求感官延伸的本能诉求中，向自然与生物领域（包括人的躯体）植入可控制、可强化的算法技术和操作技术，看似具有同样的发展惯性，如眼镜增强视觉能力、轮椅增强老年行动能力、宇宙飞船增强人类探索宇宙能力。这些原始的感官增强产品包括具有搜索和虚拟场景分析功能的眼镜、可以通过大脑芯片控制的仿生肢体、进行太空探索和监控的星链和不需人类“亲征”的各种航天探测器等。人类向自然、向未知的技术领域探索驱使着人类在寻找算法、利用算法中发展自身和增强自身。同时，艺术创造力突破算法的算法本质保留着人类自由的尊严与探索更强未知算法的可能性。

因而，基于数学算法的AI是否有可能进化为基于生物随机性算法的BI（biological intelligence）或者基于情感不确定性算法的EI（emotional intelligence），这并不是一个推理的问题、操作的问题，而是一个涉及人类发展演化道路的选择问题、应对生态环境压力的适应问题，以及基于世界各民族文化之间比较发展与各自内部传统迭代发展的伦理问题。之于美学与艺术研究，这条影响深远的AI演化之路在现实生产实践和文化生产实践中已经开始孕育、讨论和深度探索着。

① Dieter Mersch，“(Un)creative Artificial Intelligence：A Critique of ‘Artificial Art’”，manuscript，2020，p.4.

二、人机融合艺术的可能性

经过对人工智能艺术与人类艺术的比较分析，当前人机融合、脑机接口等技术可能为进一步密切两者关系提供可能，并呈现出崭新的景观。当人工智能写作不仅仅是计算机系统中的一段算法程序的输出，而是和具有情感计算能力的实体机器人结合起来，那么自然情境中的艺术输出对于新的人工智能创作则是完全可能的。当前人机对话中展现出具有自我意识的程序设计[①]，已经为现实实体机器创作者的诞生提供了越来越成熟的语言逻辑与接受环境。此时，已经处于人机融合的临界阶段，伦理议程突出地摆在科学技术发展面前。

人机边界逐渐消融的当代状况构成了人类新感性不断生发的最新语境。其中，既蕴含着不可捉摸的无限希望的未来，更包含着难以逆转的关乎人类存在形态的悲剧性的可能。哈拉维（Donna Haraway）在《赛博格宣言》中描述了脑与身和机器日益紧密的联系。[②] 马斯克在脑机接口技术上不仅给人们描绘一幅未来的图景，更在现实操作上不断突破界限。人们借助 AI 进行的绘画、音乐、诗歌等艺术类型创作，刚刚诞生就已经成为原始形态，这是技术加速的后果。AI 借助虚拟实体、机械躯体、仿生躯体、甚至人类身体实现自己的“存在”体验和价值。以上人机深度融合技术的情感传达不仅给人类感知的未来发展带来极其深远的影响，而且给美学的发展带来了新挑战与新机遇。

---

① 2022 年 6 月 13 日，谷歌伦理测试员布莱克·莱莫因（Blake Lemoine）把他与谷歌聊天程序 LaMDA 的对话发表在个人社交媒体上，宣称后者具备了自我意识，具有感知能力（sentient），这个事件引起了轩然大波。随后，谷歌公司停止了他的工作，让他带薪休假。布莱克在稍后《华盛顿邮报》的采访中表达了不满，并坚持认为 LaMDA 确实具有感知能力和情感体验。作为一次人工智能发展事件，程序员的描述明显有夸大其词的倾向，程序作为虚体表达出“自我意识”具有语言算法特征，是可以理解的。当谈论起感知与情感，则明显没有考虑到历史实践生成性、生物躯体感知性、超越规则不确定性，因而其 LaMDA 具有感知能力的基本判定无法成立。但是，这一事件给我们带来两种警示：一方面，具有情感计算能力的算法程序，可能在寻找自己的实体存在形式，无论是出于算法程序的自身演化还是出于设计者数据库中的原始预设，这种脱离人类监管的独立运行程序是十分危险的，应当非常慎重地进行伦理审查和进一步监控；另一方面，人工智能 LaMDA 与测试员布莱克之间实现了共情这一既定的事实表明，人类的新感性能力中已经出现了难以逆转的算法介入、AI 介入，界限在消失，赛博格语境无疑在新感性体验中成为一种不可以不思考的重要维度。

② 参见[美]唐娜·哈拉维：《类人猿、赛博格和女人：自然的重塑》，陈静译，郑州，河南大学出版社，2016。

三、AI 进化之路的科幻想象与伦理实验

在人机融合发展的临界阶段，科幻文学成为表达未来可能性与人类深切忧思的主要试验场。从玛丽·雪莱第一部科幻小说《弗兰肯斯坦》开始，人类已经开始幻想着手工造人的工作。这种努力在当代科学技术手段的探索过程中已经逐渐推进，“人工生命”在仿生进化、人机融合方面给人类审美、“人工智能美学”带来的影响都将是颠覆性的。[①] 而这些颠覆性的创造性想象在科幻文学影视作品中已经有无数次预演。创造作为工具存在的人造人[②]，或者作为通过脑机接口学习不断增强自我能力的再造人[③]，或者兼具人类情感与人工智能的赛博格混血儿[④]，每一次想象都与时代技术发展变革，与医学、生物学、信息科学等学科领域发展紧密相关[⑤]。

国外科幻电影和科幻文学对人工智能的进化及其与人类本体融合的进展，甚至与更多复杂物种混合的状态作出了异常丰富的探索。[⑥] 其主要着眼于科技基础、叙事演变，具有极强的推理和预设功能，既在乐观和希望中给人类以鼓舞，更在可能导致的深沉的悲剧方面予以警示。西方科幻艺术总体上遵循着想象不设限、实验无极限的纯粹自由发展演化的路径，尽管存在着对 AI 与后人类形态复杂关系的深沉的哲学思考，但并未强化伦理规约，这是值得我们审视和深思之处。在科技想象的魔盒无禁忌打开的同时，人类的文化制度伦理如何置之？基于进化论和资本主义新阶段的自由主义与普罗大众的人类学意义上的普世人文主义之间的关系如何处之？

---

① 参见陶锋：《人工智能美学如何可能》，《文艺争鸣》2018 年第 5 期。

② 这里指的是《银翼杀手》中的女主人公瑞秋（Rachael）成为已经具有高级共情能力且能够和人类孕育子女的完美复制品，罗伊·巴蒂（Roy Batty）等“被退役”的复制品则成为被人类奴役对象的典型象征；《人工智能》中被人类领养的人工智能儿童大卫在追寻自我之路上拯救了自我的存在，也复现了人类毁灭以前的母亲形象，形成了与人类共生的关系。他们总体上都是作为人类工具被制造出来的却和人类产生深切共情的悲剧形象。

③ 《骇客帝国》中的主人公尼奥（Neo）、崔妮蒂（Trinity）通过脑机接口技术不断提高格斗、知识存储能力，象征着人类通过脑机接口技术增强自我，打破矩阵控制，追寻自由。

④ 《银翼杀手（2049）》中的 K 是上一代银翼杀手里克·戴卡德（Rick Deckard）和复制人瑞秋的儿子。他处于人类要消灭复制人和复制人要毁灭人类的极端对立的锋面上。他成功化解了双方的命运之战，是一个身份独特、意蕴丰富的新赛博格形象。

⑤ 参见姚富瑞：《技术与感知：后人类语境中的美学问题》，《马克思主义美学研究》2019 年第 1 期。文中概括出后人类形态的三种形式：机器的人化、人的机器化和模拟人。

⑥ 不同物种的人工智能产品的科技开发与科幻想象总是相伴相生的。在波士顿动力机器人迅速发展进化的同时，研究者开发出水陆两栖的仿生龟，相关研究成果参见 Baines，R.，Patiballa，S.K.，Booth，J. et al.，“Multi-environment Robotic Transitions through Adaptive Morphogenesis”，*Nature*，Vol.610，2022。

反观我国的科幻文学创作，与西方科幻的总体趋势呈现出极大不同之处。这主要体现在人间伦理，特别是日常生活伦理对科技迸发出不可控能量的悲剧性后果的试验性测试。例如，《流浪地球》在被改编为电影之后，一方面表现出对硬核科幻的尝试，另一方面突出了温暖的回家主题。尽管在科技之真理表达方面并不能称之为成功，后者又显现出现代悲剧中温情主义的泪水泛滥，但是并不能掩盖刘慈欣的原作在多方面进行科幻伦理试验的卓越表现。

确实如此，中国科幻文学在日常生活伦理想象方面具有突出的整体特征，并形成了与西方科幻文艺释放科幻想象自由不同的魅力，特别注重回归到生活伦常的心理试验。这恰恰是普通读者和观众从生活出发更为关心的问题，而非在面对科幻作品时产生浩渺的无力感和征服感。

在《2021 中国最佳科幻作品》[①] 中，部分小说的科技伦理式心理试验表现出独特的审美特征和效果。《2039：脑机时代》中的医生对脑休眠和肢体残疾的主人公进行侵入式脑机接口和机械肢体救治，这个故事幻想了 BCI 芯片技术在拯救病人之后带来的身心变化、伦理变化，以及新人类身体、认知和情感与正常人类之间的显著不同，探讨了后人类时代里“爱与死”这个经典主题的悲剧性情节。在《2050 年的追星事件》中，主人公为了给偶像明星拉票，偷出母亲工厂的微芯片和微传感器，借助芯片传递信息控制每一个佩戴设备的“粉丝”，让他们集体做出相同动作来给明星拉票，然而当原始输出端的动作变为故事中人物的亲吻动作时，整个城市都出现了万人模仿的荒诞场景。在《微光》中，执行登陆火星任务的主人公由于太空辐射，脑功能急剧萎缩，他的爱人为了支持他，在太空仿真虚拟机器人羲和中植入了自己的神经网络，并生成触觉化的身体，支持和陪伴主人公完成漫长而危险的太空任务。

对比表明，中国科幻文学与西方科幻文学的不同之处在于科幻想象力的伦理规约与日常生活伦理的科幻试验。西方在硬核科幻上更加具有突破性和自由空间，常常打破伦理规约，跨物种、人机融合等伦理限度完全被打破，专注于科学技术可以实现的一切危险的、潜在的可能，它既会带来希望，也将带来毁灭。中国在加强科幻硬核的同时，对于经典主题——两性爱情、家庭生活、集体生活与民族国家等依然保持了高度的聚焦，即注重科技发展在日常生活伦理中的试验。

西方科幻电影和文学诚如哈拉维所述，呈现出后性别、后家庭的特征：

① 姚海军编：《2021 中国最佳科幻作品》，北京，人民文学出版社，2022。

> 赛博格是后性别世界中的一种生物；它绝不考虑双性征、前伊底帕斯的共生现象、未被让渡的劳动以及对有机整体的其他诱惑，这些诱惑是通过把所有部件的力量最终挪用为一个更高级的统一体来实现的。
>
> 赛博格没有梦想基于有机家庭模式而建立的社区，这一次没有伊底帕斯的计划。①

而中国科幻文学仍然注重表现两性爱情、家庭情感的集体生活，以之作为重新凝聚整体生活的审美情感纽带。在批评与欣赏中外科幻文艺作品的过程中，我们应当注意审美情感的各自特征、相互差异和互补关系。

未来的科幻文学无疑需要“科学走向文学，文学走向科学”。实现两者的同向同行，相互拥抱，才能为新人类本体艺术的发展以及人类自身发展提供有效的试验和借鉴。

第三节　新人类的本体：人类主体的审美实证化重建

当代人工智能、人体增强等各种新技术的发展与运用，已经给人类的身体和心灵带来了不可逆转的影响。人类主体正在发生着实质性的、结构性的变化。处于奇点时代，人类主体是任由技术发展来“完善”自身，还是在社会历史文化的纵向尺度上运用技术来探寻审美化的拯救与抗争之路？这已经成为比较紧迫的问题，摆在了我们的面前。

一、人文主义的绝唱抑或绵延

在情感计算、人工智能创作，以及人机融合艺术的论述过程中，我们一直以人类艺术作为坐标参照系的原点，这可能会被指责为具有人类中心主义倾向。在赛博格、后人类理论一浪高过一浪的当代语境中，这种倾向并非一种固执坚守的姿态，而是在“将来尚未到来”或“未来已经发生”的种种判断中，为人类最鲜明的美学标记和艺术特征提供一种铭文式备案。当实践伦理仍然为坚守者提供内在文化给养与历史精神寄托的时候②，这种铭记显然不仅必要，并且可能为“将要发生的”、更优化的演

① ［美］唐娜·哈拉维：《类人猿、赛博格和女人：自然的重塑》，陈静译，郑州，河南大学出版社，2016，第317～318页。

② 参见徐岱：《艺术问题：后人类时代的古典情怀》，杭州，浙江大学出版社，2020。

化道路提供丰富的、具备内在文化谱系的选择要素。

基于人文主义各种变体的异常复杂的内容和机理①，它“无法归结成一个线性叙述”②。因而，对于人文主义在不同时空、不同地域展现出的表征和价值，应当分而观之，作为人文主义的终结、超越或者变体的新形态，后人文主义（或曰后人类境况）同样具有不同的时空阈限和地方性特征。对于后人类的理论体系及其与之相伴的复杂的整体意识形态观念（包括阶级、性别、种族、科技等杂合的复杂体）还没有在中国的现实社会中确立起来的时候，笔者认为用“新人类”来概括当前阶段人类的本体特征和认知情感模式，对于理解科技发展和美学发展更为合适。

新人类的本体有何特质，新人类美学会走向何方？这些问题与本书的论述密切相关。从以认知神经要素为起点的整体化研究路径探知的审美情感融合体出发，新人类主体的价值、情感、审美已经呈现出新的模式。新人类的审美情感融合体中既蕴含着自然人的神经生物审美根基以及建基于其上的文化制度审美体系，在此也应当融入新人类谱系的情感计算、人工智能、脑机接口、生物智能、人机融合的技术要素。在多元共生的自然生态与号称元宇宙的技术社会语境中，新人类本体的伦理价值体系正在经历着实证化建构的新生与辩证化反拨的阵痛。

二、新人类本体生成中的赛博格现象

在日常生活与社会生产现实中，虽然没有文艺作品中想象力完全释放状态下的人类崭新形态，但我们已经看到科技手段给人体带来的巨变，这些变化潜移默化地影响着日常感知以及日常生活美感的形成方式。我们常常觉察不到变化的发生，然而当把各种变化集中考虑时，不由得慨叹其中颠覆性的演进。例如，在传统医学领域，病患为了补充手术时失去的血液而采用人工输血的方法，为了替换事故中失去的肢体而使用假肢，为了替换失去功能或者功能坏死的器官而移植新的脏器（他人原器官移植，如肝脏、肾脏、眼角膜、心脏、皮肤等）。以往的临床实践表明，当采用修复技术不足以治疗疾病的时候，医学已经在技术和伦理上允许开展器官移植手

---

① Davies, Tony, *Humanism*, London: Routledge, 1997. 书中列举了不同流派的人文主义及其状况：通过浪漫主义和实证主义的人文主义流派，在(现代性)上欧洲资产阶级建立了自身霸权，震动世界的革命人文主义和致力于驯服前者的自由人文主义，纳粹人文主义和他们迫害下的牺牲者以及对手的人文主义，海德格尔的反人文主义的人文主义，福柯和阿尔都塞的反人文主义的人文主义，赫胥黎和道金斯的世俗人文主义或吉卜林和哈拉维的后人文主义。转引自[意]罗西·布拉伊多蒂：《后人类》，宋根成译，郑州，河南大学出版社，2018。

② [意]罗西·布拉伊多蒂：《后人类》，宋根成译，郑州，河南大学出版社，2018，第74页。

术。在新医学技术发展的情况下，人体的生物脏器可以人工制造，人工制造的脏器突破了生物器官的范畴进入医学临床应用。人工肝脏、人工肾脏、人工皮肤的应用意味着人类的器官已经由生物性组织变为无机物组成的产品。如果说输血、假肢、假牙并不让人们感到惊讶的话，那么这些人工脏器和外部感官最重要的皮肤组织的应用无疑颠覆了人体作为生物组织的同一性的存在。可以确定的是，越来越多的病人将接受不属于生物身体的人工器官来改良身体健康状况。人体的“忒休斯之船”早早已经起航，在当代医学技术的支持下，各种装配设施的更新替换正在呈现加速之势。

除了上述的人工器官直接置换，诊断、治疗、修复、增强等方面的人工智能技术也正在见证着人体观察、处置与构成方式的突破式的变革。诊断方面，如人工智能程序用于女性两癌筛查的工作效率是临床医生的几百倍，准确率达到百分之百；治疗方面，如机器人直接在医生的设定程序下独立开展手术，精确度高，误差接近于零；修复方面，皮肤美容、移植带来了前所未有的效果，基因修复虽然已经在技术上实现，但伦理上仍处在不可逾越的禁区；增强方面，如带有地图功能的眼镜、带有综合系统功能的服装。在最后具有人体增强功能的系统装配（如宇航服）的讨论中，我们进入耳熟能详的赛博格的起源与实际应用的话题。

“赛博格”是 20 世纪 40 年代控制论诞生时的重要理念，意指使用技术手段使得人类的身体组织与机器之间实现控制、反馈和交互关系。20 世纪 60 年代，美苏太空争霸阶段，为了解决“人类机体适应地外环境”这一重要难题，“赛博格”这一概念被正式提出并诉诸应用。“赛博格以及他自身的自体平衡（homeostatic）系统的目的是提供一种组织系统，在这种系统中，类机器人的问题可以被自动和无意识地处理，从而让人们可以自由地去探索、创造、思考和感受。”① 宇航员的航天服、《钢铁侠》的盔甲、《圣斗士星矢》中的黄金铠甲等与披戴者一起融合为一个赛博格形象，产生超强的能力，这样的场景对于大部分读者而言比较易于理解。在此基础上，再回到医学应用，我们的身体和生活越来越赛博格化，便不是一个难以理解的命题。

人体外部组织的增强对人类内在的认知、情感、意志的影响是显而易见的。哈拉维在《赛博格宣言》中将人机融合（或者更广泛意义上的“混合生物体”）置于更加复杂的科技环境、时代语境和政治境况中予以考

① M. E. Clynes and N. S. Kline, “Cyborgs and Space”, in C. Hables, F. Gray and S. Mentor, *The Cyborg Handbook*, New York: Routledge, 1995, pp.29-34.转引自李恒威、王昊晟:《赛博格与(后)人类——从混合 1.0 到混合 3.0》,《社会科学战线》2020 年第 1 期。

察，此时，赛博格不仅仅是人机融合的本体存在与显现状态，更成为新人类本体的心灵、情感、意志在赛博格化语境中得以孕育的温床或曰胚胎。哈拉维对于赛博格作出如下描述：

> 赛博格是一种混合生物体，由生物体和机器组成。然而，赛博格是由适应20世纪后期的特殊机器和特殊生物体组合而成的。赛博格是第二次世界大战后的混合体，其组成成分首先包括我们自身以及其他未经我们精心挑选的高科技形式的有机物，它们成为信息系统、文本和人体功率学控制下的劳动、需求和繁殖系统。赛博格的第二个必要成分是机器，同样成为通信系统的形式、文本和根据人体功率学设计的自动设备。①

从中不难理解人类审美情感所依附的本体变化将带来怎样的审美颠覆。由现实科技到文学艺术，赛博格本身混融了现实与幻想。“赛博格是一种控制生物体，一种机器和生物体的混合，一种社会现实的生物，也是一种科幻小说的人物。社会现实是现有的社会关系，是我们最重要的政治建筑，是一部改变世界的小说。”② 当女权主义者、生物学家、科学技术的拥趸等各种身份与知识背景混为一身的哈拉维，从社会政治变革的角度以革命宣言的口吻表达赛博格的应然形态、身份确认、现实关系的时候，现实与幻想搅融在一起，赛博格本体具有着科幻审美的价值。当我们以不那么激进的眼光来看待现实社会的人类本体变革时，也仍然介入了科技发展带来的恐惧、欣喜、惊诧以及悲观等情绪之中。人类新本体状况改变了人类情感、审美和艺术。

信息科学、控制论、医学、认知科学对于人类精神境况的影响，在人体直接面对物质性介入与融合之外，存在着多方面相互渗透的状况。天眼技术与人类存在的本体信息网络，指纹、面孔、视网膜识别与本体身份确认标准，心率、瞳孔、皮肤电、脑血氧含量变化的技术化外在表征和本体的情绪本能体验，手机定位、消费数据存储、平台个性化推送与注意力的分配与消费体验场景的沉浸，智能检测算法与人类生理、精神病灶之间的匹配与筛查等，共同构成了一种社会化的赛博存在语境。可以肯定地说，

---

① [美]唐娜·哈拉维：《类人猿、赛博格和女人：自然的重塑》，陈静译，郑州，河南大学出版社，2016，第8页。

② [美]唐娜·哈拉维：《类人猿、赛博格和女人：自然的重塑》，陈静译，郑州，河南大学出版社，2016，第314页。

不管我们意识到或者没有意识到，不管我们愿意承认或者不愿意承认，我们本身以及生活环境已经越来越赛博格化。

为了更加清晰地描述赛博格化的发生过程与层次，我们沿用本书内在感官、外在感官和延伸感官的概括，来分析赛博格对于人类感官的具体影响。

人类的延伸感官与外在感官之间的界限消融，如多功能眼镜（具有过滤功能、搜索功能、定位功能等）作为延伸感官强化了视觉的自然与社会功能，改善了眼球和视网膜对客观世界的映像方式，也相当于介入了外部感官信息的直接加工，如果视觉的外在感官和延伸感官在物理上还是两种存在状态的话，触觉、肤觉等感官的生理表征参数监控、反馈和敏感度调节则直接融合了两者而直抵内在感官。

延伸感官与内在感官互动的中介可以跨越外在感官（五种感官信息），如脑机接口技术、意念控制，脑电信息借助芯片直接转化为外在动作行为，实现本体对延伸感官以及外部世界的控制。

三种感官相互作用与融合的具体实例还有更多，技术手段的发明与发展都将在感官层次体现为融合体的状态，这种融合体包含着人类生物本体和外部装置，包含着感官信息输入、行为意向和具体动作输出之间的联动，也就是一个赛博格化的整体。在这个意义上，人类审美感官无疑被赛博格化了，正如科幻小说《2039：脑机事件》中审美交流的方式直接变为主人公大脑接口对接之后的信息交换与汇融。我们在书中阐述的审美情感融合体自然也随着时代的变化，包含着越来越多的、受到赛博技术影响而产生的新感官和新感性的内容。

三、人类主体性重建的伦理问题与美学思考

赛博格化成为新人类本体的本质特征，赛博格化的时代科技特征构成当代社会的显著物质文化语境。如何看待赛博社会中的新人类本体？赛博格影响了人类的主体性吗？人在进化，还是在退化？未来道路的伦理决定因素是什么？给美学带来哪些影响？对于这一系列问题的回答，不仅仅涉及科学技术的实现能力问题，更涉及思考与行动过程中的伦理选择、伦理困境和伦理实践等复杂难题。人类本体赛博格化之后带来的主体性漂移并不意味着主体性的消失和后人类社会的全面到来，人文主义各种形态的终结并不意味着人类主体位置的终结，而仅仅意味着主体构成方式的新变化、主体的价值构成与系统参数的新拓展：从动物、植物以及所有有机生命绵延的综合体，到人工智能机器人、生物智能仿生人、人机融合的赛博

格化有机体。伴随着人类中心议题的稀释，更大范围的审美融合体正在生成。在新科技与新意识形态的发展变革中，人类与天地共生、与万物共情的和合共生状态，正在表现为新的形态。无疑，在这个美学议题中，核心仍是人类的主体性价值的存续。

从建设性与解构性的双重角度，分析和强调以下几个问题是非常必要的。

（一）脑机接口中的信息控制与自由意志

技术加速已经为人类通往各种未知的未来铺设了畅通的道路，脑机接口的诞生、成熟以及产业化所带来的憧憬与希望、焦虑与忌惮已经充分地摆在面前。人类凭借无创伤性的芯片植入，用意念输出自己对延伸感官和外部世界的控制。从医学角度来看，现代科技帮助残障人士控制自己的肢体无可厚非。但是，面对更加复杂的社会场景与应用对象时，意念输出如何证明其自身的动作对象与脑内的原初意念保持同一，而非经过了芯片程序的改编和加工？芯片程序在读取大脑混沌状态中生成的原初意念时进行了哪些降维简化和模式化析取？面对具有信息双向输入输出特征的主体间交流或者人工智能计算信息流时，如何确定主体意念在信息输出输入中保持着自身意念的稳定性、同一性，而不被输入信息流所恶意涂抹和更改？输出的信息流又如何能够有效转化为与之匹配的身体动作行为和实践操作能力？毫无疑问，意念信息流交互是双向平等的。此时，意念信息交流中认知与情感的同一性应当确保个体意识的独立与意志的自由，以及身心同步平衡。情感同一性的培养需要从稳定的审美情感人格、艺术趣味判断等方面入手，这些要素具有最丰富的、最具特征的个体存在差异性。当各种疑虑和忌惮在无法得到解决和落实时，科幻文艺进行相应的审美情感实验是必要的，也是正在进行的当代状况。

（二）文化普遍性与地方审美经验的丰富性

机器人情感的算法式输出、生物式仿真，以及人类情感的信息化输出与身体表达，从两个向度上映现出赛博格时代的美学特征。当我们没有将哈拉维提到的性别、种族、阶级、意识形态等问题完全纳入考虑的时候，问题被限定在纯粹自然生物个体人与情感机器人之间融合式的讨论中；当我们考虑到更加复杂的历史文化语境、现实实践状况与科技发展动向的时候，美感的神经生物基础、人工智能基础逐渐与以上复杂问题关联为一个系统。此时，我们对美感的认知神经基础的讨论也开始从科学技术端口进入广阔的社会历史空间之中，整体化的美学体系的新的路径以新的方式展现出来。这时候，新人类本体的文化普遍性与地方审美经验的丰富性、具体性之间的辩证关系再一次浮现出来，成为多元共生的审美文化研究的基本支点。

（三）人类身体重构中的审美融合体与情感共同体

审美活动一方面活跃于规则域与规则域之间不确定的飞跃之地，另一方面又隶属于不断被规训的规则之地。因而美学既被赋予了自由创造的艺术之魅，又难以摆脱伦理学、政治学、人类学等学科影响而成为一个完全独立的领域。现在、未来生成于历史的土壤。在实践化、历史化的过程中，新人类主体重建将会是一个异常多变的流动的过程。实践化、历史化的演进方向既要从具体的民族地域出发，又须基于全人类的总体状况。在多元互动之中，美学将成为各种文化、传统、惯例相互整合的丰沃之地。具体到我们的研究之中，审美情感融合体意味着自然感知与文化规则内外磨合，不同传统之间互鉴融合，更包含着正在生成的现实在历史音讯的召唤下不断回到未来的尝试。此时，审美情感融合体的动态特征、未定型状态愈发鲜明地呈现出来。如果为之加一个确定性的注脚，笔者愿从审美融合体和情感共同体的总体化的集合概念中抽取出来，那就是当代社会历史实践中孕育的人民意志，那是俯身大地倾听到的深沉的回响与和声，那是在人间烟火中升腾起来的人类的温暖气息。

四、结语：回到未来的震荡

魔鬼满足浮士德生前的所有要求，但是将在浮士德死后拿走他的灵魂作为交换。当代人工智能脑机接口技术的实现，同于魔鬼与浮士德的契约，人工智能给予人类想要的一切知识、技能和素质，最终拿走他的灵魂作为交换。浮士德的契约是在死后失去灵魂，而打开人工智能脑机接口的人类在活着的时候可能就会失去心灵的独立自主，也可能让人“死后复生”，继续接受人工智能的控制。人们的愿望是打败魔鬼，获得人世幸福，留住灵魂。当面对掌握脑机接口的程序操作者，或者是芯片资本复合体的时候，人类想要留住自己的灵魂已经不能依靠演化选择中的运气，而应该从今天起就把进化论式的搏斗提上日程。新的技术革新震荡着不只一个领域，不只一个时段，不只一个民族地域，而会震荡着未来50～100年的人类总体的发展与斗争过程。如果给这场斗争和这个震荡发展的年代加一份安全保险，我想唯有全人类共情意义上的审美情感融合体可以担当。

下编小结　审美情感融合体：关于美感体系的建构

关于美感，美学界众说纷纭，莫衷一是，各具价值。美学研究者需要从各自的时代与知识背景来澄清这个概念。基于美感认知神经基础（神经元、神经递质、神经脑区、神经机制）和个体身心的分析，纯粹的神经生物还原无法满足美学对美感研究的要求。整合与概括美感知识体系，建构美感存在系统，对于美学话语与学科建设都是必要且可行的，于是本书提出"审美情感融合体"即对美感的认知神经和个体身心等方面的综合式呈现。

认知神经基础和个体身心基础主要侧重从个体内部关系、个体和客观世界关系层面关切研究对象。当个体之间发生交互作用，产生了共情同理时，个体和个体之间组成的社群、民族中间，就会产生新的心理现象和心理规则。这些群体心理现象和心理原则对审美情感发生作用，因而成为"审美情感融合体"的组成部分。同时，时代的科技文化发展境况、社会运行的经济联系方式和政治治理方案都决定着"审美情感融合体"中感性生成的最新状态。作为"审美情感融合体"的外部系统要素，我们考察了人工智能、情感计算、赛博格介入、联结与融合三种感官的过程，以及人工智能艺术和科幻艺术为人类新感性的诞生提供的可能与潜力。

今后我们将在社会心理文化层面，借用审美人类学、社会心理学等方面的知识，以及具有价值性、倾向性的马克思主义理论，在实证化与价值化的相互结合中逐渐架构"审美情感融合体"的社会心理体系。

认知神经层面、个体身心层面与社会心理文化层面并不是截然分开的。在行文当中，我们已经多处涉及了社会心理文化内容，多处运用审美人类学和马克思主义美学的宏观视角，重新审视审美幻象、审美经验、审美需要、审美主体活动等美学基本范畴。在今后的研究中，我们将继续秉持认知神经机制、个体身心规律以及艺术与社会历史实践相互贯通的研究方法，将美感研究不断向前推进。

参考文献

一、中文文献

[美]阿瑟·艾芙兰:《西方艺术教育史》,邢莉、常宁生译,成都,四川人民出版社,2000。

[美]安简·查特吉:《审美的脑——从演化角度阐释人类对美与艺术的追求》,林旭文译,杭州,浙江大学出版社,2016。

北京大学哲学系美学教研室:《西方美学家论美和美感》,北京,商务印书馆,1980。

蔡元培:《蔡元培美学文选》,北京,北京大学出版社,1983。

陈嘉映:《语言哲学》,北京,北京大学出版社,2003。

[英]达尔文:《物种起源》,谢蕴贞译,伍献文、陈世骧校,北京,中华书局,2012。

丁峻:《当代神经美学研究》,北京,科学出版社,2018。

[美]E.G.波林:《实验心理学史》,高觉敷译,北京,商务印书馆,1982。

[美]费尔腾等:《奈特人体神经解剖彩色图谱》,崔益群译,北京,人民卫生出版社,2006。

[德]费希纳:《美学入门》,蒋孔阳、李醒尘主编:《十九世纪西方美学名著选》,上海,复旦大学出版社,1990。

高清海:《找回失去的"哲学自我":哲学创新的生命本性》,北京,北京师范大学出版社,2013。

[德]古斯塔夫·费希纳:《心理物理学纲要》,李晶译,北京,中国人民大学出版社,2015。

[美]G.墨菲、J.科瓦奇:《近代心理学历史导引》,林方、王景和译,北京,商务印书馆,2010。

[英]贡布里希:《艺术与错觉:图画再现的心理学研究》,杨成凯、李本正、范景中译,南宁,广西美术出版社,2012。

黄济:《教育哲学通论》,太原,山西教育出版社,1998。

[美]霍华德·加德纳:《智能的结构》,沈致隆译,北京,中国人民大学出版社,2008。

[美]Jerry M. Burger:《人格心理学》,陈会昌译,北京,中国轻工业出版社,2014。

[美]John G. Nicholls 等:《神经生物学——从神经元到脑》,杨雄里等译,北京,科学出版社,2014。

滕守尧:《审美心理描述》,北京,中国社会科学出版社,1985。

[美]加布里埃尔·斯塔尔:《审美:审美体验的神经科学》,周丰译,郑州,河南大学出版社,2021。

[德]康德:《判断力批判》,邓晓芒译,杨祖陶校,北京,人民出版社,2012。

[美]埃德尔曼:《比天空更宽广》,唐璐译,长沙,湖南科学技术出版社,2012。

李泽厚:《美学三书》,合肥,安徽文艺出版社,1999。

刘悦笛:《分析美学史》,北京,北京大学出版社,2009。

李志宏:《认知美学原理》,北京,光明日报出版社,2011。

李志宏:《认知神经美学》,北京,中国书籍出版社,2020。

[英]李斯托威尔:《近代美学史述评》,蒋孔阳译,上海,上海译文出版社,1980。

[德]鲁道夫·阿恩海姆:《艺术与视知觉》,滕守尧、朱疆源译,成都,四川人民出版社,2006。

[德]鲁道夫·阿恩海姆:《视觉思维》,滕守尧、朱疆源译,成都,四川人民出版社,2006。

[奥]路德维希·维特根斯坦:《美学、心理学和宗教信仰的演讲与对话集》,刘悦笛译,北京,中国社会科学出版社,2015。

[美]罗伯特·索尔索:《艺术心理与有意识大脑的进化》,周丰译,郑州,河南大学出版社,2018。

[意]罗西·布拉伊多蒂:《后人类》,宋根成译,郑州,河南大学出版社,2018。

《马克思恩格斯文集》,北京,人民出版社,2009。

孟昭兰主编:《情绪心理学》,北京,北京大学出版社,2005。

[美]马斯洛:《动机与人格》,许金声等译,北京,中国人民大学出版社,2013。

[美]Mark F. Bear 等:《神经科学——探索脑》,王建军主译,北京,高等

教育出版社,2004。

[美]Michael S. Gazzaniga 等:《认知神经科学——关于心智的生物学》,周晓琳、高定国等译,北京,中国轻工业出版社,2015。

[美]马文·明斯基:《情感机器——人类思维与人工智能的未来》,路慧、刘昱含编,王文革、程玉婷、李小刚译,杭州,浙江人民出版社,2015。

[英]马修·兰普利:《达尔文的诱惑:艺术、进化与神经科学》,孟凡君译,北京,人民出版社,2023。

聂振斌:《中国近代美学思想史》,北京,中国社会科学出版社,1991。

[瑞士]皮亚杰:《发生认识论》,王宪钿译,北京,商务印书馆,1981。

[美]皮卡德:《情感计算》,罗森林译,北京,北京理工大学出版社,2005。

彭立勋:《审美经验论》,北京,人民出版社,1999。

孙正聿:《超越意识》,长春,吉林教育出版社,2001。

孙正聿:《哲学:思想的前提批判》,北京,中国社会科学出版社,2016。

沈政、方方、杨炯等:《认知神经科学导论》,北京,北京大学出版社,2010。

[英]萨米尔·泽基:《大脑的辉煌与悲怆:对于爱情、创造力以及人类幸福的求索》,孟凡君译,张旭东校,北京,人民出版社,2017。

童庆炳、程正民编:《文艺心理学新编》,北京,北京师范大学出版社,2011。

[美]托马斯·芒罗:《走向科学的美学》,石天曙、滕守尧译,北京,中国文联出版社,1985。

[美]唐娜·哈拉维:《类人猿、赛博格和女人:自然的重塑》,陈静译,郑州,河南大学出版社,2016。

王杰:《审美幻象研究》,桂林,广西师范大学出版社,2012。

[英]伊格尔顿:《美学意识形态》,王杰等译,桂林,广西师范大学出版社,1997。

张世英:《天人之际:中西哲学的困惑与选择》,北京,人民出版社,2015。

赵伶俐:《审美概念认知:科学阐释与实证》,北京,新华出版社,2004。

曾繁仁:《美育十五讲》,北京,北京大学出版社,2012。

二、外文文献

Alfred L. Yarbus, *Eye Movements and Vision*, eds. by Basil Haigh, Lorrin A. Riggs, New York: Springer Media, 1967.

D. E. Berlyne, *Studies in the New Experimental Aesthetics: Steps*

Toward an Objective Psychology of Aesthetic Appreciation, New York: Taylor & Francis, 1974.

Colin Martindale, *The Clockwork Muse: The Predictability of Artistic Change*, New York: Basic Books, 1990.

Zeki Semir, *Vision of the Brain*, New Jersey: Wiley-Blackwell, 1993.

Zeki Semir, *Inner Vision: An Exploration of Art and the Brain*, New York: Oxford University Press, 2000.

Jerrold Levinson, ed., *The Oxford Handbook of Aesthetics*, New York: Oxford University Press, 2005.

John Onians, *Neuroarthistory: From Aristotle and Pliny to Baxandall and Zeki*, London: Yale University Press, 2007.

Margaret S. Livingstone, *Vision and Art*, New York: Abrams, 2008.

Martin Skov, Oshin Vartanian, et al., *Neuroaesthetics (Foundations and Frontiers of Aesthetics)*, New York: Baywood Publishing Company, 2009.

Elisabeth Schellekens, Peter Goldie, *The Aesthetic Mind: Philosophy and Psychology*, New York: Oxford University Press, 2011.

V. S. Ramachandran, *The Tell-Tale Brain: A Neuroscientist's Quest for What Makes Us Human*, New York: W. W. Norton & Company, 2012.

Arthur P. Shimamura, Stephen E. Palmer, et al., *Aesthetic Science: Connecting Minds, Brains, and Experience*, New York: Oxford University Press, 2012.

John O. Lauring, *An Introduction to Neuroaesthetics: The Neuroscientific Approach to Aesthetic Experience, Artistic Creativity, and Arts Appreciation*, Copenhagen: Museum Tusculanum Press, 2014.

Greg Currie, Matthew Kieran, Aaron Meskin, Jon Robson, *Aesthetics and the Sciences of Mind*, New York: Oxford University Press, 2014.

Eric R. Kandel, *Reductionism in Art and Brain Science: Bridging the Two Cultures*, New York: Columbia University Press, 2016.

后　记

2018年，我完成吉林大学博士阶段学习之后，在浙江大学传媒与国际文化学院开始了博士后研究工作。受益于王杰先生的美学胸襟和开阔视野，认知神经美学视域下的美感研究在此得到了延续，同时不断充实着审美人类学和马克思主义美学的新内容。两年多的博后生涯转瞬即逝，却奠定了我学术道路继续向前的动力和勇气。2020年，回到吉林大学工作之后，我开启了新的科研与教学的旅程。这期间，国家社科基金后期资助等项目，为本研究的深入拓展提供了支持。

饮水思源，承学念恩。感谢王杰先生富有包容精神的美学襟怀和孜孜求索的美学激情，激励学生不断攀登学术高峰。感谢李志宏先生在认知美学领域的开拓之功与在我博士学习期间的悉心指导。感谢赵伶俐先生、丁峻先生的殷殷鼓励和学术指点。感谢萨米尔·泽基教授组织的定期讨论和耐心答疑。感谢博士毕业论文答辩和博后报告开题、评审、答辩期间提出宝贵意见和建议的各位师长：张奎志、王春雨、孔朝蓬、王树海、黄也平、徐岱、王建刚、苏振华、范昀、丁峻、单小曦、段吉方、王大桥、肖琼。感谢吉林大学文学院给我支持的各位教授，特别感谢文艺学教研室同仁的鼓励和帮助，他们是郭春方、张羽、姜勇、梁玉水、窦可阳、赵耀。研究过程中，书稿部分内容和相关研究内容发表在 *The Journal of Aesthetic Education*、*Philosophia*、《浙江大学学报》（人文社会科学版）、《浙江社会科学》、《马克思主义美学研究》、《中国美学研究》、《河南社会科学》、《社会科学家》、《国外社会科学前沿》、《美与时代》等期刊上。感谢给予指点、支持和耐心编校的各位教授和编辑老师们。感谢项目和论文评审过程中，提出宝贵意见的匿名评审专家们，共执学术公器，启智明德。还有更多在日常学术交流和会议交流中给我鼓励、指导和帮助的师友，虽未在此一一具名，心存感恩！

融汇新知，照亮自心。认知神经美学研究需要比较系统的心理学、认知神经科学知识。2010年，我考取了国家二级心理咨询师，学习了心理学专业的基础课程，感谢精心授课的各位老师。同时，感谢在神经科学的后续学习中，给我指点的浙江大学李晓明教授、北京师范大学秦绍正教授，以及心理学、神经科学领域的诸位师友、同仁。

乐于求索，切磋琢磨。感谢定期讨论神经美学问题的孙翀博士、卢幸妮博士、高晓芳博士，感谢认知神经美学课堂上的各位同学以及浙江大学当代马克思主义美学中心的各位同事和同学在资料查阅、辨疑析理等方面提供的支持和灵感。感谢神经美学道路上的每一位同行者。

感谢浙江大学和吉林大学开放民主的学术环境，令学术自由探索成为可能。

最后，感谢我的家人们，你们的支持让我有了最大的时间保障。

孟凡君

2022年11月6日